DER BIBEL CODE

MICHAEL DROSNIN

DER BIBEL CODE

Deutsch von Elisabeth Parada

WILHELM HEYNE VERLAG
MÜNCHEN

Titel der amerikanischen Originalausgabe: The Bible Code. Die Originalausgabe erschien bei Simon & Schuster,
New York

Die Bibelzitate stammen aus der von Martin Luther übersetzten Lutherbibel, Taschenbuchausgabe und Apokryphen, Deutsche Bibelgesellschaft, Stuttgart 1985

Umwelthinweis:
Dieses Buch wurde auf chlor- und säurefreiem Papier gedruckt.

4. Auflage

Lektorat: Oliver Neumann, Redaktionsbüro Gößling
Umschlaggestaltung: Jorge Schmidt, München
Satz: Leingärtner, Nabburg
Druck und Bindung: Wiener Verlag, Himberg
Printed in Austria

ISBN 3-453-12923-7

Gewidmet
meiner Familie,
meinen Freunden,
und allen, die erneut vertrauten.

»Und du, Daniel, verbirg diese Worte, und versiegle dies Buch bis auf die letzte Zeit.«

BUCH DANIEL 12,4

»Die Unterscheidung zwischen Vergangenheit, Gegenwart und Zukunft ist nur eine Illusion, wenn auch eine dauerhafte.«

ALBERT EINSTEIN, 1955

Inhaltsverzeichnis

Einleitung

Eine Berichterstattung ist die erste, oberflächliche Zusammenfassung einer Geschichte. Dieses Buch ist der erste vollständige Bericht über einen in der Bibel aufgefundenen Code, der Ereignisse enthüllt, die Jahrtausende nach der Niederschrift der Bibel eintraten. Somit ist es möglicherweise eine erste Darstellung der Zukunft.

Wir verstehen diesen Bibelcode erst in Ansätzen. Er nimmt sich wie ein Puzzle mit einer unendlichen Zahl von Teilchen aus, von denen wir bislang nur einige hundert oder tausend in Händen haben. So können wir lediglich raten, wie das Gesamtbild aussehen wird.

Das einzige, was ich mit Gewißheit behaupten kann, ist, daß ein Bibelcode existiert und daß er in einigen dramatischen Fällen Geschehnisse vorhersagte, die exakt ihrer Prophezeiung entsprechend eintrafen. Noch haben wir keine Möglichkeit festzustellen, ob der Code auch für weiter in der Zukunft liegende Ereignisse seine Gültigkeit behält.

Ich bemühte mich von Anfang an, diese Story wie jede andere Story zu behandeln – als Journalist. So brachte ich fünf Jahre damit zu, den Sachverhalt zu überprüfen. Nichts wurde allein auf Basis von Vermutungen akzeptiert. Ich verifizierte jede Entdeckung des Bibelcodes auf meinem Computer. Dabei bediente ich mich zweier unterschiedlicher Programme. Zum einen benutzte ich das Programm, das jener israelische Mathematiker verwendete, der den Code entdeckt hatte, zum anderen eines, das unabhängig von ihm entwikkelt wurde. Darüber hinaus interviewte ich Wissenschaftler in den Vereinigten Staaten und Israel, die sich mit der Erforschung des Codes befassen. Ich war Zeuge einer großen Zahl der in diesem Buch beschriebenen Ereignisse. Berichte über andere Geschehnisse basieren auf Interviews, die ich mit den direkt beteiligten Personen führte oder die durch offizielle Pressemitteilungen bestätigt wurden.

Detaillierte Anmerkungen zu jedem Kapitel und sämtlichen Abbildungen sowie ein Nachdruck des Originalexperimentes, durch den sich das tatsächliche Vorhandensein des Bibelcodes beweisen ließ, finden sich am Ende des Buches.

Mein Ziel war es, in derselben Weise an die in der Bibel verschlüsselte Botschaft heranzugehen, wie ich es als Journalist der *Washington Post* bei einem Polizeibericht oder als Berichterstatter des *Wall Street Journal* bei einer Story aus einer Vorstandsetage zu tun pflege. Ich bin weder Rabbi noch Priester, noch Bibelgelehrter. Ich habe keinerlei vorgefaßte Meinung und nur eine einzige Möglichkeit der Überprüfung – die Wahrheit.

Dies Buch ist nicht das letzte Wort – es ist der erste Bericht.

KAPITEL 1

Der Bibelcode

Am 1. September 1994 flog ich nach Israel, wo ich mich in Jerusalem mit dem Dichter Chaim Guri, einem engen Freund von Ministerpräsident Jitzhak Rabin, traf. Ich übergab ihm einen Brief, den er unverzüglich an den Ministerpräsidenten weiterleitete.

»Ein israelischer Mathematiker entdeckte einen in der Bibel verborgenen Code, der allem Anschein nach Einzelheiten von Ereignissen enthüllt, die Jahrtausende nach der Niederschrift der Bibel eintrafen«, lautete mein Schreiben an Rabin. »Ich teile Ihnen dies mit, weil Ihr Name an der Stelle, wo er in der Bibel in verschlüsselter Form komplett auftaucht – also Jitzhak Rabin –, von den Worten ›Mörder, der morden wird‹ gekreuzt wird.

Sie sollten diese Warnung nicht unbeachtet lassen, da sowohl die Ermordung von Anwar Sadat als auch die von John und Robert Kennedy in der Bibel codiert waren – im Fall von Sadat sogar mit Vor- und Zuname seines Mörders sowie genauen Einzelheiten über Zeitpunkt, Ort und Art seines Todes.

Ich befürchte, daß Sie sich tatsächlich in Gefahr befinden, bin jedoch gleichzeitig der Meinung, daß diese Bedrohung abgewendet werden kann.«

Am 4. November 1995 wurde meine Warnung auf grausame Weise bestätigt. Jitzhak Rabin wurde von einem Mann in den Rücken geschossen, der sich von Gott geschickt wähnte – ein Mord, der vor 3000 Jahren in der Bibel verschlüsselt niedergeschrieben worden war. Die Ermordung Rabins ist der dramatische Beweis der Existenz des Bibelcodes, jenes im Alten Testament verborgenen Textes, der die Zukunft enthüllt. Er wurde von Dr. Elijahu Rips, einem der führenden Experten auf dem Gebiet der Gruppentheorie entdeckt. Die Gruppentheorie ist ein Spezialbereich der Mathematik, der der Quantenphysik zugrundeliegt. Renommierte Mathematiker in Harvard, Yale und an der Hebräischen Universität von Jerusalem bestätigten die Entdeckung des Codes. Darüber hinaus replizierte ihn einer der herausragendsten Kryptoanalytiker des Verteidigungsministeriums. Außerdem überstand er eine dreifache Überprüfung durch ein führendes amerikanisches Mathematikmagazin.

Rabins Ermordung war nicht das einzige Ereignis unserer modernen Zeit, das sich in dem Text fand. Zusätzlich zur Ankündigung der Ermordung Sadats und Kennedys begegnen mehrere hundert andere weltbewegende Geschehnisse – vom Zweiten Weltkrieg bis Watergate, vom Holocaust bis Hiroshima, von der Mondlandung bis zu einem Kometeneinschlag auf Jupiter – in der Bibel verborgen.

Neben der Ermordung Jitzhak Rabins gibt es weitere Beispiele für im voraus entdeckte Ereignisse. Die Kollision eines Kometen mit dem Planeten Jupiter wurde mit dem genauen Datum des Einschlags entdeckt, bevor sie sich ereignete, und auch der Zeitpunkt vom Ausbruch des Golfkriegs wurde in der Bibel gefunden.

In unserer säkularisierten Welt scheint eine derartige Veröffentlichung wenig Sinn zu ergeben, und da ich nicht religiös bin, wäre ich üblicherweise einer der ersten gewesen, der diese Entdeckung als Milleniumsfieber abgetan hätte. Doch andererseits ist mir der Code bereits seit fünf Jahren bekannt. In dieser Zeit verbrachte ich viele Wochen mit dem israelischen Mathematiker Dr. Rips, lernte Hebräisch und überprüfte den

Code Tag für Tag auf meinem Computer. Darüber hinaus sprach ich mit jenem Mann im Verteidigungsministerium, der die Existenz des Bibelcodes unabhängig von Rips und mir nachwies, und traf mich in Harvard, Yale und an der Hebräischen Universität mit den drei berühmtesten Mathematikern der Welt, die mir ohne Ausnahme versicherten, daß in der Bibel ein Code verborgen liege, der die Zukunft enthülle.

Dennoch war ich von dieser Entdeckung nicht hundertprozentig überzeugt – bis zu Rabins Ermordung. Den verschlüsselten Passus, der seine Ermordung enthält, entdeckte ich selbst. Er ist eine deutliche Warnung, daß er nach der hebräischen Zeitrechnung in jenem Jahr ermordet werden würde, das Ende 1995 begann. Ich nahm niemals an, daß das wirklich geschehen würde. Als Rabin zum vorhergesagten Zeitpunkt tatsächlich getötet wurde, war mein erster Gedanke: »O Gott, dann ist es wahr.«

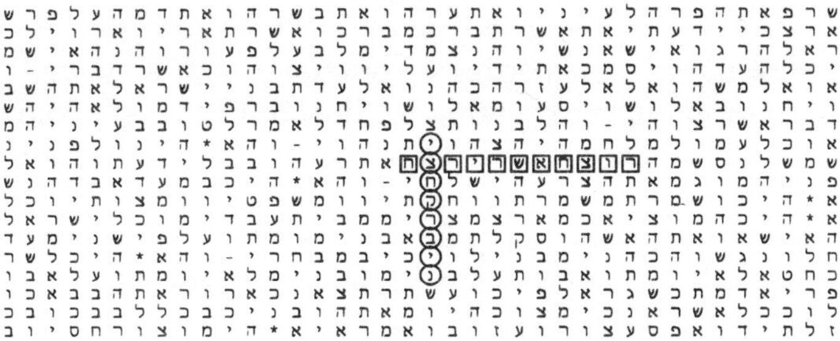

○ Jitzhak Rabin □ Mörder, der morden wird

Es konnte sich nicht um einen Zufall handeln. Die Worte »Mörder, der morden wird«, kreuzten den Namen »Jitzhak Rabin« nur an dieser einen Stelle, an der der Name im Alten Testament vollständig begegnete. Dem Bibelcode zufolge würde er in jenem hebräischen Jahr ermordet werden, das im September 1995 beginnt. Am 4. November war er tot.

Auch Rabins Freund Chaim Guri erklärte mir später, daß sein erster Gedanke nach der Ermordung des Ministerpräsidenten der in der Bibel verborgenen Warnung gegolten habe. »Es war, als stieße man mir ein Messer ins Herz«, meinte Guri. »Ich rief Stabschef General Barak an und sagte: ›Der amerikanische Journalist wußte es bereits vor einem Jahr. Ich habe den Ministerpräsidenten gewarnt. Es stand in der Bibel.‹«

Nachdem ich auf den Code von Rabins Ermordung gestoßen war, fragte mich mein Herausgeber, was geschehen wäre, wenn ich vor Sadats Ermordung von dieser Tat gewußt hätte. Hätte ich ihn gewarnt und das Geschehene damit abgewendet?

Bei Rabin unternahm ich diesen Versuch und scheiterte. Vor dem Attentat war niemand in der Lage, den Namen des Schützen oder das genaue Datum zu entdecken. Einige Tage, nachdem ich mich erstmals an den Ministerpräsidenten gewandt hatte, trafen Dr. Rips und ich uns mit dem führenden Wissenschaftler des Verteidigungsministeriums, General Isaac Ben-Israel. Gemeinsam forschten wir nach Einzelheiten. Doch uns offenbarte sich lediglich das Jahr des vorhergesagten Mordes.

Nach dem Attentat auf Rabin ließ sich der Name seines Mörders, »Amir«, in der Bibel in codierter Form leicht auffinden. Dem direkten Zugriff verborgen, war er rechts über Rabins Namen schon immer vorhanden gewesen.

So tauchte »Amir« an derselben Stelle auf, an der sich auch »Jitzhak Rabin« und »Mörder, der morden wird« kreuzten. Darüber hinaus beinhaltete der Text dieser Verszeile aber auch die Worte »Name des Mörders« und in verschlüsselter Form den Namen »Amir« sowie die Botschaft: »Er schlug zu und tötete den Ministerpräsidenten.«

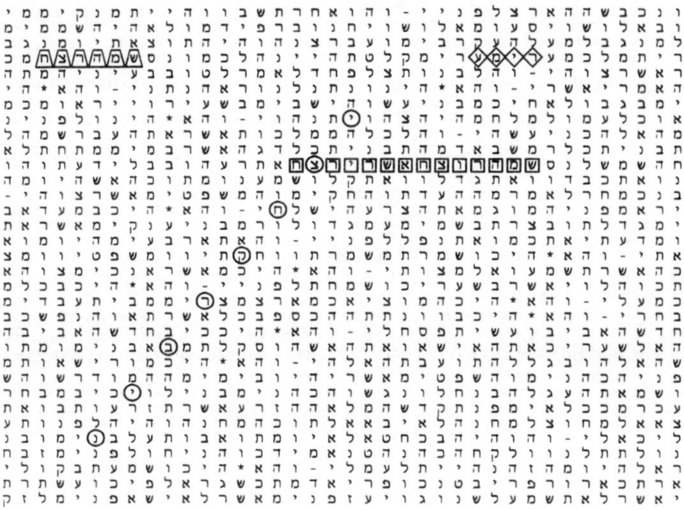

○ Jitzhak Rabin ◇ Amir □ Name des Mörders, der morden wird ⏢ Name des Mörders

Ein weiterer Hinweis identifizierte den Attentäter als Israeli, der den verhängnisvollen Schuß auf kurze Distanz abfeuerte: »Sein Mörder, einer seines Volkes, derjenige, der nahe an ihn herankam.« Auch der Zeitpunkt und der Ort des Mordanschlages wurden in dem Code enthüllt. »Im Jahr 5756« – nach der hebräischen Zeitrechnung das Jahr, das im September 1995 begann – kreuzte sowohl die Wörter »Tel Aviv« als auch »Ermordung Rabins«. Wiederum fand sich an eben dieser Stelle der Name »Amir«.

Vor dem Attentat wußten wir lediglich, daß der Bibelcode Rabins Ermordung für das Jahr 5756 voraussagte. Rabin selbst schlug die Warnung in den Wind.

»Er wird Ihnen keinen Glauben schenken«, hatte sein Freund Guri mir gegenüber erklärt, als ich ihm meinen Brief übergeben hatte. »Er ist kein Mystiker, er ist Fatalist.«

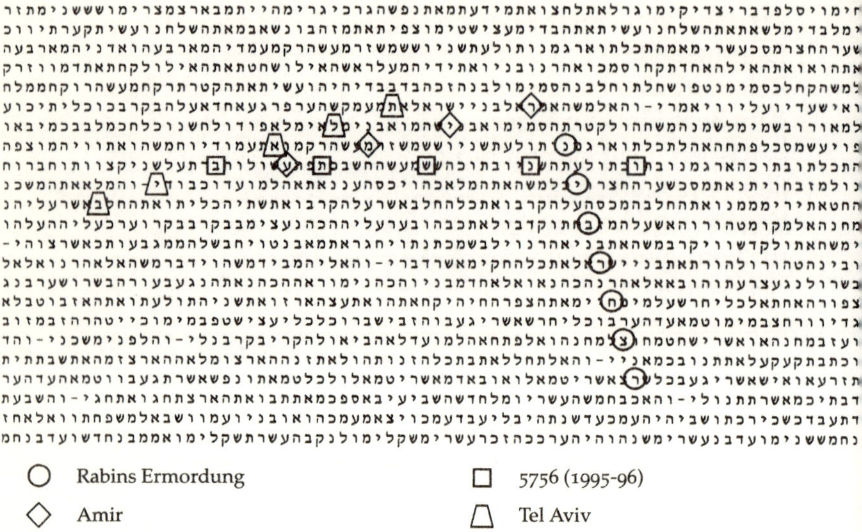

So weiß ich bis heute nicht, ob dieser Mordanschlag zu verhindern gewesen wäre. In meinem Schreiben hatte ich den Ministerpräsidenten lediglich darauf hingewiesen, daß zur Zeit niemand mit Gewißheit sagen konnte, ob ein codiertes Ereignis vorbestimmt sei oder bloß eine *mögliche* zukünftige Entwicklung aufzeige. Ich hatte ihm mitgeteilt, daß die Bibel meiner Ansicht nach verschlüsselte Botschaften enthalte, deren Verwirklichung durch unser eigenes Handeln bestimmt werde.

Wir hatten Rabins Leben nicht retten können, hatten jedoch auf brutale Weise den endgültigen Beweis erhalten, daß der Bibelcode auf der Wahrheit beruhte.

Als ich vor fünf Jahren erstmals nach Israel flog, dachte ich nicht im entferntesten an einen Bibelcode oder die Bibel selbst. Ich wollte mich zu Gesprächen über die zukünftige Entwicklung der kriegerischen Auseinandersetzungen mit dem Leiter des israelischen Geheimdienstes treffen. Während meines Aufenthalts erfuhr ich dann von einem weiteren Rätsel, das mich mehrere Jahrtausende – um genau zu sein: 3200 Jahre – in eine Zeit zurückversetzte, als der Bibel zufolge Gott auf dem Berg Sinai zu Moses sprach.

Als ich das Hauptquartier des Geheimdienstes verließ, sprach mich ein junger Offizier an, den ich zuvor bereits getroffen hatte, und teilte mir mit, daß es in Jerusalem einen Mathematiker gebe, den zu besuchen sich lohne. »Er fand in der Bibel das genaue Datum des Beginns des Golfkriegs«, erklärte er.

»Ich bin nicht religiös«, erwiderte ich und stieg in meinen Wagen.

»Ich ebensowenig«, gab der Offizier zurück, »aber er fand drei Wochen vor Kriegsausbruch in der Bibel einen Code mit dem exakten Zeitpunkt«.

Diese Nachricht erschien mir unglaubwürdig, andererseits war der Mitarbeiter des israelischen Geheimdienstes ebenso weltlich orientiert wie ich. Zudem galt der Wissenschaftler, der den Code entdeckt haben sollte, in der Welt der Mathematik nahezu als Genie. Also beschloß ich, ihn aufzusuchen.

Eli Rips ist ein bescheidener Mann. Er ist so zurückhaltend, daß er anderen die Anerkennung für seine eigene Arbeit zukommen läßt und niemand vermuten würde, daß er zu den größten Mathematikern der Welt zu zählen ist. Als ich ihm im Juni 1992 in seinem Haus außerhalb von Jerusalem zum ersten Mal begegnete, nahm ich an, daß ich bis zum Abend die Bestätigung erhalten würde, daß seine Behauptung unbegründet war.

Rips zog ein Buch aus dem Regal und zitierte einen Gelehrten aus dem achtzehnten Jahrhundert namens Genius von Wilna: »Alles, was war, ist oder bis ans Ende aller Zeiten sein wird, findet sich zwischen dem ersten und letzten Wort der Thora, die nicht nur allgemeine Ereignisse, sondern Einzelheiten über jede Spezies und jedes Lebewesen, über jede Begebenheit vom ersten Tag der Geburt bis zum Tod enthält.«

Ich griff nach der Bibel, die auf dem Schreibtisch lag, und bat Rips, mir die Passage zum Golfkrieg zu zeigen. Doch statt das Buch aufzuschlagen, ging er zu seinem Computer. »Der Bibelcode ist ein Computerprogramm«, erklärte er. Auf dem Bildschirm erschienen in Form eines Kreuzworträtsels angeordnete hebräische Schriftzeichen, die in fünf verschiedenen Farben hervorgehoben waren.

Rips überreichte mir einen Ausdruck. »Hussein«, »Scuds« und »russische Rakete« waren in der Genesis an ein und derselben Stelle verschlüsselt gewesen. Die gesamte Codesequenz lautete: »Hussein wählte einen Tag.«

»Hier, in Kapitel 14 der Genesis, inmitten der Schilderung von Abrahams Kriegen gegen die umliegenden Königreiche, finden wir das Datum – ›Feuer am dritten Shebat‹«. Rips blickte von seinem Computer auf. »Das entspricht nach dem hebräischen Kalender dem 18. Januar 1991«, erklärte er. »An diesem Tag feuerte der Irak seine erste Scud-Rakete auf Israel ab.«

»Wie viele Daten haben Sie gefunden?« fragte ich.

»Nur dieses eine – drei Wochen, bevor der Krieg begann«, gab er zur Antwort.

»Aber wer wußte vor 3000 Jahren, daß es jemals zu einem Golfkrieg kommen würde, geschweige denn, daß am 18. Januar eine Rakete abgefeuert werden würde?«

»Gott.«

Der Bibelcode wurde in der hebräischen Originalversion des Alten Testaments entdeckt, also in der ersten Niederschrift der Bibel, jenes Buches, das, heute in alle Sprachen übersetzt, die Grundlage sämtlicher westlicher Religionen bildet. Der Code selbst ist ökumenisch, sein Inhalt für jedermann bestimmt. Dennoch findet er sich nur im Hebräischen, der Sprache, in der die Bibel ursprünglich verfaßt wurde.

Rips erklärte, daß der erste Hinweis auf einen Code bereits vor mehr als 50 Jahren von einem Rabbi aus Prag entdeckt worden sei. Rabbi H. M. D. Weissmandel hatte bemerkt, daß sich durch Überspringen von jeweils fünfzig Buchstaben zu Beginn der Genesis das Wort »Thora« ergab. Mit derselben Sequenz ließ sich dasselbe Wort auch im Buch Exodus, in den Numeri (4. Buch Mose) und im Deuteronomium (5. Buch Mose) finden.

»Ich hörte in einem Gespräch mit einem Rabbi in Jerusalem durch Zufall von dieser Entdeckung«, fuhr Rips fort. »Daraufhin versuchte ich, die Originalschrift zu finden, und entdeckte schließlich die einzige offenbar noch vorhandene Kopie in der israelischen Nationalbibliothek. Sie enthielt nur einige wenige Seiten über den Code, doch genug, um mein Interesse zu wecken.«

Das war vor zwölf Jahren. Wie Weissmandel zählte Rips zunächst einmal lediglich die Buchstaben. »Schon Isaac Newton versuchte, den Code in der Bibel zu finden. Er hielt diese Aufgabe sogar für wichtiger als seine Theorie über das Universum«, klärte mich der Mathematiker auf.

Sir Isaac Newton, der erste Wissenschaftler der modernen Zeit, der die Gesetze unseres Sonnensystems ableitete und die Schwerkraft entdeckte, war davon überzeugt, daß die Bibel einen Code enthalte, der die Zukunft enthülle. Deshalb lernte er Hebräisch und widmete sein halbes Leben der Suche nach dem verborgenen Schlüssel.

Schenkt man seinem Biographen John Maynard Keynes Glauben, war Newton von dieser Aufgabe regelrecht besessen. Als Keynes Provost der Universität von Cambridge wurde, entdeckte er jene Unterlagen, die Newton 1696, also dem Jahr, in dem er als Provost in den Ruhestand getreten war, der Universität überlassen hatte. Keynes war schockiert.

Der Großteil von Newtons handschriftlichen Aufzeichnungen befaßte sich nicht mit Mathematik oder Astronomie, sondern mit esoterischer Theologie. Seine Notizen enthüllten, daß der große Physiker der Überzeugung war, die Bibel beinhalte eine Prophezeiung der Menschheitsgeschichte. Keynes zufolge glaubte Newton daran, daß die Bibel ebenso wie das gesamte Universum ein »von Gott, dem Allmächtigen, verfaßtes Kryptogramm« sei, dessen auf geniale Weise vorbestimmte Rätsel über vergangene und zukünftige Ereignisse er zu entschlüsseln versucht habe.

Bis zu seinem Tod forschte Newton nach diesem Bibelcode. Sein lebenslanges Streben scheiterte, gleichgültig, welches mathematische Modell er auch anwandte.

Rips dagegen hatte Erfolg. Die Entdeckung, die Sir Isaac Newton versagt geblieben war, gelang ihm mit Hilfe eines entscheidenden Hilfsmittels, über das Newton noch nicht verfügt hatte – eines Computers. Der in der Bibel verborgene Text war mit einer Art von »Zeitschloß« versehen, das sich vor der Erfindung des Computers nicht öffnen ließ.

»Sobald ich einen Computer einsetzte, gelang mir der Durchbruch«, erklärte Rips. »Ich fand codierte Worte, und diese Funde gingen weit über das Maß hinaus, das die Statistik dem Zufall einräumt. Da wußte ich, daß ich etwas wirklich Bedeutendem auf der Spur war. Es war der glücklichste Augenblick meines Lebens«, versicherte der Mathematiker, der vor mehr als zwanzig Jahren aus Rußland nach Israel gekommen war und Hebräisch noch mit russischem Akzent spricht.

Obwohl Rips religiös ist und in die rechte obere Ecke jeder seiner Berechnungen als Dank an Gott zwei hebräische Buchstaben setzt, ist ihm, ebenso wie Newton, auch die Mathematik heilig. Er hatte ein kompliziertes mathematisches Modell entwickelt, das, integriert in ein Computerprogramm, die Bestätigung lieferte, daß das Alte Testament tatsächlich codiert ist. Aber ihm fehlte der endgültige Durchbruch, denn er verfügte über keinen einfachen und eleganten Beweis der Wahrheit. Da traf er auf einen weiteren israelischen Wissenschaftler, Doron Witztum. Der Physiker – laut Rips ein Genie wie Rutherford – gehört keiner Universität an und ist im Gegensatz zu Rips in der Welt der Wissenschaft unbekannt. Ihm gelang die Vervollständigung des mathematischen Modells.

Rips übergab mir eine Kopie ihres Originalexperimentes: »Konstante Buchstabenfolge im Buch Genesis«. Die Inhaltsangabe auf der Vorderseite lautete: »Eine Zufallsanalyse ergab, daß verschlüsselte Informationen in Form von konstanten Buchstabenfolgen in den Text der Genesis eingeflochten sind. Diese Tatsache läßt sich mit einer Wahrscheinlichkeit von 99,998 Prozent nachweisen.«

Ich las die Dokumentation in seinem Wohnzimmer. Rips und seine Kollegen hatten 32 große Wissenschaftler aus biblischen Zeiten bis in die Gegenwart ausgewählt und den Versuch unternommen, ihre Namen, Geburts- und Sterbedaten im ersten Buch der Bibel ausfindig zu machen. Sie forschten auch in der hebräischen Übersetzung von Tolstois *Krieg und Frieden* sowie in zwei weiteren hebräischen Texten danach. In der Bibel fanden sich die gesuchten Namen und Daten gemeinsam in codierter Form. In *Krieg und Frieden* und den beiden anderen Büchern waren sie nicht zu entdecken.

Die Wahrscheinlichkeit, durch Zufall auf die codierte Information zu stoßen, betrug etwa eins zu zehn Millionen.

In seinem abschließenden Experiment formte Rips aus den 32 Namen und 64 Daten zehn Millionen unterschiedliche Kombinationen, so daß 9999999 Nichtübereinstimmungen und nur eine korrekte Paarung entstand. Wieder gab er die Daten in den Computer ein, um herauszufinden, welches der zehn Millionen Beispiele ein zutreffendes Resultat lieferte. Einzig in der Bibel begegnete die korrekte Paarung von Namen und Daten.

»Keine der Zufallskombinationen ließ sich finden«, erklärte Rips. »Das Ergebnis war null zu 9999999 oder eins zu zehn Millionen.«

Ein führender Kryptoanalytiker der National Security Agency, des Geheimdienstes der US-Regierung in der Nähe Washingtons, hörte von dieser erstaunlichen Entdeckung in Israel und beschloß, die Angelegenheit zu untersuchen.

Harold Gans entwickelte und entschlüsselte für den amerikanischen Geheimdienst Codes. Aus seiner Sicht als Statistiker, der zudem über die notwendigen Hebräischkenntnisse verfügte, erschien ihm der Bibelcode schlichtweg lächerlich. Er war der Überzeugung, nachweisen zu können, daß der Code nicht existierte. Gans entwickelte ein Computerprogramm und suchte dann nach denselben Daten, die die beiden israelischen Wissenschaftler gefunden hatten. Zu seiner Überraschung entdeckte er sie. Sowohl die Geburts- als auch die Sterbedaten tauchten in codierter Form gemeinsam mit den gesuchten Namen auf. Gans konnte es nicht glauben. In der Hoffnung, Rips' Experiment als Schwindel zu entlarven, entschloß er sich, im Bibelcode nach gänzlich unterschiedlichen Informationen zu suchen.

Wenn der Code tatsächlich existierte, sollten sich nach Gans' Ansicht auch die Geburts- und Sterbeorte dieser Männer finden lassen. In einem 440 Stunden dauernden Experiment überprüfte er nicht nur die Namen der 32 Gelehrten, sondern auch die von 64 weiteren Wissenschaftlern in Verbindung mit ihren jeweiligen Geburts- und Sterbeorten. Das Ergebnis überzeugte ihn. »Mir lief ein kalter Schauer über den Rücken«, erinnert er sich. Die Namen der Städte stimmten mit den Namen der Wissenschaftler im Bibelcode überein.

Durch die Anwendung seines Computerprogramms hatte der Codespezialist die Ergebnisse der beiden israelischen Experten bestätigt. Die Namen von Männern, die Hunderte, sogar Tausende von Jahren nach der Niederschrift der Bibel gelebt hatten, fanden sich in allen Einzelheiten in dem Code wieder. Rips hatte die Daten gefunden, Gans die dazugehörigen Städte. Der Bibelcode existierte tatsächlich.

»Wir schließen daraus, daß diese Ergebnisse jene von Witztum, Rips und Rosenberg bestätigen«, schrieb Gans im Abschlußbericht seiner Untersuchungen.

»Um den Bibelcode besser beurteilen zu können, ging ich wie bei meiner Arbeit für das Verteidigungsministerium vor«, erklärte er später. »Erst stand ich der Angelegenheit zu 100 Prozent skeptisch gegenüber. Es erschien mir einfach zu unsinnig. So machte ich mich daran, die Existenz des Codes zu widerlegen, und bewies ihn am Ende.«

In der Bibel finden sich in codierter Form Informationen über Vergangenheit und Zukunft, die aus statistischer Sicht das Zufallsmaß bei weitem übersteigen und zudem in keinem anderen Text auftauchen.

Rips und Witztum legten ihren Untersuchungsbericht der *Statistical Science*, einer führenden amerikanischen Mathematikfachzeitschrift, vor. Robert Kass, Herausgeber des Journals und Professor an der Carnegie-Mellon-Universität, war skeptisch. Dennoch entschloß er sich, die Angaben von anderen Experten testen zu lassen, ein Kontrollprozeß, der bei allen seriösen wissenschaftlichen Zeitschriften üblicherweise durchgeführt wurde. Zu Kass' Überraschung bestand die Dokumentation von Rips und Witztum die Überprüfung. Bereits der erste Gutachter bestätigte, daß das mathematische Verfahren zuverlässig sei. Kass zog einen weiteren Gutachter hinzu. Als auch dieser die Korrektheit der Zahlen bescheinigte, tat Kass etwas noch nie Dagewesenes – er forderte die Meinung eines dritten Experten ein.

»Unsere Gutachter standen vor einem Rätsel«, erklärt er. »Anfangs erschien es ihnen vollkommen unglaublich, daß die Genesis eine bedeutungsvolle Botschaft für die Menschen unserer modernen Zeit enthalten sollte, doch auch nach zusätzlichen Testreihen blieb das Ergebnis dasselbe.«

Per E-mail sandte Kass eine Nachricht an die israelischen Wissenschaftler: »Ihre Dokumentation hat auch der dritten Gutachterprüfung standgehalten. Wir werden sie publizieren.«

Trotz der Skepsis der Mathematiker konnte niemand einen Fehler in den mathematischen Ableitungen entdecken. Ebensowenig blieben Fragen zu dem Experiment unbeantwortbar. So blieb einzig die erstaunliche Tatsache bestehen, daß die Bibel tatsächlich codiert ist und Ereignisse enthüllt, die erst nach ihrer Niederschrift stattfanden. Sie ist wie ein riesiges Kreuzworträtsel aufgebaut und von Anfang bis Ende in Worten codiert, die eine verborgene Botschaft enthalten.

Rips zufolge basieren die Codes auf der Aneinanderreihung jedes vierten, zwölften oder 15. Buchstaben zu einem Wort. Überspringt man jeweils dieselbe Anzahl von Stellen (Skip-Sequenz), ergibt sich eine verschlüsselte Nachricht.[1] Doch hinter dem Bibelcode steckt mehr als diese einfache Überspringtechnik. Ordnet man den gesamten bekannten Text der Bibel, wie er in der hebräischen Originalversion des Alten Testaments geschrieben steht, in einem komplexen Netzwerk von Worten und Wendungen an, gelangt man zu einer völlig neuen Enthüllung – es existiert eine Bibel innerhalb der Bibel.

Die Bibel ist nicht bloß ein Buch, sondern auch ein Computerprogramm. Erst in Stein geritzt, dann handschriftlich auf Pergamentrollen festgehalten und schließlich in Buchform gedruckt, wartete sie auf die Erfindung des Computers. Nun sind wir in der Lage, sie so zu lesen, wie es immer beabsichtigt war.

Um den Code zu entdecken, entfernte Rips sämtliche Leerstellen zwischen den Worten und verwandelte die

---

[1] Anm. d. Ü.: Im Original benutzt der Autor diesen Absatz als Beispiel: *Rips **E**xpl**A**ine**D** tha**T** eac**H** cod**E** is a Case **O**f ad**D**ing **E**very fourth or …* Die hervorgehobenen Buchstaben ergeben die Aufforderung *Read the Code*, »Lies den Code«.

gesamte Originalüberlieferung der fünf Bücher Mose so in eine fortlaufende Buchstabenfolge von 304805 Zeichen. Auf diese Weise stellte er die Thora alten Legenden zufolge in der Form wieder her, in der Moses sie von Gott erhalten haben soll – »eine fortlaufende Botschaft ohne Unterbrechung zwischen den Wörtern«.

Der Computer durchsucht nun nach der Methode des Überspringens diese Buchstabenfolge nach verborgenen Namen, Worten und Phrasen. Er beginnt beim ersten Buchstaben der Bibel und probiert jede mögliche Auslassungssequenz. So bildet er Wörter aus Buchstaben, die eine, zwei, drei usw. bis Tausende von Stellen voneinander entfernt sind. Danach wiederholt er seine Suche, indem er mit dem zweiten Buchstaben beginnt. Dieser Vorgang wird sooft durchgeführt, bis der letzte Buchstabe der Bibel erreicht ist.

Sobald das Schlüsselwort entdeckt ist, kann der Computer nach Informationen suchen, die mit diesem in Zusammenhang stehen. Wieder und wieder stößt er auf diese Weise auf Namen, Daten und Orte, die gemeinsam codiert sind – »Rabin«, »Amir«, »Tel Aviv«, das Jahr der Ermordung – alles Hinweise, die sich an derselben Stelle in der Bibel fanden.

Der Computer überprüft zusammengehörige Daten anhand von zwei Tests. Einerseits wird der Abstand zwischen den miteinander verbundenen Worten ausgewiesen, andererseits untersucht, ob das Auslassungsintervall zwischen den gesuchten Begriffen das kleinstmögliche war.

Rips erklärt die Methode anhand des Beispiels vom Golfkrieg. »Wir beauftragten den Computer, nach ›Saddam Hussein‹ zu suchen. Danach hielten wir Ausschau nach mit diesem Namen in Verbindung stehenden Begriffen, um herauszufinden, ob sie in mathematisch signifikanter Weise angeordnet waren. In der

Umgebung des Hinweises auf den Golfkrieg fanden wir die Begriffe ›Scuds‹ und ›russische Raketen‹ sowie das Datum des Ausbruchs des Krieges und den Namen ›Hussein‹.«

Die Wörter bildeten eine Art Kreuzworträtsel. Anhand solcher Kreuzworträtsel enthüllt der Bibelcode miteinander in Zusammenhang stehende Angaben. So finden sich bei »Bill Clinton« der Hinweis »Präsident«, bei der Mondlandung die Begriffe »Raumschiff« und »Apollo 11«, bei »Hitler« das Wort »Nazi«, bei »Kennedy« »Dallas«.

Ein Experiment nach dem anderen bewies, daß diese Form von Kreuzworträtsel einzig in der Bibel und nicht in *Krieg und Frieden* oder einem anderen Buch vorhanden ist. Auch zehn Millionen computergenerierter Testfälle lieferten kein anderes Ergebnis.

Rips zufolge beinhaltet die Bibel eine unendliche Anzahl codierter Daten. Sobald der Code ein neues Wort, einen neuen Namen oder eine neue Wendung enthüllt, bildet sich ein weiteres Kreuzworträtsel. Mit diesem Schlüsselwort in Beziehung stehende Begriffe kreuzen einander vertikal, horizontal und diagonal.

Wir können auch die Ermordung Rabins als Beispielfall heranziehen. Erst gaben wir dem Computer den Befehl, nach dem Namen »Jitzhak Rabin« zu suchen, den wir schließlich mit einer Auslassungssequenz von 4772 fanden.

Hierbei unterteilte der Computer die fünf Bücher Mose – immerhin ein Buchstabenstrang von 304 805 Zeichen – in 64 Reihen zu 4772 Buchstaben. Der Bibelcode-Ausdruck ist eine Abbildung des Zentrums dieser Matrix. In der Mitte dieses Ausschnittes finden wir in den eingekreisten Buchstaben den Namen »Jitzhak Rabin«.

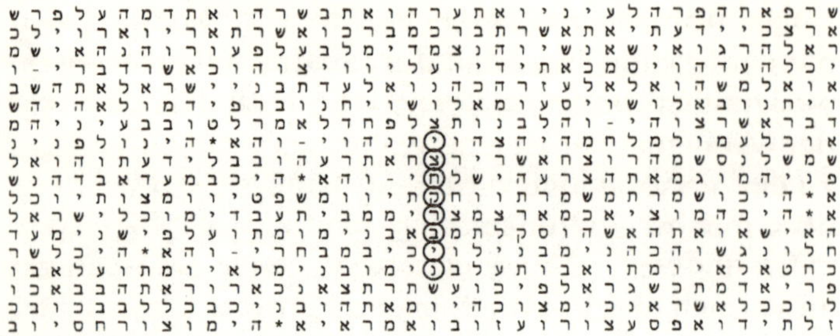

○ Jitzhak Rabin

Wären wir mit einer Auslassungssequenz von zehn auf diesen Namen gestoßen, wäre jede Zeile zehn Buchstaben lang. Bei einer Auslassungssequenz von 100 beinhaltete jede Zeile folglich 100 Buchstaben. Sobald die Zeilen neu angeordnet werden, ergeben sich neue Gruppierungen miteinander verbundener Worte und Wendungen.

Vor 3000 Jahren ist die Bibel so codiert worden, daß die Entdeckung von Rabins Namen automatisch weitere, mit ihm in Zusammenhang stehende Informationen enthüllen würde. Denn es sind die Codeworte, die bestimmen, welches Kreuzworträtsel entsteht.

Quer über dem Namen »Jitzhak Rabin« fanden wir die Worte »Mörder, der morden wird«. In der unten angeführten Abbildung erscheinen die Buchstaben von einem Quadrat umrahmt:

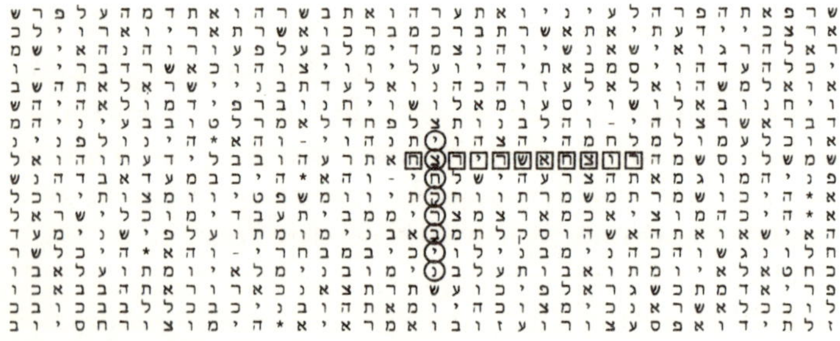

○ Jitzhak Rabin □ Mörder, der morden wird

Die Wahrscheinlichkeit, Rabins vollständigen Namen nicht gemeinsam mit der Ankündigung seiner Ermordung zu finden, stand 3000 zu eins. Aus der Sicht der Mathematiker ist eine Wahrscheinlichkeit von 100 zu eins zu groß, und die strengsten Tests gingen nicht über 1000 zu eins hinaus.

Ich flog am 1. September 1994 nach Israel, um Rabin zu warnen, doch erst ein Jahr nach dem Attentat fanden wir den Namen seines Mörders. »Amir« war an derselben Stelle codiert wie »Jitzhak Rabin« und »Mörder, der morden wird«.

○ Jitzhak Rabin □ (Mörder) der morden wird ◇ Amir

Amirs Name hatte 3000 Jahre darauf gewartet, von uns entdeckt zu werden. Allerdings ist der Bibelcode keine Kristallkugel – ohne gezielte Suche läßt sich nichts entschlüsseln.

Es handelt sich bei diesem Code eindeutig nicht um eine Prophezeiung in der Art der Prophezeiungen von Nostradamus, dessen Worte »ein Stern wird im Osten aufgehen und ein großer König wird stürzen« sich zum Beispiel nachträglich in jeder beliebigen Weise deuten lassen. Die durch diesen Code enthüllten Einzelheiten sind vielmehr mit einem präzise recherchierten CNN-Bericht zu vergleichen – der volle Name von Rabin, der Name seines Mörders, das Jahr, in dem er ermordet werden würde – alle diese Angaben mit Ausnahme des Namens »Amir« wurden vor Eintritt des Ereignisses entdeckt.

Trotzdem fiel es mir schwer, an die Existenz des Codes zu glauben. So fragte ich Rips, ob es nicht möglich sei, ähnliche Informationen in einem anderen Text oder einer willkürlichen Aneinanderreihung von bedeutungslosen Buchstabenkombinationen zu finden. Möglicherweise waren die Hinweise auf den Zeitpunkt des Kriegsausbruchs am Golf und auf Rabins Ermordung nur ein Zufall.

Rips nahm eine Münze aus der Tasche und warf sie in die Luft. »Wenn dies eine gewöhnliche Münze ist, müßte sie ebenso oft auf der Seite des Kopfes wie auf der der Zahl landen«, erklärte er. »Werfe ich sie nun zwanzigmal in die Luft und landet sie stets auf der Seite des Kopfes, würde jedermann annehmen, ihr Gewicht wäre ungleich verteilt. Die Wahrscheinlichkeit, daß sie zwanzigmal auf derselben Seite landet, liegt unter eins zu einer Million. Die Bibel ist mit einer ungleich ausgewogenen Münze zu vergleichen, sie ist codiert.«

Wieder verwies er auf sein Ausgangsexperiment mit den in der Genesis verborgenen Namen verschiedener Gelehrter. »Die einzige andere Möglichkeit wäre, daß wir auf einen Zufall gestoßen sind, bei dem 32 Namen und 64 Daten zusammenpassen. Die Wahrscheinlichkeit für ein derartiges Ereignis kann mit etwa eins zu zehn Millionen angegeben werden.«

Wenn Rips recht behält und der Bibelcode, der die Zukunft vorhersagt, existiert, gibt es keine konventionelle Wissenschaft, die dieses Phänomen erklären könnte. Es überrascht keineswegs, daß manche Fachleute traditioneller Gebiete nicht in der Lage sind, diese Tatsache anzuerkennen. Abraham Hasofer, ein australischer Statistiker, griff den Bibelcode noch vor der Veröffentlichung von Rips' Experiment und vor der Bekanntgabe des mathematischen Nachweises an. »Gewisse Mustertypen treten zwangsläufig in großen Datenanordnungen auf. Eine nichtschematische Anordnung von Zahlen oder Buchstaben ist demnach ebenso schwer zu finden wie eine Wolke ohne Form. Darüber hinaus wirft die Verwendung statistischer Tests in Glaubensangelegenheiten große Probleme auf«, erklärte er.

Rips widersprach dieser Kritik sowohl aus wissenschaftlicher als auch aus religiöser Sicht. Seines Wissens nach hatte Hasofer weder einen statistischen Test unternommen noch das mathematische Modell einer Untersuchung unterzogen oder den Bibelcode an sich betrachtet.

»Selbstverständlich finden sich in jeder Art von Text willkürliche Buchstabenkombinationen«, räumte Rips ein. »Der Name ›Saddam Hussein‹ wird uns in einer beliebigen Datenbank begegnen, wenn sie nur groß genug ist. Aber es ist unwahrscheinlich, ihn mit dem Hinweis auf Scuds, russische Raketen und das Datum des Kriegsausbruchs an ein und derselben Stelle anzutreffen – und dies vor Eintreffen des vorhergesagten Ereignisses. Dabei ist es unerheblich, ob uns ein Text von 100000 oder 100 Millionen Buchstaben vorliegt. Einzig in der Bibel finden sich miteinander in Zusammenhang stehende Angaben.

Viele Menschen betrachten die Bibel lediglich als Ansammlung von Legenden und die Wissenschaft als einzige zuverlässige Abbildung der Wirklichkeit. Andere wiederum sehen in der Bibel das Wort Gottes, was bedeutet, daß sie wahr und die Wissenschaft im Irrtum ist. Meiner Ansicht nach gelangen wir, wenn wir schlußendlich sowohl die Religion als auch die Wissenschaft begreifen und miteinander verbinden, zu einer einheitlichen Feldtheorie.«

In den knapp drei Jahren seit der Veröffentlichung der Dokumentation von Rips und Witztum ging kein einziger Gegenbeweis ihrer Theorie bei der auf Mathematik und Statistik spezialisierten Zeitschrift ein. Bedeutende Wissenschaftler, die den Bibelcode untersuchten, bestätigten ihn. Sowohl der Kryptoanalytiker des Verteidigungsministeriums als auch die drei Gutachter der mathematischen Zeitschrift und die Professoren von Harvard, Yale und der Hebräischen Universität, die dem Code anfangs skeptisch gegenüber gestanden hatten, bestätigten sein Vorhandensein schließlich.

Einstein sagte einst: »Die Unterscheidung zwischen Vergangenheit, Gegenwart und Zukunft ist nur eine Illusion, wenn auch eine dauerhafte.« Ihm zufolge war Zeit nicht das, was sie zu sein schien. Er behauptete, sie fließe nicht nur in einer Richtung – die Zukunft existiere gleichzeitig mit der Vergangenheit. Newton, ein weiterer großer Physiker, der unser Weltbild bestimmte, erklärte nicht nur, daß die Zukunft bereits Bestand habe, sondern glaubte sogar an die Möglichkeit, sie im voraus zu kennen. Deshalb suchte er sein Leben lang nach jenem in der Bibel verborgenen Code, der sie enthüllen würde. Einige führende Wissenschaftler unserer heutigen Welt, wie etwa Stephen Hawking, sind der Ansicht, daß es uns eines Tages gelingen werde, uns in der Zeit beliebig zu bewegen. »Zeitreisen werden in der Zukunft im Bereich des Möglichen sein«, erklärt Hawking überzeugt. Und vielleicht behält der Dichter T. S. Eliot recht: »Vielleicht sind Gegenwart und Vergangenheit Teil der Zukunft und die Zukunft Teil der Vergangenheit«.

Ohne den für einen Journalisten notwendigen Beweis, daß Daten auch einer Überprüfung in der wirklichen Welt standhalten, war ich nicht bereit zu glauben, daß die Zukunft in der Bibel codiert war. So verbrachte ich mit Eli Rips eine gesamte Woche an seinem Computer und forderte ihn auf, Hinweise auf Ereignisse unserer Tage zu finden, wie etwa einen eben gesichteten Kometen oder Einzelheiten aus der modernen Wissenschaft. Wieder und wieder gelang es ihm, die von mir gesuchten Daten in codierter Form im Alten Testament zu entdecken. Sooft wir die Informationen jedoch anhand des Kontrolltextes *Krieg und Frieden* nachweisen wollten, blieb die Überprüfung ergebnislos.

In dieser Woche sowie bei den sechs späteren Reisen nach Israel und bei meinen eigenen, sich über fünf Jahre erstreckenden Untersuchungen fanden wir erst zehn, dann Hunderte und schließlich Tausende von Hinweisen auf in der Bibel codierte Weltereignisse. Wann immer ich die *New York Times* oder die *Jerusalem Post* zur Hand nahm und der Bericht auf deren Titelseiten bedeutsam genug war, war es möglich, in einem Dokument, das vor 3000 Jahren verfaßt worden ist, in codierter Form Informationen über eben diese Mitteilung zu entdecken.

Wieder und wieder erwiesen sich die in den fünf Büchern Mose verschlüsselten Daten im Hinblick auf Namen, Orte und Zeitangaben als ebenso präzise wie die heutigen Zeitungsberichte. Mitunter ließ sich ein Ereignis sogar vor seinem Eintreffen entschlüsseln.

So enthüllte der Code bereits sechs Monate vor der Präsidentenwahl im Jahr 1992 Bill Clintons Sieg, indem sich neben dem Namen »Clinton« sein zukünftiger Titel »Präsident« fand.

○ Clinton □ Präsident

Auch der größte politische Skandal im Amerika unserer Zeit, der Sturz von Richard Nixon im Zusammenhang mit der Watergate-Affäre, ist in der Bibel codiert. »Watergate« erscheint gemeinsam mit »Nixon« und dem Jahr seines erzwungenen Rücktritts 1974. An der Stelle, an der »Watergate« codiert ist, stellt der verschlüsselte Bibeltext die Frage: »Wer ist er? Präsident – doch er wurde hinausgeworfen.«

○ Watergate □ Wer ist er? Präsident – doch er wurde hinausgeworfen

○ wirtschaftlicher Kollaps ⏢ Depression ◇ 1929 □ Börsengeschäfte

Die große Depression ist gemeinsam mit dem Börsenkrach aufgezeichnet. Neben »wirtschaftlicher Kollaps« und »Depression« findet sich in der Bibel das Wort »Börsengeschäfte«. Und wieder wird ein genauer Zeitpunkt angegeben, in diesem Fall das Jahr 1929 (»5690«).

Doch auch Triumphe der Menschheit wie die Mondlandung sind enthalten. »Mensch auf dem Mond« erscheint gemeinsam mit »Raumschiff« und »Apollo 11«. Selbst das Datum des Tages, an dem Neil Armstrong die ersten Schritte auf dem Monde machte, der 20. Juli 1969, ist in der Bibel vermerkt.

Auch Armstrongs berühmte Worte »Ein kleiner Schritt für einen Menschen, ein gigantischer Schritt für die Menschheit«, finden sich im verborgenen Text. Wo das Datum der Mondlandung verschlüsselt ist, wird »Mond« von den Worten »von der Menschheit

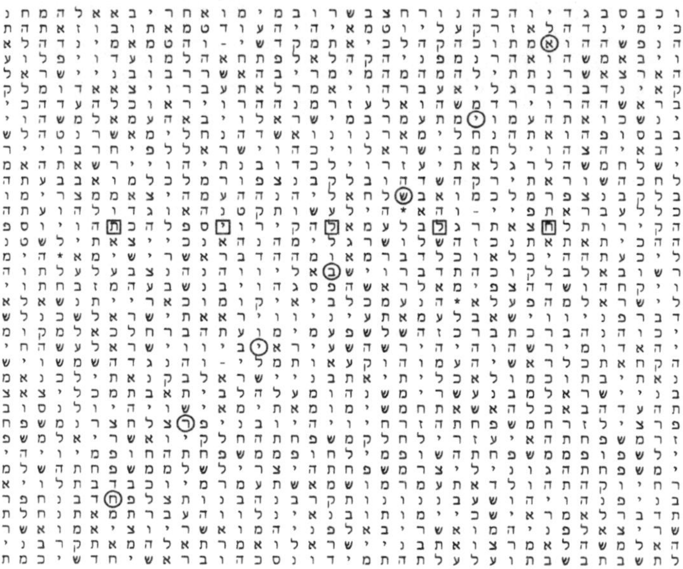

○ Mensch auf dem Mond □ Raumschiff

getan, von einem Menschen getan« gekreuzt. Dies alles ist mit »Apollo 11« in der Genesis an jener Stelle codiert, an der Gott Abraham auffordert, in den Himmel zu blicken und die Sterne zu zählen, sofern er dazu in der Lage sei.

In den Jahren nach meiner ersten Reise nach Israel untersuchte ich den Bibelcode auf eigene Faust, jedoch nicht aus der Sicht eines Mathematikers, sondern aus der eines Journalisten, der sich allein mit Tatsachen zufriedengibt.

Gegenstand meiner Überprüfung war alles, was sich über die Mathematik hinaus stichhaltig nachweisen ließ, das heißt Ereignisse der jüngeren Vergangenheit und der nahen Zukunft. Nach zweijähriger Forschungstätigkeit stieß ich in dem Code auf eine kosmische Vorhersage und wurde wenig später Augenzeuge ihres Eintreffens in der wirklichen Welt.

Im Juli 1994 erlebte die Menschheit die größte, jemals in unserem Sonnensystem aufgetretene Explosion. Ein Komet schlug mit einer Gewalt von mehreren Milliarden Megatonnen auf dem Jupiter ein und erzeugte Feuer-

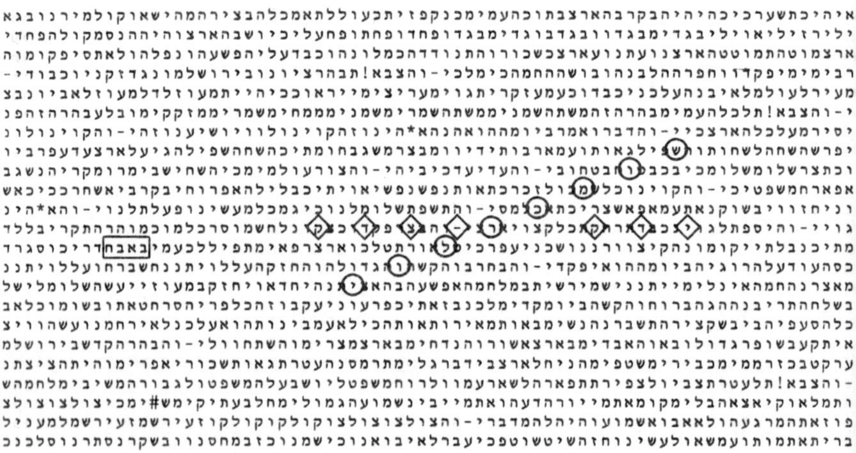

○ Shoemaker-Levy ◇ wird auf Jupiter einschlagen ▭ 8. Ab (16. Juli 1994)

bälle von der Größe der Erde. Ich hatte den zu diesem Kometeneinschlag auf dem Jupiter gehörenden Bibelcode zwei Monate vor der Kollision mit Hilfe eines in Israel für mich entwickelten und auf Rips' mathemati-

○ Shoemaker-Levy ◇ Jupiter

schem Modell basierenden Computerprogramms entdeckt. Insgesamt fanden sich zwei Hinweise auf dieses Ereignis in der Bibel, der eine in der Genesis und der zweite im Buch Jesaia. Beide Male tauchte »Shoemaker-Levy« – der Name des von den beiden Astronomen im Jahr 1993 entdeckten Kometen – gemeinsam mit einer graphischen Darstellung von »Jupiter« auf. Im Bibelcode kreuzt sich der Name des Planeten zweimal mit dem des Kometen. Darüber hinaus wird im Buch Jesaia der genaue Zeitpunkt des Einschlags mit dem 16. Juli angegeben.

Über ein Ereignis, das von Astronomen erst einige Monate vor seinem Eintreffen vorhergesagt werden konnte, fand sich im Jahrtausende alten Bibelcode eine Eintragung.

Eine Vielzahl von Hinweisen auf ähnlich dramatische Geschehnisse überzeugte mich schließlich. Zwei Jahre lang hatte ich mich während meiner Forschungen gefragt, ob es wahr sein konnte. War die Bibel tatsächlich von einem nichtmenschlichen Wesen codiert worden? Trotz der überwältigenden Beweise wachte ich jeden Morgen von Zweifeln geplagt auf. Konnte es ein Schwindel sein? Möglicherweise doch keine neue Entdeckung, sondern lediglich ein weiteres Hitler-Tagebuch oder ein kosmischer Clifford Irving?

Schon über den Ursprung der Bibel gab es bei Rabbinern und weltlichen Wissenschaftlern unterschiedliche Ansichten. Während religiöse Autoritäten erklären, die ersten fünf Bücher von Genesis bis Deuteronomium seien vor mehr als 3000 Jahren von Moses geschrieben worden, behaupten akademische Experten, daß sie im Verlauf mehrerer hundert Jahre von verschiedenen Schreibern verfaßt worden seien. An und für sich ist dieser Streit unbedeutend, wurde das Alte Testament doch in jedem Fall vor zumindest 1000 Jahren niedergelegt. Auch stellt kein Gelehrter die Tatsache in Frage, daß die Thora in dem genannten Zeitraum nicht verändert worden ist. Eine vollständige Abschrift aus dem Jahr 1008 n. Chr. (der Leningrad-Kodex) ist erhalten, mit der jede existierende hebräische Bibel Buchstabe für Buchstabe übereinstimmt. Somit hat der Text, den ich in meinem Computerprogramm verwendete und in dem ich den genauen Zeitpunkt des Kometeneinschlags auf dem Jupiter am 16. Juli 1994 fand, zumindest seit 1000 Jahren keinerlei Abänderung erfahren.

Um die Jupiterkollision in biblischen Zeiten, im Mittelalter oder auch nur zwei Monate vor ihrem Eintreffen im Frühjahr 1994 codieren zu können, hätte ein Fälscher über die Fähigkeit verfügen müssen, in die Zukunft zu sehen. Somit konnte ein Schwindel ausgeschlossen werden. Wiederum fühlte ich mich bestätigt. Ich besuchte Rips an der Columbia-Universität, wo er als Gastprofessor in denselben Räumlichkeiten im Mathematikgebäude tätig war, in denen einst Lipman Bers, der Präsident der Amerikanischen Mathematischen Gesellschaft gewirkt hatte. Bers hatte vor 26 Jahren eine weltweite Kampagne zur Befreiung von Rips aus sowjetischer Gefangenschaft organisiert.

Kurz nach Abschluß seines Studiums in der Sowjetunion war Rips verhaftet worden, als er gegen die Invasion der Tschechoslowakei im Jahr 1968 demonstrierte. Die nächsten zwei Jahre verbrachte er als politischer Gefangener, ehe er nach Intervention westlicher Mathematiker schließlich freigelassen wurde und die Erlaubnis erhielt, nach Israel auszuwandern. Nach Professuren an den Universitäten von Chicago und Berkeley unterrichtet Rips heute an der Hebräischen Universität von Jerusalem und zählt weltweit zu den angesehensten Mathematikern.

In seinem Büro an der Universität von Columbia blickte Rips auf meinen Computerausdruck der Jupiterkollision. »Eine aufregende Entdeckung«, meinte er, wie ich mitunter noch immer von der Präzision des Bibelcodes verblüfft.

Die Astronomen waren in der Lage, den Einschlag des Kometen auf dem Jupiter vorherzusagen, da sie seine Bahn kannten und seine Geschwindigkeit messen konnten. Doch wer auch immer die Bibel codiert hatte, verfügte – Tausende von Jahren, bevor Shoemaker und Levy den Kometen entdeckten – über dieselben Informationen. Wie war es also möglich, daß sich der Zeitpunkt des Kometeneinschlags im Bibelcode fand? Das war die zentrale Frage. Wie war es möglich, daß jemand die Zukunft kannte?

Ich besuchte Rips, um mich mit David Kazhdan, einem der führenden Mathematiker von Harvard, zu treffen. Kazhdan sagte, daß er keine Zweifel an der Echtheit des Bibelcodes habe, seine Funktionsweise jedoch nicht erklären könne. »Es hat den Anschein, als wären tatsächlich vor 3000 Jahren Informationen über zukünftige Ereignisse in der Bibel codiert worden«, bestätigte er. »Die Ergebnisse belegen, daß aus wissenschaftlicher Sicht kein Grund besteht, an dieser Tatsache zu zweifeln. Ich glaube, der Code ist echt.«

»Aber wie funktioniert er?« war meine Gegenfrage.

»Wir wissen es nicht«, erwiderte Kazhdan. »Aber auch die Existenz der Elektrizität erkannten wir 100 Jahre an, bevor wir ihr Wesen erklären konnten.«

Ich fragte Rips und Kazhdan, wie ein beliebiges menschliches oder göttliches Wesen etwas noch nicht Vorhandenes sehen könne. Stets war ich davon ausgegangen, daß die Zukunft nicht existierte, solange ein Geschehnis nicht eintraf. Rips bot mir auf meine Frage eine theologische Antwort an. »Die Welt wurde geschaffen. Ihr Schöpfer war weder durch die Zeit noch durch den Raum begrenzt. Obwohl für uns die Zukunft noch nicht existiert, sah der Schöpfer das gesamte Universum von Anbeginn bis zum letzten Tag in einem einzigen Zug.«

Kazhdan griff in seiner Antwort auf die Newtonsche Lehre zurück. »Die Wissenschaft geht davon aus, daß wir, wenn wir die Position jedes Moleküls und Atoms kennen, alles vorhersehen können«, erklärte er. »Wenn uns in der Welt der Mechanik Geschwindigkeit und Richtung eines Gegenstandes wie etwa einer Kugel oder einer Marsrakete bekannt sind, können wir den Zeitpunkt ihres Eintreffens genau vorausbestimmen. So gesehen ist eine Prophezeiung der Zukunft kein Problem. Aber wenn Sie mich fragen, ob es mich überrascht, daß die Zukunft in der Bibel codiert ist«, fügte Kazhdan hinzu, »muß ich dies selbstverständlich eingestehen«.

Auch Piatetski-Shapiro, ein führender Mathematiker in Yale, bestätigte die Existenz des Bibelcodes und zeigte sich überrascht über die Enthüllung von Ereignissen, die lange nach der Verfassung der Bibel stattfanden. »Ich glaube an die Echtheit des Codes«, erklärte er. »Die Ergebnisse sind erstaunlich. Vorhersagen über die Zukunft, Hitler und den Holocaust.«

Doron Witztum hatte sich intensiv der Erforschung des »Holocaust«-Hinweises im Bibelcode gewidmet und außergewöhnliche Einzelheiten entdeckt. So fand er »Hitler« und »Nazi« an derselben Stelle codiert wie »Blutbad«:

○ Hitler △ Verbrecher □ Nazi und Feind ◇ Blutbad

»In Deutschland« stand neben »Nazis« und »Berlin«. Und »Eichmann«, der Name des Mannes, der für den Betrieb der Konzentrationslager die Verantwortung trug, war gemeinsam mit »Verbrennungsöfen« und »Ausrottung« verschlüsselt. Selbst technische Einzelheiten der »Endlösung« wie »Zyklon B« – das Gas, mit dem die Juden ermordet wurden – waren in codierter Form im Umfeld von »Eichmann« angegeben.

Als Piatetski-Shapiro von diesen Enthüllungen erfuhr, war er bestürzt. »Mein Instinkt als Mathematiker sagt mir, daß wir es hier mit etwas Echtem zu tun haben«, meinte er. Trotzdem war auch der Yale-Professor nicht in der Lage zu erläutern, wie der Code funktionierte. »Innerhalb der bekannten mathematischen Gesetze gibt es keine Möglichkeit, Prophezeiungen über die Zukunft zu erklären«, bestätigte er. »Die Newtonsche Physik ist zu einfach, um solch komplexe und detaillierte Vorhersagenreihen zu deuten. Wir sprechen hier von einer Intelligenz, die außerhalb unseres Wissens steht.« Der Mathematiker zögerte einen Augenblick, ehe er fortfuhr: »Ich glaube, die einzige Antwort liegt in der Existenz Gottes«.

»Nehmen Sie an, daß wir eines Tages in der Lage sein werden, dieses Phänomen auf rein wissenschaftlicher Basis zu erklären?« fragte ich.

»Das bezweifle ich«, gab Piatetski-Shapiro zurück. »Möglicherweise einen Teil davon, aber etwas wird immer im Bereich des Unbekannten verbleiben. Theoretisch ist es denkbar, die Existenz des Bibelcodes anzuerkennen, ohne an Gott zu glauben«, fügte er hinzu. »Doch wenn wir davon ausgehen, daß es einen Gott gibt, ist es überflüssig, uns die Frage zu stellen, wer die Zukunft vorhersehen kann.«

Wenn sich die Zukunft prophezeien läßt, kann sie dann auch verändert werden? Hätten wir, wenn wir im vorhinein von Hitler gewußt hätten, den Zweiten Weltkrieg verhindern können? Hätten Rabin oder Kennedy vor den Kugeln ihrer Mörder bewahrt werden können? Und wenn Amir oder Oswald rechtzeitig im Bibelcode entdeckt worden wären, wäre es dann möglich gewesen, sie von ihrer Tat abzuhalten? Gab es eine Alternative, hätten die Attentäter gefaßt und Rabins oder Kennedys Leben gerettet werden können?

Doch die eigentliche Frage lautet: Schildert der Bibelcode die Ereignisse so, wie sie eintreffen *werden*, oder wie sie eintreffen *könnten*? Erhalten wir Einblick in eine vorbestimmte Zukunft oder vielleicht in sämtliche mögliche Variationen der Zukunft?

Seit der Zeit, da Werner Heisenberg seine berühmte Unschärferelation formulierte, sind Physiker in diesem Konflikt gefangen. Stephen Hawking drückte es mit den Worten eines Laien aus: »Es ist mit Gewißheit auszuschließen, daß zukünftige Ereignisse präzise vorhergesagt werden können, solange man nicht in der Lage ist, den derzeitigen Zustand des Universums in Messungen zu erfassen!«

Der Großteil der Wissenschaftler ist der Ansicht, die Unschärferelation, die nicht eine, sondern mehrere Zukunftsmöglichkeiten vorsieht, sei eine grundlegende und unentrinnbare Eigenschaft der Welt. Hawking erläuterte es folgendermaßen: »Die Quantenmechanik sagt nicht ein einziges eindeutiges Ergebnis einer Beobachtung, sondern eine Vielzahl möglicher Resultate voraus und gibt uns die Eintreffenswahrscheinlichkeit der einzelnen Alternativen an.«

Nennt der Bibelcode ähnlich wie die Quantenphysik sämtliche Möglichkeiten, oder sind die codierten Prophezeiungen ein für alle Mal in Stein verewigt und unabwendbar? Rabins Ermordung traf tatsächlich ein – heißt das, daß sich sämtliche anderen Vorhersagen ebenfalls verwirklichen? Heute verfügen wir noch nicht über genug Erfahrung mit dem Bibelcode, um diese Fragen beantworten zu können. Doch möglicherweise läßt sich noch nicht einmal das scheinbar unerschütterliche Prinzip der Unschärferelation auf den Code anwenden.

Letztendlich könnten sich die gesamte konventionelle Wissenschaft ebenso wie sämtliche konventionellen Konzepte der Wirklichkeit als irrelevant herausstellen. Sollte ein Wesen, das außerhalb unseres Systems, außerhalb unserer drei Dimensionen und außerhalb der Zeit steht, die Bibel codiert haben, wäre es möglich, daß der Code keinem unserer wissenschaftlichen oder sonstigen Gesetze gehorcht. Selbst Hawking gesteht ein, es sei vorstellbar, daß sich die Grundsätze der Veränderung nicht auf Gott anwenden ließen. »Wir können nicht ausschließen, daß von einem übernatürlichen Wesen aufgestellte Gesetze bestehen, die sämtliche Ereignisse bestimmen.« Sobald wir den Gedanken zulassen, daß wir nicht allein sind – daß neben uns noch eine weitere Art von intelligentem Leben besteht –, müssen wir unsere Vorstellungen einer neuerlichen Überprüfung unterziehen.«

Einstein, einer der größten Wissenschaftler unserer Zeit, gab sich niemals mit dem Gedanken zufrieden, daß die Leitung des Universums dem Zufall überlassen sein sollte. »Die Quantenmechanik ist gewiß imposant«, erklärte er, »dennoch sagt mir eine innere Stimme, daß sie noch nicht das Wahre ist. Auch wenn diese Theorie einiges erklärt, bringt sie uns dem ›großen Geheimnis‹ keinen Schritt näher. Gott ist kein Würfelspieler.«

War es möglich, daß tatsächlich ein Code existierte, der Ereignisse Jahrtausende vor ihrem Eintreffen beschrieb, der unsere Geschichte vor der Zeit erzählte und uns eine Zukunft enthüllte, die noch niemand erlebt hatte? Ich beschloß, Robert J. Aumann, den berühmtesten Mathematiker Israels, aufzusuchen. Er gilt weltweit als einer der führenden Experten auf dem Gebiet der Spieltheorie und gehört sowohl der israelischen Akademie der Wissenschaften als auch der *US National Academy of Science* an.

»Der Bibelcode ist schlicht und einfach eine Tatsache«, meinte Aumann. »Die Wissenschaft ist ohne Makel. Die Bedeutung von Rips' Ergebnissen geht weit über alles in der Wissenschaft Übliche hinaus. Nach eingehendem Studium seiner Dokumentation bin ich zu der Ansicht gelangt, daß die Resultate klar, eindeutig und signifikant sind. Statistisch betrachtet übersteigen sie die gewöhnlichen Anforderungen, da die strengsten Standards bei eins zu 1000 liegen. Rips erreicht mit seinen Ergebnissen einen Wert von eins zu 100 000, wie er in wissenschaftlichen Experimenten so gut wie nie erzielt wird. Es ist überaus wichtig, an diese Theorie mit derselben Kaltblütigkeit und Methodik heranzugehen wie an jedes andere wissenschaftliche Experiment – also Tests durchzuführen und ihre Ergebnisse auszuwerten. Soweit ich sehen kann, ist der Bibelcode eine Tatsache.« Nach einer kurzen, nachdenklichen Pause fuhr Aumann fort: »Ich spreche in diesem Fall wie ein Buchhalter. Nach Durchsicht der Unterlagen erscheinen mir die Angaben koscher – doch nicht einfach nur koscher, sondern absolut koscher«.

Aumann war skeptisch gewesen. Anfangs fiel es ihm schwer zu glauben, ein Code in der Bibel könne die Zukunft enthüllen. »Es widerspricht meinem gesamten Weltbild als Mathematiker und religiöser Mensch«, erklärte er. »Dieser Gedanke unterscheidet sich grundsätzlich von jeder bekannten Wissenschaft. In Jahrhunderten moderner Wissenschaftsgeschichte hat es niemals zuvor etwas Derartiges gegeben.«

Aumann sprach mit führenden Mathematikern in Israel und den Vereinigten Staaten, doch kein einziger konnte einen Fehler in dem mathematischen Verfahren entdecken. Er verfolgte Rips' Arbeit über Jahre hinweg und widmete sich monatelang eigenen Untersuchungen. Schließlich erklärte er am 19. März 1996 gegenüber der israelischen Akademie der Wissenschaften, daß der Bibelcode eine feststehende Tatsache sei.

Dennoch bleiben viele Fragen zum Bibelcode offen. Rips, der ihn besser kennt als jeder andere, beschreibt ihn als riesiges Puzzle mit Tausenden von Teilen, von denen uns nur einige hundert vorlägen. »Sobald der Bibelcode allgemein bekannt wird und die Menschen versuchen, ihn für Vorhersagen über die Zukunft zu gebrauchen, sollten sie auch wissen, daß er kompliziert ist«, gab er zu bedenken. »Sämtliche Möglichkeiten könnten vorhanden sein. Was dann tatsächlich geschieht, bestimmen wahrscheinlich wir selbst. Vielleicht wählte man diese Vorgangsweise, um den freien Willen des Menschen nicht einzuschränken. Meine größte Sorge ist, daß der Code als Befehl für unser Handeln aufgefaßt wird – und das ist er gewiß nicht. Er bietet uns lediglich Informationen, die eventuell nur Möglichkeiten darstellen.«

Wenn sich im Bibelcode jedoch sämtliche Möglichkeiten finden, wird die entscheidende Frage lediglich auf eine andere Ebene gehoben. Wie ist es zu erklären, daß jeder Augenblick der Menschheitsgeschichte codiert ist? Betrachtet man die Geschichte in ihrer Gesamtheit, bilden die Ermordung von Rabin ebenso wie die Mondlandung und die Watergate-Affäre nur winzige Zeitsplitter. Wie können sich all diese Ereignisse in verschlüsselter Form in einem einzigen Buch wiederfinden?

So fragte ich Rips, ob der codierten Informationsmenge gewisse Grenzen gesetzt seien, und wieviel unserer Geschichte in der Bibel verborgen liege.

»Alles«, gab er zur Antwort. Wieder verwies er auf die Worte von Genius von Wilna, des Gelehrten aus dem achtzehnten Jahrhundert, die er bereits bei unserem ersten Treffen zitiert hatte: »Alles, was war, ist oder bis ans Ende aller Zeiten sein wird, findet sich zwischen dem ersten und letzten Wort der Thora, die nicht nur allgemeine Ereignisse, sondern Einzelheiten über jede Spezies und jedes Lebewesen, über jede Begebenheit vom ersten Tag der Geburt bis zum Tod enthält.«

Wie ist dies möglich, wo der Originaltext der fünf Bücher Mose doch lediglich 304805 Buchstaben umfaßte?

»Theoretisch besteht keine Einschränkung für die Menge an Information, die in einem Code gespeichert ist«, gab Rips zur Antwort. Er griff nach meinem Notizblock und begann, eine Gleichung niederzuschreiben. »Wenn wir eine unendliche Menge vor uns haben, können wir nach der Hauptmenge suchen und anschließend nach sämtlichen Teilmengen«, erklärte er. »Jedes Element jeder dieser Mengen kann nun seinerseits wieder aktiv oder passiv sein.« Auf dem Notizblock stand folgende Formel:

$$S, P(S), P(P(S)) = P2(S) \ldots, P^{K}(S).$$

Auch wenn ich nicht in der Lage war, seine mathematische Ableitung zu verstehen, begriff ich die Grundaussage. Selbst eine begrenzte Datenbank konnte somit eine unendliche Anzahl von Kombinationen und Anordnungen enthalten.

»Somit könnte der vorliegende Text zumindest zehn bis 20 Milliarden Einzelinformationen beinhalten«, meinte Rips und fügte sogleich die Erklärung für die Bedeutung dieser Zahl hinzu. »Wenn Sie bei eins zu zählen beginnen und ohne Unterbrechung Tag und Nacht fortfahren, benötigen Sie etwa 100 Jahre, um drei Milliarden zu erreichen.« Anders ausgedrückt umfaßt der Bibelcode mehr Informationen, als wir im Verlauf mehrerer Lebzeiten quantifizieren, geschweige denn finden können. In dieser Berechnung sind überdies jene Datenmengen noch nicht berücksichtigt, die sich durch die an ein Kreuzworträtsel erinnernde Anordnung von zwei, drei oder zehn miteinander in Zusammenhang stehenden Begriffen ergeben. Rips erklärte, daß selbst auf dieser ersten und gröbsten Ebene des Bibelcodes die enthaltene Zahl an Einzelinformationen schlichtweg unbezifferbar, wenn nicht gar unendlich sei.

Wir haben die Bibel stets als Buch betrachtet und wissen inzwischen, daß dies nur eine ihrer Erscheinungsformen ist. Sie ist ebenso ein Computerprogramm, das nicht nur einem von Rips in den Computer eingegebenen Buch entspricht, sondern von seinem Schöpfer als interaktiver, sich ständig verändernder Text entworfen wurde. Möglicherweise ist der Bibelcode als Reihe von Enthüllungen aufzufassen, die auf die Technologie der jeweiligen Zeit abgestimmt ist. Er könnte Informationen beinhalten, die wir heute noch nicht in vollem Umfang zu begreifen imstande sind und die uns ebenso seltsam erscheinen, wie ein Computer vor 3000 Jahren den Wüstennomaden erschienen wäre.

»Wir können nahezu mit Gewißheit annehmen, daß der Code mehrere Ebenen tief ist, allerdings verfügen wir über kein ausreichend umfassendes Mathematikmodell, diese Ebenen zu erreichen«, erklärte Rips. »Wahrscheinlich gleicht er weniger einem Kreuzworträtsel als einem Hologramm. Heute suchen wir lediglich nach zweidimensionalen Anordnungen, obwohl wir unsere Suche vermutlich zumindest auf drei Dimensionen ausdehnen sollten. Dafür fehlt uns jedoch die nötige Kenntnis.«

Darüber hinaus ist niemand in der Lage zu erklären, wie der Code geschaffen wurde. Die Wissenschaftler,

Mathematiker und Physiker, die den Code verstehen, stimmen dahingehend überein, daß selbst die schnellsten Supercomputer unserer Zeit (auch wenn man die Crays im Krisenzentrum des Pentagons, sämtliche Main-Frames bei IBM und alle weltweit im Einsatz stehenden Computer miteinander kombinierte) nicht imstande wären, die Bibel in der Form zu codieren, wie es vor 3000 Jahren geschehen ist.

»Wie diese geniale Verschlüsselung zustande kam, geht weit über mein Vorstellungsvermögen hinaus«, räumte Rips ein. Das Computerprogramm, das den Bibelcode enthüllt, ist höchstwahrscheinlich nicht die letzte Form, die die Bibel annehmen wird. Möglicherweise existiert bereits ihre nächste Erscheinungsform und wartet lediglich darauf, daß wir die geeigneten Maschinen erfinden, in höhere Ebenen vorzudringen. »Doch selbst in dem Bereich, in dem wir heute Zugang zu Informationen haben, sind die Decodierungsmöglichkeiten aufgrund der enormen Datenmengen unendlich«, fügte der israelische Wissenschaftler hinzu.

Wir wissen nicht, ob nicht von jedem Menschen Vergangenheit und Zukunft in einer noch unbekannten Ebene des Codes verborgen liegen und ob nicht die Bibel tatsächlich eine Art Buch des Lebens ist. Denn offensichtlich läßt sich in jener Codierungsebene, die uns bisher erschlossen ist, jede bedeutende Persönlichkeit ebenso wie jedes größere Ereignis in der Weltgeschichte finden. So werden sämtliche politischen Anführer des Zweiten Weltkriegs – von »Roosevelt« über »Churchill« bis »Stalin« und »Hitler« – angeführt. Auch »Amerika«, »Revolution« und die Jahresangabe 1776 (»5536«) begegnen gemeinsam. »Napoleon« ist mit »Frankreich«, aber auch mit »Waterloo« und »Elba« codiert. Die kommunistische »Revolution« in »Rußland«, die im zwanzigsten Jahrhundert eine Wende herbeiführte, ist mit dem Jahr ihres Triumphes (»5678«, entspricht 1917) vermerkt. Doch auch große Künstler und Schriftsteller, Erfinder und Wissenschaftler aus Vergangenheit und Gegenwart finden sich im Bibelcode. »Homer« wird als »griechischer Poet« identifiziert, während auf »Shakespeare« in einer Codesequenz hingewiesen wird, die nicht nur seinen Namen, sondern auch seine Werke enthält: »Shakespeare«, »auf der Bühne aufgeführt«, »Hamlet«, »Macbeth«. Auf »Beethoven« und »Johann Sebastian Bach« wird als »deutsche Komponisten« verwiesen, und bei »Mozart« findet sich die Beschreibung »Verfasser von Musik«. »Rembrandt« ist gemeinsam mit »Holländer« und »Maler« codiert, »Picasso« wird als »der Künstler« angegeben.

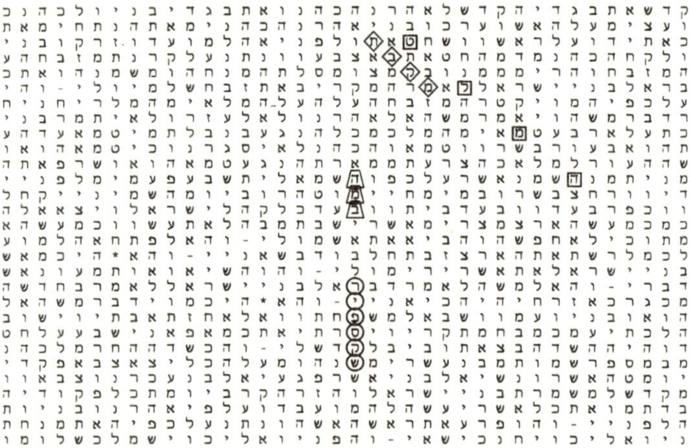

○ Shakespeare △ auf der Bühne aufgeführt ◇ Macbeth □ Hamlet

Ebenso scheint jeder bedeutende Fortschritt in der modernen Technologie verzeichnet zu sein. Die »Brüder Wright« sind gemeinsam mit »Flugzeug« codiert, »Edison« sowohl mit »Elektrizität« als auch mit »Glühbirne« und »Marconi« mit »Radio«.

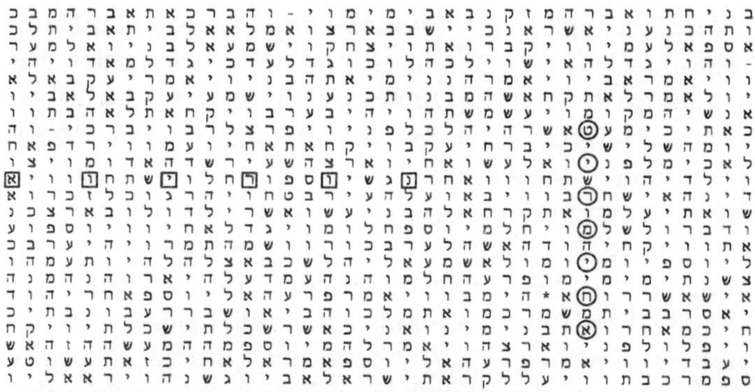

○ Brüder Wright □ Flugzeug

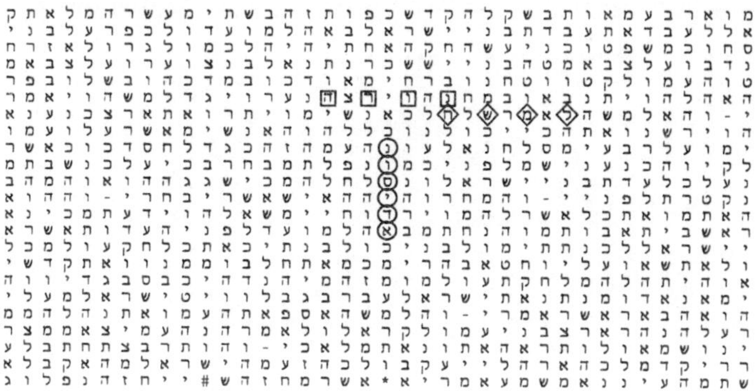

○ Edison ◇ Elektrizität □ Glühbirne

Auch »Newton« und »Einstein«, die beiden Wissenschaftler, die das Universum unserer modernen Welt definierten, sind in der Bibel mit ihren größten Errungenschaften angeführt. »Newton«, der anhand der Gravitationskraft, die die Planeten auf ihrer Bahn hält, das Zusammenwirken unseres Sonnensystems erklärte, erscheint mit dem Hinweis »Gravitation«. Doch auch seine Suche nach einem Code in der Bibel, der die Zukunft enthüllen würde, ist in eben diesem Werk durch die gemeinsame Nennung von »Bibelcode« und

»Newton« vermerkt. »Einstein« findet sich nur ein einziges Mal mit der Wendung »sie kündigten einen weisen Mann an« in codierter Form an einer Stelle, an der die Worte »Wissenschaft« und »ein neues und außergewöhnliches Verständnis« seinen Namen kreuzen. Rechts über der Eintragung »Einstein« enthüllt der verschlüsselte Text den Hinweis »er stürzte die vorhandene Wirklichkeit«. Die »Relativitätstheorie« ist ebenso codiert. Doch auch die einheitliche Feldtheorie, jenes globale Verständnis des Universums, das sich Einstein entzog, könnte in der Bibel bereits vor 3000 Jahren verzeichnet worden sein, denn gemeinsam mit der einzi-

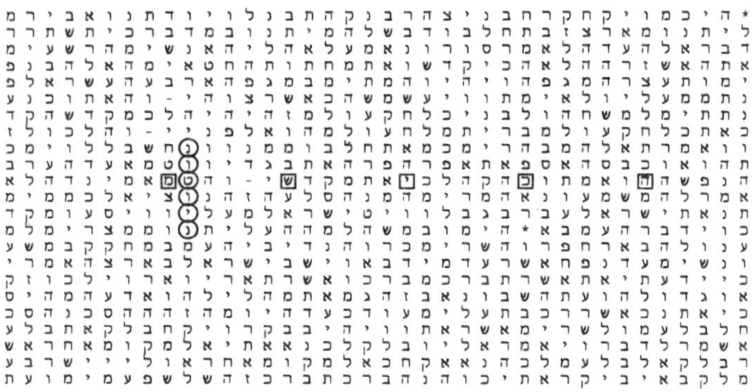

○ Newton □ Gravitation

○ Einstein ⬠ sie kündigten einen weisen Mann an
◇ Wissenschaft □ ein neues und außergewöhnliches Verständnis
⏢ er stürzte die vorhandene Wirklichkeit

gen Nennung seines Namens und dem Hinweis auf die Relativitätstheorie gibt der Code den Hinweis »füge einen fünften Teil hinzu« preis.

Offenbar wird sich die von Einstein gesuchte Antwort weder in den drei Dimensionen des Raums noch in der von ihm eingeführten vierten Dimension der Zeit, sondern in einer fünften Dimension finden, deren Existenz von sämtlichen Quantenphysikern heute bereits anerkannt wird. »Auch die ältesten religiösen Texte verweisen auf eine fünfte Dimension«, bemerkte Rips. »Sie bezeichnen sie als eine ›Tiefe des Guten und Bösen‹.«

Himmel und Hölle? Diese Frage, die einst die gesamte Welt beschäftigte, wird heute nur von einigen wenigen Wissenschaftlern und noch weniger Journalisten tatsächlich ernst genommen. Dennoch zwingt uns der Bibelcode, erneut die umfassendste aller Fragen zu stellen: Ist der Code der Beweis für die Existenz Gottes?

Eli Rips beantwortet diese Frage mit ja. »Der Bibelcode ist ein unerschütterlicher wissenschaftlicher Beweis«, erklärt der Mathematiker. Doch Rips glaubte bereits an Gott, bevor er diesen Beweis entdeckte. Auch wenn von vielen Seiten die Meinung vertreten werden wird, daß uns nun der erste säkulare Beweis für die Existenz Gottes vorliege, stimme ich dem nur insoweit zu, als ich eingestehe, daß kein menschliches Wesen die Bibel in dieser Form hätte codieren können. Meiner Ansicht nach liegt erstmals ein wissenschaftlicher Beweis dafür vor, daß neben der Menschheit eine weitere intelligente Lebensform existiert – oder zumindest zum Zeitpunkt der Niederschrift der Bibel existierte. Ich weiß nicht, ob es einen Gott gibt, doch gehe ich mit Bestimmtheit davon aus, daß kein menschliches Wesen vor 3000 Jahren in der Lage gewesen wäre, die Bibel mit derart genauen Vorhersagen über die Zukunft zu codieren. Wenn die Ermordung Rabins, der Golfkrieg und der Kometeneinschlag auf dem Jupiter tatsächlich in der Bibel codiert sind – und das ließ sich eindeutig nachweisen –, dann muß dies von einem intelligenten Wesen durchgeführt worden sein, das sich von unserer Lebensform deutlich unterschied.

Der Bibelcode zwingt uns, das als Tatsache anzuerkennen, was die Bibel selbst uns lediglich auffordert zu glauben – daß wir nicht allein sind. Doch ist er nicht nur als Beweis für die Existenz seines Schöpfers aufzufassen. Ziel der in der Bibel codierten Botschaften ist es, die Menschheit zu warnen.

KAPITEL 2

Der atomare Holocaust

Sowohl die Worte des Alten als auch die des Neuen Testaments sagen vorher, daß der »Endkampf« in Israel mit einem Angriff auf die Heilige Stadt Jerusalem beginnen und sich schließlich über die gesamte Welt ausbreiten werde.

In der Offenbarung steht geschrieben: »Satan wird losgelassen werden aus seinem Gefängnis und wird ausziehen, zu verführen die Völker an den vier Enden der Erde, Gog und Magog, um sie zum Kampf zu versammeln. Und sie umringten das Heerlager der Heiligen und die geliebte Stadt. Und es fiel Feuer vom Himmel und verzehrte sie.« Nur eine Stadt erfüllt die im Bibelcode vermerkten Hinweise auf einen »Weltkrieg« oder einen »atomaren Holocaust«, und zwar Jerusalem.

Am Tag der Ermordung Rabins fand ich die Worte »sein gesamtes Volk im Krieg« codiert in der Bibel. Die Warnung vor dem totalen Krieg war in derselben Codematrix verborgen, die auch das Attentat vorhersagte. »Sein gesamtes Volk im Krieg« erschien gemeinsam mit »Jitzhak Rabin« rechts über der Eintragung »Mörder, der morden wird«.

Augenblicklich flog ich nach Israel zurück.

Rabins Ermordung veränderte die Situation grundsätzlich. In diesem Augenblick, in dem eine den Tod verheißende codierte Botschaft Tatsache der Wirklichkeit wurde, erschien mir der Bibelcode zum ersten Mal ganz und gar wirklich. Und nun warnte er zudem vor einer Gefahr, die ein gesamtes Land betraf. Während Israel um Rabin trauerte, arbeiteten Eli Rips und ich gemeinsam am Computer. Unser Ziel war es, Einzelheiten über diese neue Weissagung – »sein gesamtes Volk im Krieg« – zu entschlüsseln.

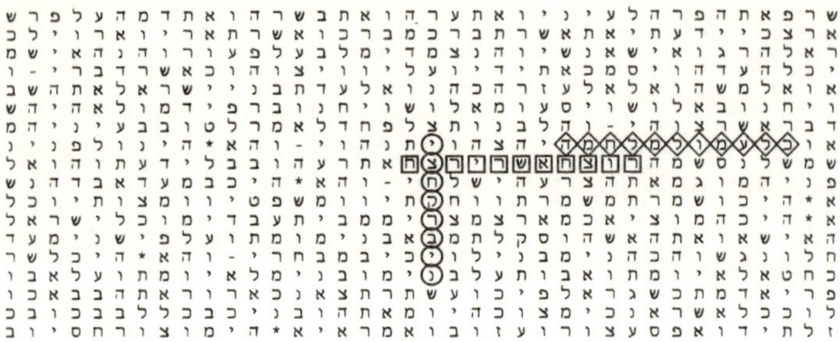

○ Jitzhak Rabin □ Mörder, der morden wird

◇ sein gesamtes Volk im Krieg

So suchten wir im Bibelcode nach Hinweisen auf einen katastrophalen Konflikt. Zu diesem Zeitpunkt wußten wir noch nicht, daß der Code eine Warnung vor einem Atomangriff auf Jerusalem beinhaltete. Wir hatten noch nicht einmal die Ankündigung eines »Weltkriegs« gefunden.

Bereits beim ersten Durchlauf des Computers stießen wir auf die Worte »Holocaust in Israel«. Das Wort »Holocaust« war einmal in einem Vers der Genesis codiert, in dem Jakob seinen Söhnen verkündete, welches Schicksal Israel am »Ende seiner Tage« erwarten werde.

»Die wichtigste Frage ist die nach dem Zeitpunkt des vorhergesagten Ereignisses«, erklärte Rips und überprüfte die folgenden fünf Jahre und im weiteren jedes Jahr bis zur Jahrtausendwende. Plötzlich erbleichte er und zeigte mir seine Ergebnisse. Das Jahr 5756 nach dem hebräischen Kalender, das nach moderner Zeitrechnung dem Ende von 1995 und dem Großteil des Jahres 1996 entspricht, erschien an derselben Stelle wie der vorhergesagte neuerliche »Holocaust«.

○ Holocaust in Israel □ 5756 (1995-1996)

Die Eintragung erschien mit furchterregender Deutlichkeit in der Tabelle. Die Jahresangabe war regelrecht mit dem Hinweis »Holocaust in Israel« verbunden. Die Übereinstimmung war unzweifelhaft. »5756« fand sich in demselben Bibelvers, in dem »Holocaust« codiert war.

Auch das Jahr 2000, nach der alten Zeitrechnung 5760, paßte ausgezeichnet. Doch schien das letzte Jahr des Jahrhunderts in diesem Augenblick unendlich weit entfernt. In dieser zweiten Novemberwoche 1995, jenen Tagen, die auf die Ermordung Rabins folgten, war die eindeutige Codierung des »Holocaust« für das laufende Jahr die vorherrschende Tatsache.

»Wie stehen die Chancen?« fragte ich Rips.

»Eins zu 1000«, gab er zur Antwort.

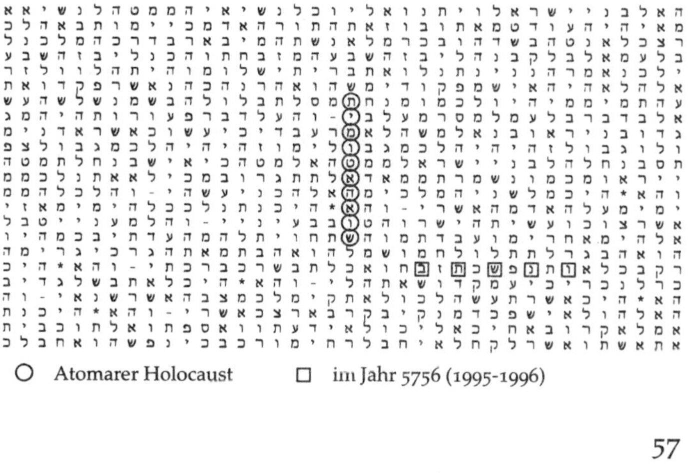

○ Atomarer Holocaust □ im Jahr 5756 (1995-1996)

»Was könnte einen Holocaust im heutigen Israel auslösen?« forschte ich weiter. Das einzige, was wir uns vorstellen konnten, war ein Atomangriff, wie wir ihn schließlich auch in der Bibel codiert fanden. Die bestürzende Botschaft einer modernen Gefahr in einem aus dem Altertum überlieferten Text lautete »atomarer Holocaust«.

Diese Eintragung erschien nur ein einziges Mal. Drei der kommenden fünf Jahre waren an derselben Stelle verschlüsselt – 1996, 1997 und 2000. Doch wiederum zog das aktuelle Jahr 5756 unsere Aufmerksamkeit auf sich. »Im Jahr 5756« fand sich direkt unterhalb von »atomarer Holocaust«.

»Wie groß ist die Wahrscheinlichkeit, zweimal auf eine derartige Eintragung zu stoßen?« fragte ich.

»Eins zu einer Milliarde«, erklärte Rips.

Weitere Hinweise auf große Gefahren fanden sich sowohl für das gesamte restliche Jahrhundert als auch darüber hinaus. Sollte der Bibelcode recht behalten, würde sich Israel zumindest in den kommenden fünf Jahren einer noch nie dagewesenen Gefahr gegenübersehen.

Doch nur eine andere Jahreszahl war mit ebensolcher Klarheit codiert wie das Jahr 1996 für den »atomaren Holocaust«, und das war 1945, das Jahr von Hiroshima.

Wieder gingen wir von der Phrase »sein gesamtes Volk im Krieg« aus, die gemeinsam mit der Ankündigung von Rabins Ermordung begegnete. Dieselben Worte fanden sich auch bei dem Hinweis auf den »atomaren Holocaust«. Insgesamt waren sie im gesamten Bibeltext dreimal enthalten, wobei sie zweimal gemeinsam mit »atomarer Holocaust« auftauchten.

Auf meine Frage, wie wahrscheinlich es sei, die einzelnen Elemente dieser angekündigten Gefahr von Krieg, Holocaust und Atomangriff gemeinsam in dem

Code zu finden, meinte Rips: »Wir sind nicht in der Lage, eine genaue Berechnung darüber anzustellen, aber sie würde sich etwa im Bereich von eins zu mehreren Millionen bewegen«.

Der Bibelcode schien einen weiteren Holocaust, die Zerstörung eines gesamten Landes, vorherzusagen. Der Ausbruch eines Atomkriegs im Nahen Osten würde mit einiger Gewißheit einen weltweiten Konflikt, wenn nicht gar einen Weltkrieg auslösen. Angesichts der Tatsache, daß vorhergesagte Ereignisse – wie die Ermordung des Ministerpräsidenten – tatsächlich eingetreten waren, konnte ich nicht einfach abwarten, ob sich auch die nächste Prophezeiung verwirklichte. Jene Informationen, die Rabin hätten retten können, hatten uns zur Verfügung gestanden, doch wir waren darin gescheitert, seine Ermordung zu verhindern. Nun verfügten wir über Informationen, die vielleicht einen Krieg vermeiden konnten. Für mich eine wahrlich bizarre Situation. Ich war durch Zufall auf einen Code in der Bibel gestoßen, der eindeutig zukünftige Ereignisse enthüllte. Dabei glaubte ich noch nicht einmal an Gott und war in keiner Weise religiös. Das alles ergab keinen Sinn.

Ich hatte als Journalist für die *Washington Post* und das *Wall Street Journal* gearbeitet und ein Buch geschrieben, das auf Zehntausenden von Dokumenten basierte, war also an die harten Tatsachen unserer drei Dimensionen gewöhnt. Darüber hinaus war ich kein Bibelgelehrter und verstand kein Hebräisch, die Sprache der Bibel und des Codes, die ich von Grund auf lernen mußte. Dennoch hatte ich zu einem Zeitpunkt Rabins Ermordung in codierter Form in der Bibel entdeckt, zu dem noch kaum jemand wußte, daß der Code überhaupt existierte. Nur Rips war bekannt, daß er auch einen Atomangriff, einen neuerlichen Holocaust und möglicherweise sogar einen weiteren Weltkrieg vorhersagte. Doch er war Mathematiker, kein Journalist. Er hatte im Umgang mit Regierungen und politischen Führern keine Erfahrung, und so, wie er es abgelehnt hatte, Rabin zu warnen, war er auch jetzt nicht bereit, dem neuen Ministerpräsident Shimon Peres von seiner Entdeckung zu berichten.

Mein Instinkt als Journalist sagte mir, daß diese angekündigte Gefahr nicht der Wirklichkeit entsprechen könne. Sämtliche arabischen Staatsmänner waren eben erst bei Rabins Begräbnis zusammengekommen. Der Friede schien am Ende des Jahres 1995 sicherer als je zuvor. Die Wendung »sein gesamtes Volk im Krieg« erschien mir daher keineswegs als bevorstehende Bedrohung. Seit Israels Sieg über Ägypten und Syrien im Jahr 1973 und dem Ende der Intifada und der damit verbundenen internen Spannungen durch den Handschlag zwischen Rabin und Arafat im Jahr 1993 erlebte der junge Staat Israel die friedlichste Phase seit seiner Gründung nach dem Zweiten Weltkrieg. Ein »atomarer Holocaust« schien mehr als unwahrscheinlich, ein »Weltkrieg« jenseits aller Vorstellung. Allerdings hatte ich auch nicht wirklich an den Anschlag auf Rabins Leben geglaubt. Ich hatte nur gewußt, daß seine Ermordung in der Bibel codiert war.

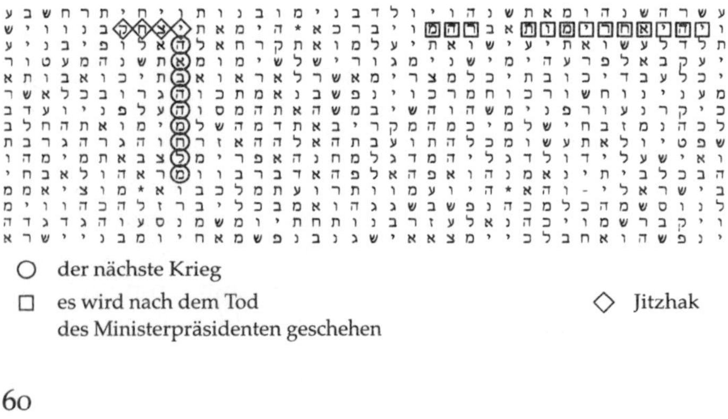

○ der nächste Krieg

□ es wird nach dem Tod des Ministerpräsidenten geschehen

◇ Jitzhak

Dann war Rabin tatsächlich – wie für das hebräische Jahr 5756, das im September 1995 begann, vorhergesagt – ermordet worden.

Wieder blickte ich auf die neuen Computerausdrucke. Die Phrase »der nächste Krieg« war einmal in der Bibel aufgetaucht. »Es wird nach dem Tod des Ministerpräsidenten geschehen«, hatte der verschlüsselte Text an jener Stelle gelautet, an der auch die Namen »Jitzhak« und »Rabin« codiert waren.

Ich war nun davon überzeugt, daß der Bibelcode die Zukunft enthüllte. Ungewiß war lediglich, ob sich jede Vorhersage automatisch auch bewahrheitete oder ob die Zukunft verändert werden konnte.

Während ich wach im Bett lag und mich fragte, wie ich an Shimon Peres herankommen konnte und was ich ihm sagen würde, stieß ich unvermutet auf die Antwort auf eine weit bedeutendere Frage. Im Hebräischen entspricht jeder Buchstabe des Alphabets gleichzeitig einer Zahl. So lassen sich Daten und Jahresangaben ebenso in Form von Buchstaben darstellen, wie es im Bibelcode der Fall war. Nun bildeten aber dieselben Buchstaben, die das derzeitige Jahr 5756 – das Jahr des vorhergesagten Holocausts – angaben, eindeutig auch eine Frage an uns alle: »Werdet ihr es ändern?«

ו נ ש ת ה = 5756 = Werdet ihr es ändern?

Weniger als eine Woche nach Rabins Tod warnte ich Shimon Peres, den neuen Ministerpräsidenten, vor der in der Bibel verschlüsselten neuen Gefahr in einem Brief mit folgendem Wortlaut:

»Die Bibel enthält einen verborgenen Code, der bereits vor einem Jahr die Ermordung Rabins enthüllte. Nun wende ich mich an Sie, um Sie von einer weiteren im Bibelcode festgelegten Gefahr für Israel in Kenntnis zu setzen – einem ›atomaren Holocaust‹. Die Information über diesen drohenden ›atomaren Holocaust‹ für Israel beinhaltet einige Einzelheiten, wie etwa den Ausgangspunkt der Gefahr und den Zeitpunkt ihres Eintreffens im derzeitigen hebräischen Jahr 5756. Ich bin der Ansicht, daß die Bedrohung durch eine geeignete Einschätzung der Situation abgewendet werden kann. Hierbei handelt es sich keineswegs um Religion. Die Lösung ist gänzlich säkular.«

Die erste Reaktion des Ministerpräsidenten war Unglaube. »Astrologen und Wahrsager treten unentwegt mit der einen oder anderen Warnung an mich heran«, erklärte Peres seinem langjährigen Freund Elhanan Jishai, einem einflußreichen Mitglied der Arbeiterpartei, der ihm meinen Brief am 9. November übergeben hatte. Weniger als eine Woche war seit der Ermordung Rabins vergangen, und Peres hatte keine Zeit für Vorhersagen in einem Bibelcode.

Eliza Goren, die Pressereferentin des Ministerpräsidenten, zeigte sich ebenso skeptisch. Sie hatte neben Rabin gestanden, als dieser erschossen worden war, und kannte den Brief, den ich ihm ein Jahr zuvor als Warnung vor dem Attentat gesandt hatte. Dennoch war sie von der Echtheit des Codes nicht überzeugt. »Wir alle sind rational handelnde Menschen, und dies ist das zwanzigste Jahrhundert, Michael«, erklärte sie.

Ich bin kein Wahrsager, sondern Journalist. Es war nie meine Absicht gewesen, Vorhersagen zu treffen. Ich wollte mich keineswegs in der Rolle eines Mannes wiederfinden, der um den Globus flog und die Menschheit vor den Iden des März warnte. Zudem wußte ich nicht, ob die Gefahr eines »atomaren Holocausts« außerhalb des Bibelcodes überhaupt existierte. Amerikanische Experten auf dem Gebiet des Nuklearterrorismus bestätigten mir jedoch, daß die Möglichkeit nicht gänzlich auszuschließen war. Tatsächlich gingen sie sogar so weit, es als eine Art Wunder zu betrachten, daß etwas Derartiges noch nicht eingetreten war. Die ehemalige Sowjetunion war ein offener Markt. Radikale arabische Staaten galten als die wahrscheinlichsten Käufer, und Israel war ein eindeutiges Ziel für einen Anschlag.

»Noch nie zuvor hat sich ein Staatengebilde aufgelöst, das über 30000 atomare Waffen, 40000 Tonnen chemische Waffen, mehrere Tonnen spaltbaren Materials und zehntausende Wissenschaftler und Techniker verfügte, die zwar wissen, wie diese Waffen herzustellen sind, aber keine Ahnung haben, wie sie ihren Lebensunterhalt bestreiten sollen«, umriß ein US-Senator die Situation am sowjetischen Schwarzmarkt. Ein russischer Offizier, dessen Aufgabe es war, den Diebstahl von angereichertem Uran aus einem unterirdischen Nukleardepot in Murmansk zu untersuchen, drückte es deutlicher aus: »Selbst Kartoffeln werden besser bewacht«.

Doch im Grunde mußte ich mich nicht an Experten wenden, um zu erkennen, daß die Gefahr tatsächlich bestand. Nur wenige Wochen nach dem fehlgeschlagenen Staatsstreich gegen Gorbatschow, als die Sowjetunion über Nacht zusammenzubrechen schien, war ich im September 1991 in Moskau gewesen. Zu dieser Zeit gab es einfach alles zu kaufen. Ich erinnere mich an ein Treffen mit einer Gruppe russischer Militärwissenschaftler und bedeutender Atomwaffenexperten, von denen kein einziger ein Hemd trug, dessen Kragen und Manschetten nicht verschlissen gewesen wären. Einer der Wissenschaftler, der ein weitreichendes Raketensystem entwickelt hatte, nahm mich beiseite und bot mir seine Erfindung zum Kauf an. Dieses Erlebnis zeigte deutlich, daß arabische Terroristen keinerlei Schwierigkeiten haben würden, an eine Bombe heranzukommen.

Die im Bibelcode angekündigte Gefahr war also womöglich real, und doch hatte ich keine Möglichkeit, sie zu bestätigen oder zu verhindern.

Einige Tage nach meiner Rückkehr in die Vereinigten Staaten gelang es mir schließlich, General Jacob Amidror, den stellvertretenden Leiter des israelischen Geheimdienstes, zu erreichen. Ich erwartete, daß er die Mitteilung der Existenz eines Bibelcodes ähnlich wie Peres schlichtweg abtun würde. Die höheren Ränge in der israelischen Regierung waren geradezu betont weltlich orientiert, und die Offiziere des Militärs und des Geheimdienstes übertrafen sie in dieser Hinsicht noch.

So versicherte ich General Amidror von Beginn an, daß ich die Angelegenheit aus rationaler und nicht religiöser Sicht betrachtete. »Ich bin nicht religiös«, erklärte ich ihm. »Für mich als Journalist stellt der Bibelcode lediglich eine Informationsquelle dar.«

»Wie können Sie so etwas sagen?« fragte Amidror. »Wie können Sie sagen, daß er nicht von Gott stammt? Was Sie mir mitteilten, wurde vor 3000 Jahren in der Bibel codiert.« Wie sich herausstellte, war Amidror religiös. Er war nicht nur bereit, die Echtheit des Codes anzuerkennen, er betrachtete ihn sogar als Wort Gottes. Unter all den weltlich eingestellten höheren Funktionären des israelischen Geheimdienstes war ich an den einzigen Mann geraten, der nicht erst von der Existenz des Bibelcodes überzeugt werden mußte. Doch Amidror erklärte, daß er in der Wirklichkeit keinen Hinweis auf eine Bedrohung entdecken könne. »Sollte diese Gefahr tatsächlich bestehen, geht sie von einer höheren Macht aus. In diesem Fall können wir nur beten.«

Zu Beginn des Jahres 1996 rief mich General Danny Jatom, Peres' oberster Militärberater, in New York an. »Der Ministerpräsident las Ihren Brief und auch jenen an Rabin und möchte sich mit Ihnen treffen«, teilte Jatom mir mit.

So flog ich wieder nach Israel und bereitete mich gemeinsam mit Eli Rips auf das Gespräch mit Peres vor, indem wir sämtliche mathematischen Modelle nochmals überprüften. Rips gab »Holocaust in Israel« sowie das hebräische Jahr »5756« in den Computer ein. Die Hinweise fanden sich trotz einer Wahrscheinlichkeit von eins zu 1000 im Bibelcode. Danach tippte er »atomarer Holocaust« und die Jahreszahl ein, und erneut erschien ein Eintrag in der Bibel – diesmal bei einer noch geringeren Wahrscheinlichkeit von acht zu 9800.

Doch wer würde einen Atomangriff auf Israel unternehmen? Wer war der Feind? Quer über »atomarer Holocaust« fanden sich die Worte »aus Libyen«. »Libyen« erschien zwei weitere Male in derselben Tabelle. Der Name des libyschen Staatsoberhauptes »Gaddafi« war im letzten Buch der Bibel an einer Stelle codiert, die folgendermaßen lautete: »Der Herr wird von ferne eine Nation gegen dich heranführen, die wie ein Geier auf dich hinabstürzen wird«.

Weiter stießen wir auf den Eintrag »libysche Artillerie«, gemeinsam mit dem aktuellen Jahr »5756«. Die Wahrscheinlichkeit, die Waffe gemeinsam mit der Jahreszahl zu finden, lag wiederum bei zumindest eins zu 1000.

Auch der Hinweis auf einen »Atomartilleristen« sowie die genaue Ortsangabe, von wo aus der Angriff ge-

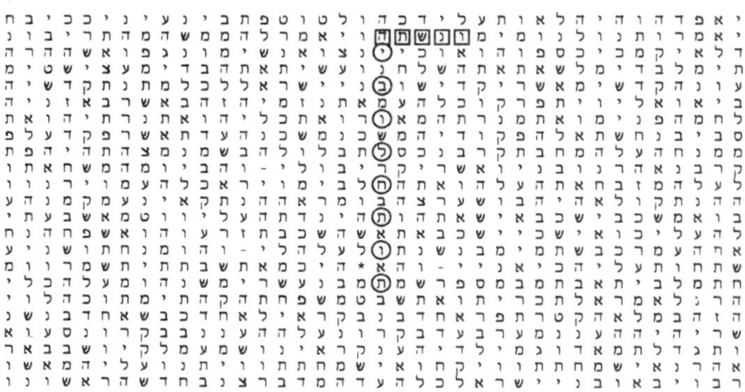

○ Libysche Artillerie □ 5756 (1996)

startet werden würde, fanden sich in codierter Form in der Bibel. Hierbei handelte es sich um »Pisga«, eine Bergkette in Jordanien, die Moses erstieg, um das gelobte Land zu überblicken.

Als ich den unverschlüsselten Bibeltext an dieser Stelle untersuchte, fand sich in dem ersten Vers, der das Pisga-Gebirge erwähnte, die Wendung »verborgene Waffen hier an diesem Ort«.

Es war kaum zu glauben, daß die vor über 3000 Jahren niedergeschriebenen Worte des Alten Testaments jenen Ort angaben, von dem aus eine Atomrakete auf Israel abgefeuert werden sollte. Doch wenn die Gefahr tatsächlich bestand, wenn ein »Holocaust in Israel« und ein »atomarer Holocaust« drohten, paßte alles einwandfrei und logisch zusammen. Sollte der Bibelcode echt sein und wirklich die Zukunft vorhersagen, dann war jener Augenblick, in dem das Ursprungsland der Bibel mit seiner gesamten Bevölkerung ausgelöscht zu werden drohte, der geeignetste für eine nahezu unverhüllte Warnung, die im gewöhnlichen Bibeltext begegnete.

»Diese Eintragung geschah eindeutig mit einer gewissen Absicht«, erklärte Rips. Einer nahezu unendlich kleinen mathematischen Wahrscheinlichkeit zum Trotz bestätigte er, daß auch der Atomangriff in der Bibel verschlüsselt war. Dennoch beunruhigte ihn das Treffen mit Peres. »Möglicherweise verbarg der Allmächtige die Zukunft vor den Augen derer, die sie nicht sehen sollten«, meinte er.

Am 26. Januar 1996 traf ich Shimon Peres in den Amtsräumen des Ministerpräsidenten in Jerusalem und warnte ihn vor dem in der Bibel codierten Atomangriff.

Während dieser Zusammenkunft stellte der Ministerpräsident nur wenige Fragen. Eine davon lautete: »Wenn es vorhergesagt ist, was können wir dann tun?«

»Es ist eine Warnung, keine Vorhersage«, gab ich zur Antwort. Ich erklärte ihm, daß der Bibelcode meiner Ansicht nach lediglich Möglichkeiten und nicht unveränderbar vorherbestimmte Ereignisse aufzeige. »Was tatsächlich geschieht, bestimmen wir durch unser eigenes Handeln«, fügte ich hinzu. Ich übergab Peres zwei Computerausdrucke des Bibelcodes. Einer zeigte die Worte »Holocaust in Israel« sowie das aktuelle hebräische Jahr »5756«, der andere den Hinweis »atomarer Holocaust«, ebenfalls mit der Angabe des derzeitigen Jahres. Die Wahrscheinlichkeit, sagte ich, daß so etwas geschehe, liege bei zumindest eins zu 1000.

Peres unterbrach mich. »Eins zu 1000, daß dieses Ereignis nicht eintrifft?«

Da heute niemand über ein ausreichend tiefes Verständnis des Codes verfüge, antwortete ich, sei es unmöglich, für das tatsächliche Eintreffen des Holocausts eine Wahrscheinlichkeit anzugeben. Doch die Wahrscheinlichkeit, daß das Jahr 1996 zweimal gemeinsam mit dem Hinweis auf diese Bedrohung aufscheine, liege etwa bei eins zu 1000, sei aus mathematischer Sicht also verschwindend gering. »Dem Bibelcode zufolge schwebt Israel bis zur Jahrtausendwende in fünf Jahren in Ge-

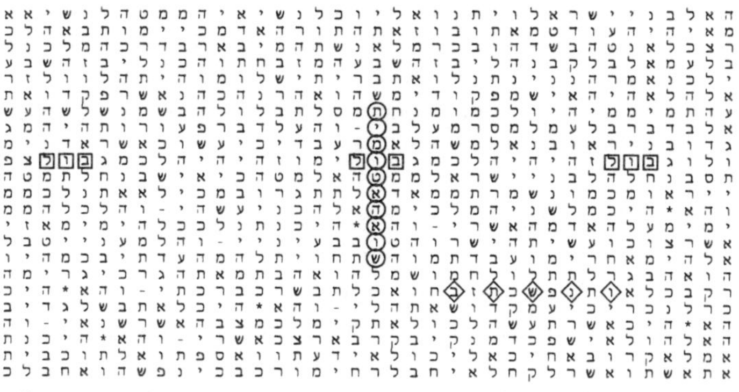

○ atomarer Holocaust □ Libyen ◇ im Jahr 5756 (1996)

fahr, wobei das aktuelle Jahr das entscheidende zu sein scheint«, informierte ich den Ministerpräsidenten. Die Bedrohung dürfte von Libyen ausgehen, erklärte ich Peres anhand des Codes, in dem das Wort »Libyen« den Hinweis »atomarer Holocaust« kreuzt.

»Ich weiß nicht, ob dies bedeutet, daß der Angriff von Libyen aus gestartet wird oder von Terroristen, die von Libyen unterstützt werden«, erklärte ich. »Ich vermute, daß Gaddafi in einer der ehemaligen Sowjetrepubliken eine Atomrakete kaufen wird und daß Terroristen diese Waffe gegen Israel einsetzen werden.«

Peres nahm meine Mitteilung schweigend zur Kenntnis.

Offenbar hatte er meinen Brief aufmerksam gelesen und auch jenen nicht vergessen, den ich Rabin ein Jahr vor dessen Ermordung zugesandt hatte. Er stellte weder tiefgründige philosophische Fragen über den Bibelcode, noch erwähnte er Gott. Er erkundigte sich nicht einmal, ob sich sein eigener Name in der Bibel finden lasse, eine Frage, die angesichts des tödlichen Attentats auf Rabin verständlich gewesen wäre. Seine Aufmerksamkeit galt allein der für Israel vorhergesagten Bedrohung. Die Gefahr eines Atomangriffs selbst schien ihn nicht zu überraschen. Immerhin war Peres mit dem Bau israelischer Atomwaffen in einer geheimen Militärbasis in Dimona betraut gewesen. So wußte er, wie leicht ein Atomsprengkopf für einen Terroreinsatz umzurüsten war.

Abschließend betonte ich dem Ministerpräsidenten gegenüber nochmals, daß ich nicht wisse, ob sich Israel tatsächlich in Gefahr befinde, daß ich diesen Hinweis jedoch in der Bibel codiert gefunden hätte.

Am darauffolgenden Tag, dem 27. Januar 1996, trat der libysche Revolutionsführer Muammar El Gaddafi mit einer eigenartigen Rede an die Öffentlichkeit. Er forderte sämtliche arabischen Länder auf, sich mit Atomwaffen auszurüsten. »Die von Israel bedrohten Araber haben das Recht, in jeder erdenklichen Weise Atomwaffen zu erwerben«, erklärte er.

Während Gaddafi diese Botschaft verkündete, stand ich auf dem Berg Nebo in Jordanien, dem höchsten Punkt des Pisga-Gebirges, einer Bergkette über dem Toten Meer, die Moses erstiegen hatte, um einen Blick auf das verheißene Land zu werfen, und die im Bibelcode als Ausgangsort eines Atomangriffs genannt wurde. Der Code enthielt außerdem eine nahezu unverhüllte Mitteilung, daß die Waffe an dieser Stelle verborgen sei. »Unter den Abhängen des Pisga-Gebirges« kreuzte die Eintragung »Atomartillerist«.

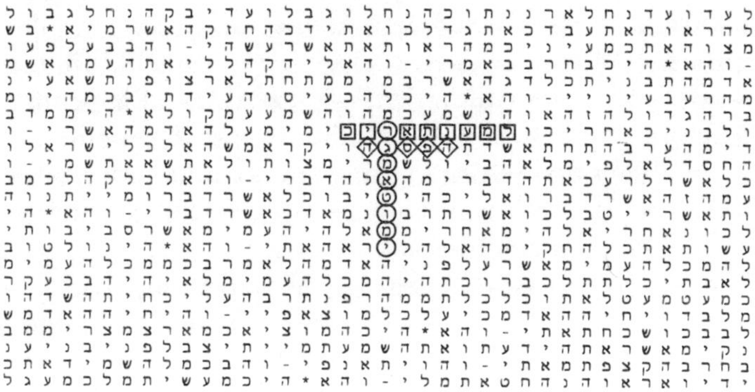

○ Atomartillerist ◇ Pisga-Gebirge

□ um (die Tage) zu verlängern = Adresse, Datum

Die Zeile rechts neben dieser Botschaft wirkte wie ein X auf einer Landkarte. Der eigentliche Bibeltext an dieser Stelle lautete: »um deine Tage auf Erden zu verlängern«. Eine seltsame Phrase, die sowohl »Atomartillerist« als auch »atomarer Holocaust« kreuzte. Auf gewisse Weise schien sie die Hoffnung auszudrücken, daß der Angriff zu verhindern wäre. Eine verschlüsselte Nachricht in diesem Vers der Bibel klärte uns darüber auf, wie dies zu geschehen habe.

Im Hebräischen werden dieselben Buchstaben, die die Wörter »um zu verlängern« bilden, auch für »Adresse« und »Datum« verwendet. Der Ort des Atomangriffs war mit dem Hinweis auf das »Pisga-Gebirge« in Jordanien, der sich rechts unterhalb des Wortes »Adresse« fand, eindeutig angegeben, doch war es uns nicht möglich, das Datum zu entdecken. Trotzdem bestieg ich diese Bergkette einen Tag nach meiner Zusammenkunft mit Peres zu genau jenem Zeitpunkt, als Gaddafi seine Drohung aussprach.

»Unter den Abhängen des Pisga-Gebirges« befand sich ein drei Meilen breiter Streifen verödeter Hügel und ausgetrockneter Wadis, in denen man eine Waffe oder eine Raketenabschußrampe verbergen konnte. Amerikanische Experten auf dem Gebiet des Atomterrorismus hatten mir erklärt, daß eine nukleare Artilleriewaffe von einem einzigen kräftigen Mann in einem Rucksack getragen werden könne und daß es in der ehemaligen Sowjetunion tausende kleinere Atomwaffen gebe, deren Vernichtungskraft ausreiche, eine gesamte Stadt zu zerstören.

Es war ein unheimliches Gefühl, sich an jenem Ort zu befinden, an dem Moses gestanden hatte, als er über das Tote Meer hinweg nach Israel blickte, das am gegenüberliegenden Ufer der Wasserfläche deutlich zu erkennen war, und zu wissen, daß irgendwo in den umliegenden Hügeln und Wadis libysche Terroristen den Abschuß einer Atomrakete gegen Tel Aviv oder Jerusalem vorbereiten könnten.

Einen Tag später traf ich mich in Jerusalem mit Danny Jatom, jenem General, der meine Zusammenkunft mit Peres arrangiert hatte und zum Leiter des berühmten israelischen Geheimdienstes Mossad ernannt werden sollte. Jatom war eben erst aus Washington von den gescheiterten Friedensgesprächen mit Syrien zurückgekehrt, hatte jedoch bereits Gelegenheit gehabt, mit Peres über unser Treffen zu sprechen.

»Nahm er die Warnung ernst?« fragte ich Jatom.

»Er empfing Sie«, antwortete der General.

Wir wandten uns den Einzelheiten einer Bedrohung durch einen »atomaren Holocaust«, wie er in der Bibel codiert war, zu. Jatom wollte wissen, wann und wo der Angriff stattfinden solle. Ich teilte ihm mit, welche Hinweise sich in der Bibel gefunden hätten, klärte ihn aber gleichzeitig auf, daß es sich sowohl bei dem Datum als auch bei der Ortsangabe lediglich um Möglichkeiten handeln könnte. »Doch auch wenn wir uns vielleicht in den Einzelheiten irren, könnten wir, was die eigentliche Bedrohung betrifft, recht behalten.«

Jatom stellte mir dieselbe Frage wie Peres: »Wenn dieses Ereignis codiert ist, was können wir dann tun?«

»Auch wenn es nicht möglich ist, einen Kometen davon abzuhalten, auf dem Jupiter einzuschlagen, verfügen Sie doch gewiß über die Mittel, Libyen davon abzuhalten, Israel anzugreifen.«

Drei Tage später sprach Peres in Jerusalem erstmals in der Öffentlichkeit darüber, daß die größte Bedrohung der Welt von jenen Nuklearwaffen ausgehe, die in die Hände unverantwortlicher Länder fielen oder auf den Schultern von Fanatikern getragen würden. Seine Worte waren eine klare Wiederholung der im Bibelcode enthaltenen Warnung, daß Gaddafi Atomraketen kaufen und von Libyen unterstützte Terroristen diese gegen Israel einsetzen würden.

Doch sollte der Bibelcode recht behalten, irrte Peres in seiner Aussage, daß das die größte Bedrohung der Welt sei.

»Wenn dies alles der Wahrheit entspricht, ist es erst der Beginn und nicht das Ende der Gefahr«, erklärte ich General Jatom.

KAPITEL 3

Sein Volk im Krieg

Am Morgen des 25. Februar 1996, eines Sonntags, wurde Israel vom schlimmsten Terroranschlag der vergangenen drei Jahre getroffen. Ein palästinensischer Selbstmordattentäter sprengte zur Hauptverkehrszeit in Jerusalem einen Bus in die Luft. 23 Menschen starben.

Im Verlauf der folgenden neun Tage erhöhten zwei weitere terroristische Sprengstoffanschläge in Jerusalem und Tel Aviv die Zahl der Toten auf 61, erschütterten den Frieden im Nahen Osten und lösten in Israel eine Art Kriegszustand aus.

Seit Rabins Todestag war mir das Datum bekannt, an dem die Welle des Terrors ihren Anfang nehmen würde. Rechts über »Mörder, der morden wird« fand sich eine weitere Prophezeiung: »Sein gesamtes Volk im Krieg«. Dieselben Worte erscheinen noch zweimal in der Bibel, jedesmal versehen mit einem Datum. »Ab dem 5. Adar, sein gesamtes Volk im Krieg«. Der 5. Adar des alten hebräischen Kalenders entspricht dem 25. Februar 1996.

Die ominöse Warnung des Bibelcodes – »sein gesamtes Volk im Krieg« – hatte sich somit an genau dem im Code vorhergesehenen Tag verwirklicht.

Wie bei der Nachricht von Rabins Ermordung war ich erschüttert, doch trafen mich die Bombenanschläge selbst weniger als dieser neuerliche Beweis der Echtheit des Bibelcodes.

Vier Monate zuvor, als in Israel noch Frieden geherrscht und sich die politischen Führer der arabischen Welt bei Rabins Begräbnis versammelt hatten, war in der Bibel zu lesen gewesen, daß sich der Staat Ende Februar im Krieg befinden werde. Vor einem Monat, bei meinem Treffen mit Ministerpräsident Peres, war mir diese Prophezeiung noch so unwahrscheinlich erschienen, daß ich ihm nur zögernd davon berichtete, weil ich fürchtete, meine Warnung auf einen »atomaren Holocaust« damit abzuschwächen.

Nun hatte der Krieg an eben jenem Tag begonnen, der vor 3000 Jahren in der Bibel niedergeschrieben worden war. Peres selbst erklärte, daß sich Israel im Kriegszustand befinde, und drückte es als »einen Krieg im wahren Sinne des Wortes« aus. Dieses Ereignis war eine ernüchternde Bestätigung der Genauigkeit des Bibelcodes, da sich über alle drei Anschläge Einzelheiten in dem codierten Text fanden. »Autobus«, »Jerusalem« und »Bombe« erschienen an ein und derselben Stelle. Selbst der Name der Straße nach Jaffa, in der palästinensische Terroristen an zwei aufeinanderfolgenden Sonntagen ihre Anschläge auf Busse verübten, wurde in der Bibel genannt. Der Monat und das Jahr, »Adar 5756«, die Februar und März 1996 entsprechen, waren gemeinsam mit dem genauen Ort der Anschläge neben dem Wort »Terror« codiert.

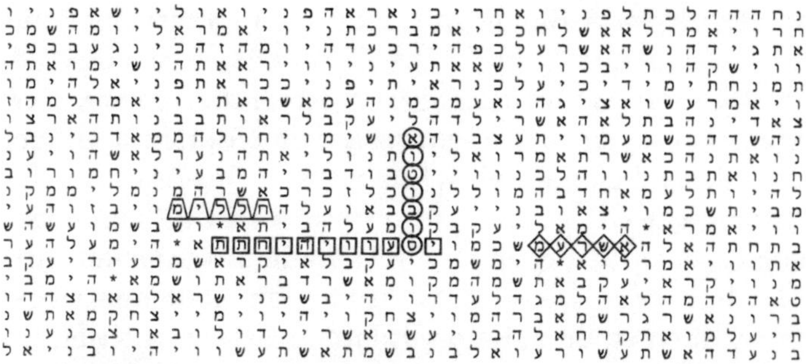

○ Autobus ◇ Feuer, großer Lärm △ tote Körper

□ sie werden fahren, und es wird Schrecken herrschen

Der verschlüsselte Bibeltext enthielt jedoch an der Stelle, an der »Autobus« zu finden war, zusätzlich eine vollständige Beschreibung der in den Morgenstunden verübten Anschläge: »Feuer, großer Lärm, sie erwachten frühzeitig. Sie werden fahren und es wird Schrecken herrschen«.

Das letzte terroristische Selbstmordbombenattentat am 4. März 1996 im Herzen Tel Avivs, das die Zahl der Toten auf 61 erhöhte, tauchte ebenfalls in einer detaillierten Schilderung im Bibelcode auf. So erschien der Name des Einkaufszentrums »Dizengoff« gemeinsam mit »Tel Aviv« und »Terrorist«. Auch »terroristische Bombe« und »Tel Aviv« waren an derselben Stelle angeführt. Der Name der hinter den Anschlägen steckenden Terrorgruppe war zusammen mit der verwendeten Waffe in der Bibel codierte. So kreuzte die Eintragung »Hamas Bombe« die Jahresangabe »5756«.

Die Blutbäder in Jerusalem und Tel Aviv und die täglich neuen Bilder von in Stücke gerissenen Leibern rissen eine Kluft quer durch Israel auf, die Araber und Juden trennte. Der Friede, der schon gesichert schien, kam zu einem plötzlichen, blutigen Ende. Verbogenes Metall und zerfetzte Gliedmaßen überlagerten die Erinnerung an den legendären Handschlag zwischen Ministerpräsident Rabin und dem Präsidenten der Palästinenser, Arafat.

Nachdem Rabin getötet worden war, mischte sich mein Entsetzen über seinen Tod mit der Erkenntnis, daß der Bibelcode tatsächlich existierte. Als nun die Bombenanschläge genau an dem im Code vorhergesagten Datum begannen, war mein Erschrecken ungleich größer, denn nun wußte ich, daß der Code tatsächlich einen »atomaren Holocaust«, einen »Holocaust in Israel« und einen »Weltkrieg« prophezeite. Darüber hinaus verhieß die ominöse Warnung »sein gesamtes Volk im Krieg«, die gemeinsam mit der Ermordung Rabins und der genauen Zeitangabe des Beginns der Terrorwelle codiert war, eine weit größere Bedrohung.

Zweimal erschienen dieselben Worte – »sein gesamtes Volk im Krieg« – zusammen mit »atomarer Holocaust« im Bibelcode.

Nach den Gesprächen von Ministerpräsident Peres mit Präsident Clinton traf ich mich am letzten Tag im April 1996 erneut mit General Danny Jatom, der vor kurzem zum Leiter des israelischen Geheimdienstes Mossad ernannt worden war, in der israelischen Botschaft in Washington.

Er hatte an einem diplomatischen Empfang teilgenommen, und nun standen wir, umgeben von unzähligen Polizisten, Geheimdienstagenten mit Nachtsichtgeräten und israelischen Sicherheitsbeamten mit Wachhunden, etwas abseits von der Menge der Würdenträger am Tor der Botschaft. Ich übergab ihm eine Landkarte des antiken Israel, in der jene Bergkette hervorgehoben war, von der aus Moses von Jordanien aus das verheißene Land überblickt hatte.

»Wenn es einen wahrscheinlichen Ausgangspunkt für einen atomaren Angriff auf Israel gibt, ist es dieser hier«, erklärte ich ihm. Jatom öffnete den Umschlag. »Wenn Israel tatsächlich bedroht wird, steht die Gefahr unmittelbar bevor«, fuhr ich fort. »Der angegebene Zeitpunkt ist der 6. Mai in den Nachtstunden.«

Bisher waren wir nicht in der Lage gewesen, ein eindeutiges Datum zu entdecken, doch die Buchstabenkombination, die im Hebräischen den 6. Mai bezeichnete, kam ohne jeden weiteren Bezug auf ein besonderes Ereignis in der Bibel häufig vor. Aus mathematischer Sicht war diese Angabe bedeutungslos. Da sie jedoch der einzige offensichtlich angegebene Zeitpunkt war und uns nur eine Woche von ihm trennte, erwähnte ich ihn. »Ich weiß nicht, ob dieses Datum tatsächlich eine Bedeutung hat«, gestand ich ein, »aber der Bibelcode sagte auch den genauen Zeitpunkt der ersten Busbombe vorher. Ihnen bleibt wohl nur eine Woche, um es herauszufinden.«

Der 6. Mai kam und ging ohne Zwischenfall vorüber. Jatom entdeckte keine Waffe, und niemand verübte einen Anschlag auf Israel. In diesem Augenblick, in dem ich am Bibelcode zu zweifeln begann, stellte er seine Echtheit erneut unter Beweis.

Eine Woche vor den historischen Wahlen vom 29. Mai 1996 in Israel – einer Entscheidung über die Fortführung des zwischen Rabin und Arafat mit ihrem Handschlag besiegelten Friedens – entdeckte ich den Ausgang der Abstimmung im Bibelcode.

Im Alten Testament fand sich die Eintragung »Ministerpräsident Netanjahu« und quer über dem Namen das Wort »gewählt«. In derselben Verszeile der Bibel war auch sein Spitzname »Bibi« vermerkt.

Ich glaubte nicht an dieses Ergebnis, denn Benjamin Netanjahu war ein erklärter Gegner des Friedensplans und Shimon Peres dessen Architekt und der legitime Erbe von Jitzhak Rabin. Meiner Überzeugung nach

○ Ministerpräsident Netanjahu □ gewählt ◇ Bibi

würde Israel auch nach der Terrorwelle keinesfalls den Weg zurück einschlagen. So stimmte ich mit sämtlichen Meinungsumfragen überein, die eine Wiederwahl von Peres vorhersagten. Niemand erwartete einen Sieg Netanjahus.

Einen Tag vor der Wahl rief ich Eli Rips an und teilte ihm mit, daß ich die Eintragung »Ministerpräsident Netanjahu« in der Bibel gefunden hätte. Als Rips das überprüfte, entdeckte auch er das Wort »gewählt« quer zu dem Namen. Statistisch betrachtet war ein Zufall ausgeschlossen. Die Wahrscheinlichkeit lag bei eins zu über 200. Sollte Netanjahu tatsächlich als Sieger aus der Wahl hervorgehen, prophezeite der Bibelcode seinen baldigen Tod, denn die Worte »gewiß wird er getötet« kreuzten sich mit dem Hinweis »Ministerpräsident Netanjahu«. Auch die nächste Zeile, die seinen Namen querte, warnte vor einem frühzeitigen Tod: »Seine Seele wird abgeschnitten werden«. Dieser Ausdruck bezeichnet den Tod eines Mannes vor Vollendung seines 50. Lebensjahres. Netanjahu war 46. Sein Tod wurde jedoch nicht mit jener Deutlichkeit vorhergesagt wie der von Rabin. Die Wahrscheinlichkeit, diese Eintragung gemeinsam mit seinem Namen anzutreffen, lag bei eins zu 100, wohingegen Rabins Ermordung mit einer Wahrscheinlichkeit von eins zu 3000 angegeben war. Doch in der gesamten Tabelle, die Netanjahus Wahl vorhersagte, fanden sich Hinweise auf den Tod. So tauchte zweimal das Wort »ermordet« auf. Der Code schien sogar einen Tod in einem Krieg nicht auszuschließen, denn die vollständige Phrase, die seinen Tod in verschlüsselter Form ankündigte, lautete: »Seine Seele wird in einem Kampf abgeschnitten«.

Am Tag vor der Wahl brachte ich meine Gedanken zu Papier: »Wenn ich mich einzig an den Bibelcode halte, müßte ich davon ausgehen, daß Netanjahu im Falle eines Wahlsiegs seine Amtsperiode nicht überleben wird.« Aber ich war nicht beunruhigt, weil ich davon ausging, daß sich der Bibelcode diesmal irrte. Ich glaubte nicht an Netanjahus Tod, geschweige denn, daß er als Sieger aus der Wahl hervorgehen würde.

Wie in der Bibel vorhergesagt, wurde Benjamin Netanjahu am 29. Mai 1996 zum Ministerpräsidenten von Israel gewählt. Die Wahlentscheidung war mit 50,4 zu 49,6 Prozent der Stimmen so knapp, daß das Ergebnis erst zwei Tage später endgültig feststand. Es war ein Kopf-an-Kopf-Rennen, das schließlich nur durch einige fehlende Wahlurnen entschieden wurde – und doch war es bereits vor 3000 Jahren in der Bibel codiert worden.

Das Weiße Haus, die PLO, die Meinungsforscher und die gesamte israelische Presse wurden überrascht. Niemand hatte mit einem Sieg Netanjahus gerechnet. Wie jedermann ging auch ich an diesem Abend in der Überzeugung zu Bett, Peres hätte gewonnen, um beim Erwachen festzustellen, daß Netanjahu der neue Ministerpräsident Israels war. Die Nachricht traf mich wie ein Schock. Ich fühlte dasselbe Entsetzen, das mich anläßlich der Ermordung Rabins und der Übereinstimmung des vorhergesagten Datums mit dem tatsächlichen Beginn der Terrorwelle ergriffen hatte. Die eigentliche Überraschung bestand nicht in Netanjahus Wahlsieg über Peres, sondern in der Tatsache, daß dieses Ereignis vor 3000 Jahren vorhergesehen worden war.

Wieder einmal hatte ich mich geirrt und der Bibelcode recht behalten. Er bestätigte keineswegs meine Instinkte oder sagte das Offensichtliche voraus, sondern enthüllte statt dessen konsequent im voraus Ereignisse, deren Eintreffen von niemandem in dieser Weise erwartet worden wären. Plötzlich erschien mir die Gefahr eines »atomaren Holocaust« wieder unglaublich real.

Über die Tatsache hinaus, daß der Bibelcode erneut seine Echtheit bewiesen hatte, war in ihm neben dem Wahlsieg Netanjahus auch die gesamte Abfolge von schreckenbringenden Ereignissen codiert, die mit der Ermordung Rabins begann und mit einem Atomangriff enden würde. Es war, als kämen nach und nach die einzelnen Teile eines Puzzles zusammen, das sich unerbittlich zu einem Bild des Entsetzens fügte.

»Netanjahu« paßte genau zwischen »Jitzhak Rabin« und seinen Mörder »Amir«, rechts über den Worten, die ich am Tag von Rabins Ermordung gefunden hatte: »Sein gesamtes Volk im Krieg«. Nun erkannte ich die Botschaft, die quer über den Namen »Amir« lief: »Er wird die Nation verändern, er wird sie zum Schlechten führen«. Es war, als hätte der irregeleitete Attentäter den Friedensstifter Rabin gegen jenen Mann ausgetauscht, der »sein gesamtes Volk in den Krieg« führen würde – Netanjahu.

Gemeinsam mit »Netanjahu« erschienen Worte biblischen Schreckens – »großes Entsetzen, Netanjahu«. Diese Worte, die auf ein grauenvolles Ereignis hindeuteten, zu dem es außerhalb der kosmischen Ebene der Bibel nichts Gleichwertiges gibt, tauchten wiederum bei der Vorhersage seiner Wahl auf, wo »Ministerpräsident Netanjahu« das einzige Mal in verschlüsselter Form zu finden war. Ein drittes Mal begegnete »großes Entsetzen, Netanjahu« zusammen mit »atomarer Holocaust«.

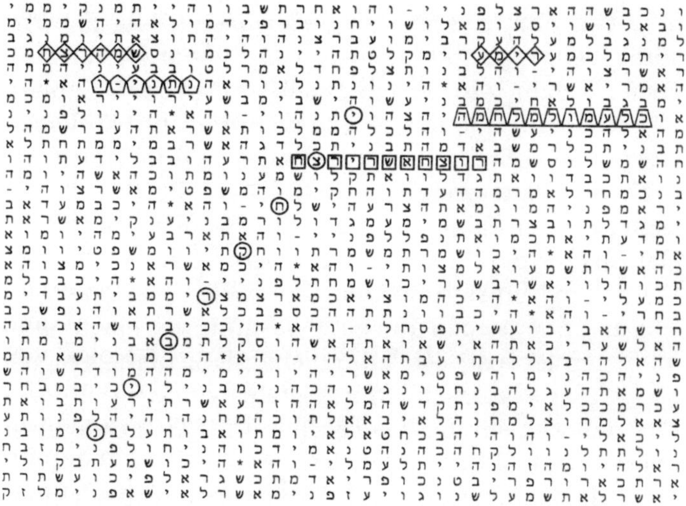

○ Jitzhak Rabin ◇ Amir / Name des Mörders ⬠ Netanjahu
□ Mörder, der morden wird ⏢ sein gesamtes Volk im Krieg

An dem Tag, an dem der neue Ministerpräsident seine Siegesrede hielt, rief ich seinen Vater in Jerusalem an. Ben-Zion Netanjahu ist einer der engsten Berater seines Sohnes und Oberhaupt einer alten zionistischen Familie. Sein Vater hatte bei der Ankunft in Israel seinen ursprünglichen Familiennamen abgelegt und einen hebräischen Namen angenommen, der soviel wie »von Gott gegeben« bedeutete. Professor Netanjahu ist Experte auf dem Gebiet der Inquisition, des Ursprungs jener Judenverfolgung, die schließlich zu Hitlers Holocaust geführt hatte.

Vater und Sohn treffen sich jeden Samstag. Doch als Ben-Zion Netanjahu meinen Brief am Freitag morgen erhielt, wartete er keinen Augenblick, sondern leitete ihn noch am selben Tag an den Ministerpräsidenten weiter. Mein Schreiben lautete folgendermaßen:

»Ich habe Ihren Vater ersucht, Ihnen diesen Brief zu übergeben, da ich über Informationen verfüge, die auf eine Bedrohung Israels schließen lassen, der Sie persönlich entgegentreten müssen. Die von mir angesprochene Gefahr wird durch einen verborgenen Code in der Bibel enthüllt, der bereits mehrmals mit äußerster Genauigkeit Ereignisse vorhersagte, die Jahrtausende nach der Verfassung des Textes eingetreten sind. Er sagte sowohl Rabins Ermordung als auch das präzise Datum der Bombenanschläge dieses Jahres und Ihre Wahl zum Ministerpräsidenten vorher.

Nun findet sich in ihm eine Warnung vor einem ›atomaren Holocaust‹. Ich kann nicht mit Sicherheit sagen, ob sich Israel tatsächlich in Gefahr befindet, ich weiß nur, daß sich ein diesbezüglicher Hinweis in codierter Form in der Bibel findet. Ich nehme diese Botschaft ernst, da der Bibelcode auch Rabins Ermordung im Jahr 5756, den Terroranschlag vom 25. Februar sowie Ihre Wahl zum Ministerpräsidenten vorhersagte.

Sollte sich die Bedrohung durch einen ›atomaren Holocaust‹ ebenfalls als wahr herausstellen, bleibt möglicherweise nicht mehr viel Zeit, diesen zu verhindern. Unter unseren neuesten Informationen könnte sich bereits ein Datum befinden.«

Schließlich entdeckten wir den Zeitpunkt des möglichen Angriffs auf Israel. Es handelte sich um den letzten Tag des hebräischen Jahres 5756, den 13. September 1996.

»Holocaust in Israel« war ebenso wie »Atomwaffen« gemeinsam mit »29. Elul« codiert. Dem alten hebräischen Kalender zufolge entsprach dieses Datum dem 13. September 1996. Das wäre genau drei Jahre nach dem berühmten Handschlag zwischen Jitzhak Rabin und Jassir Arafat auf dem Rasen vor dem Weißen Haus. War der 13. September 1993 der Beginn des Friedens nach einem 4000 Jahre andauernden Krieg zwischen Arabern und Juden gewesen, so brachte der 13. September 1996 möglicherweise den abschließenden Vernichtungsschlag in diesem endlosen Kampf.

Sechs Wochen vor dem prophezeiten Datum des »atomaren Holocaust« flog ich wieder nach Israel. Bis zu diesem Zeitpunkt war noch kein weiteres Treffen mit dem neuen Ministerpräsidenten arrangiert worden. In Israel besuchte ich als erstes Eli Rips, der in meinem Beisein einen Anruf von Ben-Zion Netanjahu entgegennahm. Der Mathematiker teilte dem Vater des Ministerpräsidenten mit, daß der Bibelcode einen Atomangriff auf Israel vorherzusagen scheine. Entgegen einer sehr hohen Wahrscheinlichkeit finde sich dieser Hinweis in eindeutiger Form in der Bibel. Gleichzeitig räumte er ein, daß niemand mit Bestimmtheit sagen könne, ob tatsächlich eine Gefahr für das Land bestehe. »Ohne jeden Zweifel enthält die Bibel einen Code, doch wir wissen nicht, ob die angegebenen Ereignisse stets in der vorhergesagten Form eintreffen«, erklärte Rips. »Die Worte ›atomarer Holocaust‹ und ›Holocaust in Israel‹ begegnen gemeinsam mit der derzeitigen Jahreszahl«, fügte er hinzu. »Heute wissen wir jedoch noch nicht, ob dies eine unmittelbar bevorstehende und unentrinnbare Gefahr bedeutet, oder ob überhaupt eine Bedrohung vorliegt. Sicher ist lediglich, daß die Worte, die auf die Gefahr hindeuten, absichtlich codiert wurden.

»Er wird sich mit Ihnen treffen«, teilte mir Rips mit, sobald er den Hörer aufgelegt hatte. »Er zeigte sich zwar überrascht, ist jedoch bereit, Sie zu empfangen.«

»Wenn dies wahr ist, werde ich nicht nur an den Gott Israels glauben, sondern tatsächlich religiös werden«, erklärte mir Ben-Zion Netanjahu, als ich sein Wohnzimmer betrat. Das war eine bedeutende Aussage für einen jener aufsässig säkularen Zionisten, die bei der Schaffung einer neuen Nation nach dem Zweiten Weltkrieg mehr auf Waffen als auf Gott vertraut hatten. Ich sagte ihm, daß ich weder an Gott glaubte noch religiös sei.

»Wie können Sie so etwas sagen?« fragte Netanjahu. »Es muß sich hier um etwas Übernatürliches handeln. Dies stammt nicht von Menschenhand. Wenn es einen Bibelcode gibt, der zukünftige Ereignisse enthüllt, dann ist er 2000 oder 3000 Jahre alt, und wenn er echt ist, gibt es auch einen Gott.« Dann fragte er mich ohne Übergang nach dem Grund dieses Treffens.

So erklärte ich, daß der Bibelcode eine noch nie dagewesene Gefahr für Israel vorhersehe, von der der Ministerpräsident in Kenntnis gesetzt werden solle.

»Der Ministerpräsident ist bereits informiert«, meinte Netanjahu. »Ich weiß Bescheid. Wir benötigen keinen Bibelcode, der uns darüber aufklärt.«

»Aber der Bibelcode verweist auf einen ›atomaren Holocaust‹ in Israel, der möglicherweise noch in diesem Jahr stattfinden soll«, beharrte ich.

Ich zeigte ihm die Ausdrucke des Bibelcodes – erst die Vorhersage von Rabins Ermordung, dann die von der Wahl seines Sohnes und schließlich die beiden Prophezeiungen über den »Holocaust in Israel« und einen »atomaren Holocaust«.

»Wenn dies tatsächlich ein Code ist, wurde er von einem übernatürlichen Wesen geschaffen, das uns so überlegen ist, daß wir uns im Vergleich zu ihm wie Ameisen ausnehmen. Wie können wir diese Ereignisse verhindern?« fragte er schließlich.

Nicht nur Netanjahu und Rips, sondern buchstäblich jedermann, den ich getroffen hatte, war zu dem Schluß gekommen, die Tatsache, daß der Code echt war, bedeute, daß er von Gott geschaffen worden sei. Ich schloß mich dieser Meinung nicht an. Es fiel mir leicht zu glauben, daß er von jemandem stammte, der uns retten wollte, auch wenn er nicht unser Schöpfer war. Hierbei handelte es sich eindeutig nicht um ein allmächtiges Wesen, denn sonst hätte es die Gefahr einfach abgewendet, statt in codierter Form davor zu warnen.

So beschränkte ich mich darauf, dem Vater des Ministerpräsidenten zu erwidern, daß nichts vorbestimmt sei, sondern daß unser Handeln den Lauf der Ereignisse beeinflusse.

»Ich werde mit meinem Sohn sprechen und versuchen, ein Treffen zu arrangieren«, erklärte Netanjahu.

Während ich auf eine Nachricht des Ministerpräsidenten wartete, befaßte ich mich mit jenen Textstellen im Bibelcode, die auf eine Bedrohung Israels hinwiesen. Die nur einmal vorkommende Phrase »der nächste Krieg« zog meine Aufmerksamkeit auf sich. Als ich sie zum ersten Mal entdeckt hatte, schien sie mir eine eindeutige Bestätigung für eine Verbindung zwischen der Ermordung Rabins und der Bedrohung durch einen atomaren Holocaust.

Rechts über der Eintragung »der nächste Krieg« befand sich in dem verschlüsselten Bibeltext der Hinweis »es wird nach dem Tod des Ministerpräsidenten geschehen«. Im selben Vers waren auch die Namen »Jitzhak« und »Rabin« codiert. Als ich die Stelle erneut betrachtete, erkannte ich in dem verschlüsselten Text eine weitere Vorhersage – »ein weiterer wird sterben«.

○ der nächste Krieg □ es wird nach dem Tod des Ministerpräsidenten geschehen

◇ ein weiterer wird sterben

Für mich war dies der schlagende Beweis, daß sich auch Netanjahu in Gefahr befinden und daß sein vorhergesagter Tod mit »der nächste Krieg« in Zusammenhang stehen könnte.

Erneut suchte ich seinen Vater auf und teilte ihm nun mit, was ich bei unserem ersten Treffen verschwiegen hatte, nämlich daß derselbe Code, der die Wahl seines Sohnes vorhersah, gleichzeitig eine Prophezeiung zu enthalten schien, daß er noch während seiner Amtszeit sterben werde.

Ben-Zion Netanjahu hatte bereits einen Sohn verloren. Johnathan, der Bruder des Ministerpräsidenten, war als Anführer des berühmt gewordenen Angriffs auf Entebbe, bei dem am 4. Juli 1976 Hunderte von Geiseln befreit worden waren, gefallen. In Israel galt er als Nationalheld.

Auch wenn es mir widerstrebte, Netanjahu mitzuteilen, daß sein zweiter Sohn sich in Gefahr befand, wußte ich, daß er als einziger in der Lage war, zu dem Ministerpräsidenten durchzudringen. So zeigte ich ihm die neue Serie von Computerausdrucken des Bibelcodes.

»Ministerpräsident Netanjahu« war einmal in der Bibel codiert. Das Wort »gewählt« kreuzte seinen Namen. »Diese Hinweise fanden wir eine Woche vor der Wahl Ihres Sohnes«, erklärte ich.

Dann zeigte ich ihm einen zweiten Computerausdruck. Auf diesem erschien das Wort »Kairo« gemeinsam mit »Ministerpräsident Netanjahu«. Kairo war die erste arabische Hauptstadt, die er besuchte. Der dritte Ausdruck beinhaltete – wiederum an derselben Stelle wie »Ministerpräsident Netanjahu« – die Wörter »nach Amman«. Seine Reise in die Hauptstadt Jordaniens war für die kommende Woche festgesetzt worden.

»Die ersten drei Prophezeiungen sind bereits eingetroffen, daher glaube ich, daß wir auch die vierte Vorhersage ernst nehmen müssen«, meinte ich, bevor ich dem Vater des Ministerpräsidenten den vierten Ausdruck überreichte.

Die Worte »gewiß wird er getötet« fanden sich quer über dem Eintrag »Ministerpräsident Netanjahu«.

○ Ministerpräsident Netanjahu
⌂ gewiß wird er getötet
□ seine Seele wurde abgeschnitten
◇ ermordet

Dem Code zufolge erschien das Ereignis unausweichlich. Doch ich versicherte Netanjahu, daß die in der Bibel vermerkten Geschehnisse lediglich Möglichkeiten und keine feststehenden Tatsachen darstellten. Er bat mich, ihm die Vorhersage von Rabins Ermordung noch einmal zu zeigen und betrachtete sie einen Augenblick lang schweigend. Schließlich wiederholte er, daß er mit seinem Sohn sprechen werde.

»Ich traf mich gestern abend mit meinem Sohn«, berichtete mir Ben-Zion Netanjahu einen Tag vor meiner geplanten Abreise aus Israel. »Er ist nicht bereit, Sie zu empfangen. Bibi ist kein Mystiker, sondern ein durch und durch praktisch denkender, nüchterner Mann, der dieser ganzen Angelegenheit keinen Glauben schenkt.«

Seine Worte erinnerten mich in bedrückender Weise an die Aussage von Rabins Freund, als ich versucht hatte, ihn vor der prophezeiten Ermordung zu warnen: »Er wird Ihnen nicht glauben. Er ist kein Mystiker, er ist Fatalist.«

Und nun war Rabin tot.

So flog ich nach New York zurück und schrieb einen letzten Brief an Ministerpräsident Netanjahu, den er kurz vor dem hebräischen Neujahr erhielt und der folgendermaßen lautete:

»Dem Bibelcode zufolge wird sich Israel in den kommenden vier Jahren in großer Gefahr befinden, wobei dieses Jahr und insbesondere die Tage vor Rosh Hashanah entscheidend sein dürften.«

Nun begann der letzte Countdown. Der Bibelcode hatte seine Zuverlässigkeit erneut bewiesen, indem er den Ausgang der Wahl in Israel entgegen jeder Meinungsumfrage korrekt vorhergesagt hatte, so wie er auch zuvor bereits mit absoluter Genauigkeit den Zeitpunkt des Ausbruchs der Terrorwelle und das Jahr der Ermordung Rabins prophezeit hatte. Doch obwohl der 13. September 1996, der Tag des vorhergesagten Holocaust, unaufhaltsam näherrückte, weigerte sich der neue Ministerpräsident, die Warnung zu beherzigen.

Drei Jahre waren seit dem Tag vergangen, als sich Rabin und Arafat die Hände gereicht hatten. Wie im Bibelcode angekündigt, war Rabin tot, der Friede zerstört und Peres, der Architekt dieses Friedensplanes, von Netanjahu, einem Gegner des Friedensplanes, abgelöst worden.

Alles, was für 5756, das Jahr des prophezeiten »atomaren Holocaust«, vorhergesagt worden war, war tatsächlich eingetroffen. Während sich das Jahr seinem Ende zuneigte, konnte ich die offensichtlich an uns gestellte Frage nicht vergessen, die sich aus den für 5756 stehenden hebräischen Buchstaben bilden ließ: »Werdet ihr es ändern?«

Schließlich entdeckte ich, daß 5756 ebenfalls gemeinsam mit »Ende der Tage« codiert war.

KAPITEL 4

Das Buch mit den sieben Siegeln

Die beiden großen biblischen Apokalypsen, das Buch Daniel im Alten Testament und die Offenbarung im Neuen Testament, beinhalten Prophezeiungen nie dagewesenen Schreckens, die sich uns erst vollständig enthüllen, wenn ein geheimnisvolles Buch am »Ende der Tage« geöffnet werde.

In der Offenbarung ist dies das »Buch mit den sieben Siegeln«, das nur der Messias öffnen kann: »Und ich sah in der rechten Hand dessen, der auf dem Thron saß, ein Buch, beschrieben innen und außen, versiegelt mit sieben Siegeln. Und niemand, weder im Himmel noch auf Erden noch unter der Erde, konnte das Buch auftun und hineinsehen.« Im Buch Daniel, der Originalversion derselben Schilderung, enthüllt ein Engel dem hebräischen Propheten die letzte Zukunft, indem er ihn auffordert: »Und du, Daniel, verbirg diese Worte, und versiegle dies Buch bis auf die letzte Zeit.«

Diese beiden Verse waren die Ursache für Isaac Newtons Suche nach einem Code in der Bibel.

Das Ende der Welt wird in den ersten fünf Büchern viermal vorhergesagt. Ich überprüfte die erste Stelle, an der der Patriarch Jakob seinen zwölf Söhnen schildert, welches Schicksal sie am Ende der Tage erwarten wird.

Die Jahreszahl »5756« erschien im Bibelcode an eben dieser Stelle. »Im Jahr 5756« war quer über »am Ende der Tage« angegeben. Nach dem alten hebräischen Kalender war dies das Jahr, das im September 1995 begann und im September 1996 endete. Keines der folgenden zehn Jahre ließ sich im Text finden. Die Wahrscheinlichkeit, daß das aktuelle Jahr durch Zufall gemeinsam mit

»Ende der Tage« codiert war, lag bei eins zu 100. Doch ich konnte nicht glauben, daß die Apokalypse jetzt begann.

So untersuchte ich den zweiten Hinweis auf das Ende der Tage in der Bibel, in dem Moses zum Volk Israel über alles, was ihm am Ende der Tage geschehen werde, spricht. Auch an dieser Stelle fand sich die Eintragung der Ermordung Rabins.

Der dritte von mir überprüfte Bibeltext beinhaltete Moses' letzte Ansprache an die Israeliten vor seinem Tod, in der er sie wieder vor dem Bösen warnt, das ihrer am Ende der Tage harre. Erneut enthüllte der Code die Ermordung Rabins.

Nun wandte ich mich der vierten Stelle zu, an der der mysteriöse Zauberer Bileam einem alten Feind Israels verkündet, was sein Volk vom Volk Israel am Ende der Tage zu erwarten habe. Seine apokalyptische Vision erinnerte mich in erschreckender Weise an die Wirklichkeit. Sie prophezeit einen großen Kampf im Nahen Osten, einen zukünftigen Krieg zwischen Israel und den Arabern, sowie einen entsetzlichen Konflikt, der viele Nationen in immerwährenden Ruin stürzen werde.

»Ich sehe es, doch nicht jetzt«, erklärte Bileam vor 3000 Jahren. »Ich erkenne es, doch es ist nicht nahe«.

Der Bibelcode enthüllte in der Textstelle »Ende der Tage« die Eintragungen »atomarer Holocaust« und »Weltkrieg«.

Doch auch an einer weiteren Stelle in der Bibel wird vom Ende der Tage gesprochen, nämlich in den letzten Worten des Buchs Daniel, als der Engel sich weigert, dem Propheten die Einzelheiten der dreieinhalb Jahre andauernden Apokalypse mitzuteilen. »Du aber, Daniel, gehe hin, bis das Ende kommt, und ruhe, bis du auferstehst zu deinem Erbteil am Ende der Tage!«

Ich überprüfte auch diesen letzten biblischen Hinweis auf das Ende der Tage. Wiederum tauchte das aktuelle Jahr 1996 auf. Die Wahrscheinlichkeit, »im Jahr 5756« gemeinsam mit »Ende der Tage« zu finden, lag bei eins zu über 200.

Schließlich ließ ich den Computer nach den nächsten 100 Jahren suchen. Kein einziges Jahr des kommenden Jahrhunderts fand sich in den biblischen Vorhersagen über das »Ende der Tage«. Der Bibelcode ergab eindeutig, daß das Ende der Tage gekommen war. Das derzeitige hebräische Jahr, das dem modernen Kalender zufolge von Ende 1995 bis Ende 1996 andauerte, kennzeichnete den Beginn der vorhergesagten Apokalypse. Doch der Code lieferte keinen Hinweis darauf,

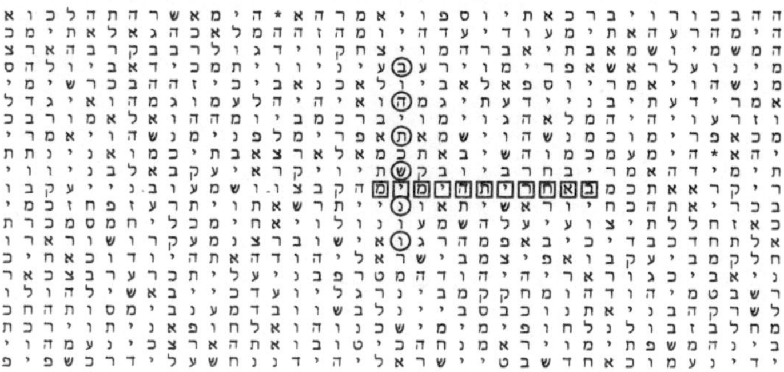

○ im Jahr 5756 (1995-96) □ am Ende der Tage

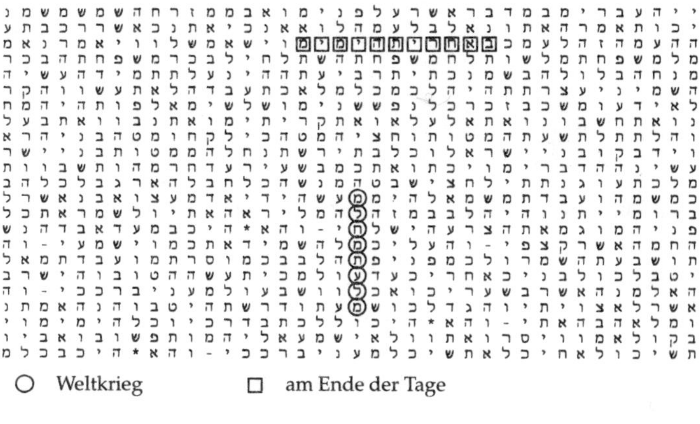

○ Weltkrieg □ am Ende der Tage

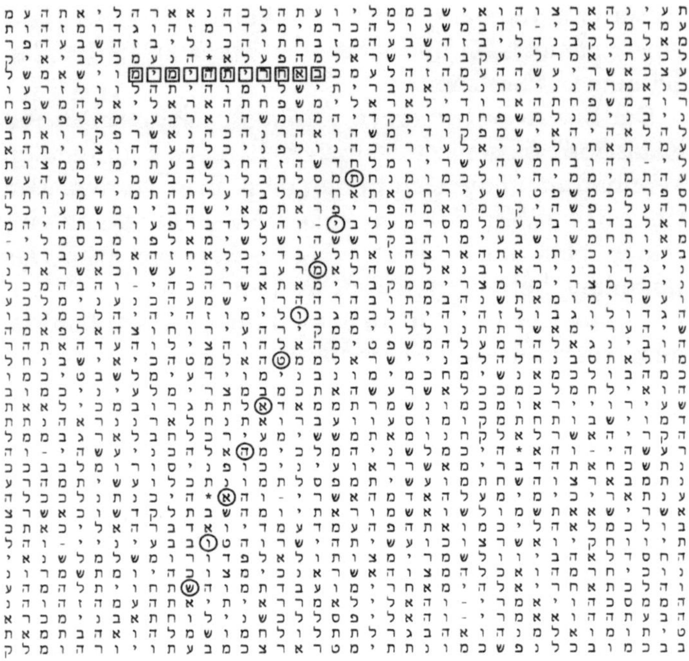

○ atomarer Holocaust □ am Ende der Tage

○ Ende der Tage ◇ im Jahr 5756 (1995-96)

wann dieses »Ende der Tage« seinen Abschluß finden würde.

Wieder wandte ich mich dem letzten Kapitel des Buches Daniel zu, in dem das geheimnisvolle Buch versiegelt wird. An dieser Stelle heißt es, daß das »Buch mit den sieben Siegeln« größeren Schrecken enthüllen werde, als die Welt jemals erlebt habe. »Denn es wird eine Zeit so großer Trübsal sein, wie sie nie gewesen ist, seitdem es Menschen gibt.«

Der Bibelcode schien eine Warnung vor der letzten Katastrophe zu sein. Es war zwar nicht deutlich erkennbar, wann diese eintreffen würde, doch sprach der Code von einem dritten »Weltkrieg« und einem »atomaren Holocaust«, dem wahren Armaggedon. Vier Jahre lang hatte ich den Bibelcode in dem Bewußtsein untersucht, daß die beiden wichtigsten Prophezeiungen über die Endzeit sich erst enthüllen würden, wenn das geheime Buch geöffnet würde. Bis zu diesem Augenblick hatte ich nicht erkannt, daß der Bibelcode selbst dieses geheime Buch sein könnte. Sollte der Code jedoch tatsächlich echt sein, konnte er nur den einen Zweck verfolgen, die Menschheit vor einer nie dagewesenen Gefahr zu warnen. Nichts Geringeres konnte einen 3000 Jahre alten Code im bedeutendsten Buch der Welt erklären. Zudem mußte die Gefahr direkt bevorstehen, sonst wären wir nicht in der Lage gewesen, den Bibelcode zum jetzigen Zeitpunkt zu entdecken.

Ein intelligentes Wesen, das über die Fähigkeit verfügte, in die Zukunft zu blicken, hatte die Bibel codiert. Da es den Zeitpunkt der Gefahr kannte, hatte es den Code so konzipiert, daß er sich erst mit Hilfe einer bis dahin nicht zur Verfügung stehenden Technologie entschlüsseln ließ. Sollte der Bibelcode jenes »versiegelte Buch« sein, und war es mit einer Art Zeitschloß versehen, das sich erst durch die Erfindung des Computers öffnen ließ? Hatten wir tatsächlich die Siegel des Buches gebrochen, und konnte dies das »Ende der Tage« sein?

Ich erinnerte mich an Eli Rips' Warnung, daß der Bibelcode mit einem riesigen, aus vielen tausend Teilen bestehenden Puzzle zu vergleichen sei, von denen uns nur eine Handvoll zur Verfügung stünden. Immer deutlicher zeigte sich nun ein Bild, das jedoch zu groß und zu erschreckend war, als daß ich ihm Glauben schenken wollte.

Erneut flog ich nach Israel und traf mich mit Eli Rips in dessen Haus außerhalb von Jerusalem. Gemeinsam widmeten wir uns jenen Stellen in der Bibel, in denen der Hinweis auf das »Ende der Tage« zusammen mit dem derzeitigen Jahr begegnete.

»Glauben Sie, daß dies alles wahr ist?« fragte ich Rips.

»Ja«, gab er leise zur Antwort.

»Wäre es möglich, daß der Bibelcode das ›Buch mit den sieben Siegeln‹ ist?« fragte ich weiter.

Auch dem Mathematiker, der den Bibelcode entdeckt hatte, war noch nicht bewußt geworden, daß es sich bei dem Code möglicherweise um jenes prophezeite versiegelte Buch handelte, von dem die Bibel selbst erklärte, daß es als letzte Enthüllung am »Ende der Tage« geöffnet werde.

»Sollte die angekündigte Gefahr tatsächlich bestehen, und sollte es zu einem ›atomaren Holocaust‹ kommen, würde sich die im Buch Daniel niedergeschriebene Prophezeiung erfüllen«, meinte Rips. Er nahm die Bibel zur Hand und zitierte die berühmten Worte: »Denn es wird eine Zeit so großer Trübsal sein, wie sie nie gewesen ist, seitdem es Menschen gibt.« Er stimmte mit mir dahingehend überein, daß die Erschließung des geheimen Buchs zum gegenwärtigen Zeitpunkt beabsichtigt war. »Das ist der Grund, warum Isaac Newton keinen Zugang zu dem Code fand«, erklärte er. »Er war bis ans Ende der Zeit versiegelt und konnte erst mit einem Computer geöffnet werden.«

Ich gestand Rips, daß ich nicht wirklich an ein »Ende der Tage« glauben könne, geschweige denn, daß dieses Ende jetzt beginne.

»Ich bin davon überzeugt, daß diese überlieferte Botschaft der Wahrheit entspricht«, gab Rips zurück. »Hier wird vor dem Kommen des Messias eine Zeit des Schreckens angekündigt.«

Mir war es nicht möglich, an eine übernatürliche Rettung zu glauben. Statt dessen war ich der Ansicht, daß die einzige Hilfe, die wir bekommen würden, im Bibelcode selbst lag, und auch diese Tatsache zu akzeptieren, fiel mir schwer. Wieder betrachtete ich die Stelle, an der »Ende der Tage« gemeinsam mit »im Jahr 5756« codiert war. Zwei weitere Worte hoben sich innerhalb der Codematrix ab. Das eine war der Name von Rabins Mörder »Amir«, das andere das Wort »Krieg«.

»Amir« war in derselben Auslassungssequenz codiert wie »Ende der Tage« und kreuzte den Hinweis auf das Jahr von Rabins Ermordung. Rechts unterhalb der Jahreszahl befand sich das Wort »Krieg«. Auch wenn unklar blieb, wann der vorhergesagte »Krieg« beginnen würde, stand doch fest, daß der Code für die jetzige Zeit gedacht war. Das »Ende der Tage« war nun nicht länger ein mystisches Ereignis in einer fernen Zukunft, sondern hatte dem Bibelcode zufolge bereits begonnen. Es war der Anfang der lange vorhergesagten Apokalypse. Doch gemeinsam mit dem Hinweis auf die Gefahr schien auch ihre Verhinderung codiert zu sein. So fanden sich neben dem Eintrag »Plage« auch das Wort »Friede« und ein weiterer Begriff, der sowohl als Appell als auch als Befehl aufgefaßt werden konnte: »Rettet!«

Wieder griff Rips zur Bibel, schlug das Buch Daniel auf und deutete auf die Worte, die unmittelbar auf die Prophezeiung noch nie dagewesener Trübsal folgten: »Aber zu jener Zeit wird dein Volk errettet werden, alle, die im Buch geschrieben stehen.«

War das »versiegelte Buch« möglicherweise rechtzeitig geöffnet worden, um uns vor der größten aller Gefahren, dem seit alters gefürchteten »Ende der Tage« zu warnen?

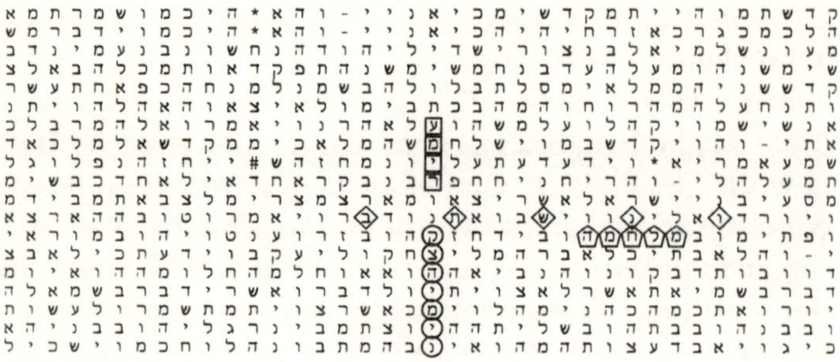

○ Ende der Tage ◇ im Jahr 5756 (1995-96) □ Amir ⬠ Krieg

○ Ende der Tage □ am Ende der Tage ⏢ Plagen ◇ Rettet!

Ich konnte es nicht glauben.

Da ich nie an eine Apokalypse geglaubt hatte, fiel es mir nun schwer, diesen Gedanken zu akzeptieren. Für mich war sie lediglich eine leere Drohung gewesen, die verschiedene Religionen dazu benutzten, sich ihrer Anhänger zu versichern. Im Laufe der Geschichte hatten immer wieder Weltuntergangspropheten Vorhersagen in der Bibel entdeckt, die das Ende der Welt zu ihren Lebzeiten ankündigten. Sie lasen die Worte im Buch Daniel und in der Offenbarung und waren überzeugt, daß sie ihre Gegenwart widerspiegelten.

Die Hüter der Schriftrollen vom Toten Meer, die vor mehr als 2000 Jahren Kopien von nahezu allen Büchern der Bibel in Höhlen oberhalb des Toten Meeres verborgen hatten, glaubten, daß der letzte Kampf unmittelbar bevorstand. Auch die Frühchristen entnahmen dem Neuen Testament den Hinweis, daß das Weltende zu ihren Lebzeiten eintreten werde. Hatte Christus nicht gewarnt: »Diese Generation wird nicht vorübergehen, bevor nicht all dies geschehen ist«?

In jedem nachfolgenden Zeitalter gab es jemanden, der das Ende der Menschheit zu diesem Zeitpunkt verkündete, zur ersten Jahrtausendwende ebenso wie in sämtlichen Kriegs- und Krisenzeiten der Geschichte. Jeder dieser Verkünder zitierte die Bibel und war sich sicher, den Schleier durchdrungen und in der symbolischen Sprache den genauen Zeitpunkt des Endes der Menschheit entdeckt zu haben.

Sie alle irrten sich.

Doch noch nie hatte ein ernstzunehmender Wissenschaftler einen Computercode in der Bibel entdeckt, der eine mathematisch erwiesene Tatsache war und von jedem anderen Experten, der ihn untersuchte, bestätigt wurde. Darüber hinaus war noch nie ein Code entdeckt worden, der mit absoluter Genauigkeit Ereignisse vorhersagte, die in der wirklichen Welt eintrafen. Niemand hatte jemals im vorhinein Namen oder Daten gefunden, wie etwa den Namen eines Kometen und den Tag von dessen Einschlag auf dem Jupiter, den Namen eines Ministerpräsidenten gemeinsam mit dem von dessen Mörder und der Angabe des Jahres, in dem er getötet werden würde. Und niemand hatte jemals zuvor den genauen Tag eines Kriegsausbruchs gefunden.

Der Bibelcode war anders.

Wenn der Bibelcode eine Warnung für diese Welt ist, woher stammt er dann? Wer verfügte über die Fähigkeit, Ereignisse über einen Zeitraum von 3000 Jahren vorherzusehen und die Zukunft in der Bibel zu codieren?

Die Bibel selbst nennt natürlich Gott als Autor, der Moses am Berg Sinai die ursprünglichen fünf Bücher diktiert haben soll: »Und der Herr sprach zu Mose: Komm herauf zu mir auf den Berg und bleib daselbst, daß ich dir gebe die steinernen Tafeln, Gesetz und Gebot.«

Den Worten der Bibel zufolge wurde dies von beängstigenden Ereignissen begleitet. In der nächtlichen Stille der Wüste ertönte plötzlich ein Donnerschlag, und der hochaufragende schwarze Berg wurde von einem grellen Blitz erleuchtet. Riesige Feuersäulen stiegen von der Spitze des Berges empor, als stünde der Gipfel selbst in Flammen. Im heraufdämmernden Licht des Morgens begann die weite Ebene der Wüste ringsum zu beben. Von Donner und Blitz und der sich unter ihnen bewegenden Erde hochgeschreckt, liefen 600 000 Männer, Frauen und Kinder aus ihren Zelten und starrten voll Entsetzen zu dem Berg hinüber, der nun heftig schwankte und wie ein Brennofen rauchte. Der Klang eines Widderhorns ertönte über dem Donner, und ein Mann trat auf den Berg zu.

Plötzlich ließ sich aus dem Nichts eine Stimme vernehmen, die ihn anrief: »Moses, komm herauf zu mir auf den Berg.«

Laut Bibel geschah dies im Jahr 1200 v. Chr. am Gipfel des Berges Sinai, auf dem Moses die Stimme dessen hörte, den wir »Gott« nennen. Diese Stimme habe ihm nun jene zehn Gebote gegeben, die die Grundlage der westlichen Zivilisation bilden, und ihm das Buch diktiert, das wir »die Bibel« nennen.

Dann erscheint der Begriff »Computer«, in dem Text, in dem Gott verkündet: »Siehe, ich will einen Bund schließen: Vor deinem ganzen Volk will ich Wunder tun.« Insgesamt findet sich das Wort »Computer«, verborgen im hebräischen Ausdruck für »Gedanke«, sechsmal im Text der Bibel. Vier dieser sechs anachronistischen Hinweise auf »Computer« begegnen in den Versen des Buches Exodus, die den Bau der Bundeslade beschreiben – jener »verlorenen Lade«, die die zehn Gebote enthielt.

Der Code läßt die Vermutung zu, daß die Niederschrift der Gesetze auf den beiden Steinplatten mit Hilfe eines Computers erfolgte. »Und Gott hatte sie selbst gemacht und selber die Schrift eingegraben«, heißt es im Buch Exodus 32,16. Darüber hinaus enthält diese Textstelle allerdings auch in verschlüsselter Form die Botschaft: »Sie wurden von einem Computer verfaßt«.

Der Code muß ein Gerät beschreiben, das viel weiter entwickelt zu sein scheint als alles, was wir heute kennen. Die *New York Times* schrieb kürzlich, daß die Menschheit wohl bereit sei, den nächsten Sprung zu tun, sich die Welt innerhalb der Atome zunutze zu machen und eine »Informationsverarbeitungsmethode zu entwickeln, die so leistungsfähig ist, daß sie sich einem einfachen Computer gegenüber so verhält wie die Kernenergie gegenüber dem Feuer.« Dieser »Quantencomputer«, hieß es in dem Artikel, könne in wenigen Minuten Berechnungen anstellen, die den besten und schnellsten existierenden Computer unserer Zeit Hunderte von Millionen von Jahren kosten würden.

○ sie wurden von einem Computer verfaßt

□ die Schrift Gottes, in Steinplatten eingegraben

Sollte neben der Menschheit eine andere intelligente Lebensform im Universum existieren, wäre diese nach Ansicht des Astronomen Carl Sagan höchstwahrscheinlich weit früher entstanden als unsere und hätte auf diese Weise Tausende, wenn nicht gar Millionen oder Hunderte von Millionen Jahren Zeit gehabt, jene fortgeschrittenen Technologien zu entwickeln, an deren Beginn wir nun standen. »Nach Millionen von Jahren biologischer Evolution – auf ihrem und unserem Planeten – kann eine außerirdische Zivilisation nicht auf demselben technischen Niveau wie wir sein«, schrieb Sagan. »Obwohl die Menschheit seit mehr als 20 000 Jahren besteht, verfügen wir erst seit weniger als einem Jahrhundert über die Radiotechnologie. Sollte es eine niedriger entwickelte außerirdische Lebensform als unsere geben, so ist es wahrscheinlich, daß sie das Radio noch nicht kennt. Sollte sie uns in der Entwicklung voraus sein, ist sie uns höchstwahrscheinlich zu weit voraus. Denken wir bloß an die technischen Errungenschaften unserer Welt in den letzten Jahrhunderten. Was uns technologisch schwierig, unmöglich oder ganz und gar magisch erscheint, könnte für diese Wesen ein Kinderspiel sein.«

Der Autor von *2001*, Arthur C. Clarke, beschrieb einen mysteriösen schwarzen Monolithen, der in aufeinander folgenden Stufen der menschlichen Evolution immer wieder aufzutauchen scheint, sobald wir bereit sind, eine höhere Ebene zu erreichen. Clarke machte eine ähnliche Beobachtung wie Sagan: »Jede ausreichend entwickelte Technologie ist von Magie nicht mehr zu unterscheiden.«

Der Bibelcode läßt vermuten, daß hinter den »Wundern« des Alten Testaments eine fortgeschrittene Technologie steckte.

Der Code spricht von einem »Computer«, doch womöglich benutzt er nur die Terminologie, die wir verstehen. »Die Geschichte zeigt, daß jedes Zeitalter dazu neigt, seine beeindruckendste technische Errungenschaft als Metapher für den Kosmos oder sogar Gott zu sehen«, schreibt der australische Physiker Paul Davies in seinem Buch *Der Plan Gottes*.

Da das Wort »Computer« im Hebräischen aus dem Wort »Gedanke« hervorgeht, könnte sich jener hinter den »Wundern« steckende »Computer« des Bibelcodes als eine Art »Gehirn« herausstellen. Dieses Gehirn würde sich von unserem womöglich ebenso stark unterscheiden wie dies bei einem heutigen Computer der Fall ist.

Das grundsätzlich Verbindende sämtlicher großer Weltreligionen ist der Glaube an die Existenz eines nicht von dieser Welt stammenden, nichtmenschlichen Wesens, das wir »Gott« nennen. Wenn der Bibelcode eines beweist, so die Tatsache, daß zumindest zur Zeit der Niederschrift der Bibel ein nichtmenschliches Wesen existierte. Kein Mensch wäre in der Lage gewesen, Tausende von Jahren in die Zukunft zu blicken und Einzelheiten unserer heutigen Welt in diesem alten Buch zu codieren.

Wir haben vergessen, daß die Bibel unsere am weitesten verbreitete Schilderung einer Begegnung mit einem außerirdischen Wesen beinhaltet. Der langerwartete Kontakt mit einer anderen Lebensform erfolgte vor mehreren tausend Jahren. Der Bibel zufolge geschah dies, als eine Stimme aus dem Nichts zu Abraham sprach, und später, als dieselbe Stimme aus einem brennenden Dornbusch zu Moses sprach.

Tatsächlich stellt der Bibelcode eine alternative Form der Kontaktaufnahme dar. Wissenschaftler, die nach intelligentem Leben außerhalb unseres Planeten suchen, betrachten ihn als »Entdeckung eines außerirdischen Artefakts oder Botschaft von oder nahe der Erde«. Davies stellte die Theorie auf, daß dieses »außerirdische Artefakt« so programmiert sein könnte, »daß es sich erst offenbart, wenn die Zivilisation auf der Erde eine gewisse Schwelle der Entwicklung überschritten hat«. Dies ist eine ausgezeichnete Beschreibung des Bibelcodes. Er war mit einem Zeitschloß versehen, das sich erst durch die Erfindung des Computers öffnen ließ.

Doch auch Davies' weitere Vision ist eine zutreffende Darstellung des Bibelcodes: »Das Artefakt könnte dann wie ein moderner interaktiver Computer direkt befragt werden. Auf diese Weise ließe sich unmittelbar eine Art von Dialog herstellen. Ein derartiges Gerät – eine außerirdische Zeitkapsel – könnte große Mengen an für uns bedeutenden Informationen enthalten.« Davies, der mit dem Templeton-Preis für Wissenschaft und Religion ausgezeichnet wurde, stellte sich vor, »auf dem Mond oder dem Mars auf dieses Artefakt zu stoßen«, oder »es plötzlich auf der Erdoberfläche zu entdecken, sobald die Zeit reif ist«.

Tatsächlich befand es sich immer schon in unseren Händen. Es ist das bekannteste Buch der Welt, dessen eigentliche Bedeutung wir jedoch niemals wirklich erkannt hatten.

Was Moses auf dem Berg Sinai erhielt, war eine interaktive Datenbank, die uns bis zum heutigen Tag nicht vollständig zugänglich war. Jene Bibel, die »Gott« Moses diktierte, war in Wirklichkeit ein Computerprogramm. Erst in Stein geritzt, dann auf Pergament niedergeschrieben, schließlich als Buch gebunden, wird es im Code »das alte Computerprogramm« genannt. Jetzt läßt sich dieses Programm abspielen und enthüllt dabei die verborgene Wahrheit über unsere Vergangenheit und Zukunft. Der »Bibelcode« selbst ist ebenfalls in der Bibel in Worten codiert, die gleichzeitig »er verbarg die Bibel« bedeuten. Dies ist ein Hinweis darauf, daß jene im Alten Testament offen erzählte Geschichte noch eine weitere Bibel enthält.

Der Computercode bestätigt eindeutig, daß es dieses »Siegel«, diese Art von Zeitschloß war, die bis heute die verborgenen Geheimnisse bewahrte. »Vor Gott versiegelt« kreuzt die Eintragung »Bibelcode«.

○ Bibelcode □ vor Gott versiegelt

Das Wort »Computer« ist im letzten Kapitel des Buchs Daniel codiert und beginnt in dem Vers, in dem der Prophet aufgefordert wird, »verbirg diese Worte, und versiegle dies Buch bis auf die letzte Zeit«.

○ Computer □ die Worte verbergen und das Buch versiegeln bis zum Ende

Der Bibelcode ist das geheimnisvolle, »versiegelte Buch«.

Prophezeiungen sind jedoch kein einmaliges Merkmal des Codes. Sie begegnen unverschlüsselt in der gesamten Bibel. So beschreibt der Patriarch Jakob seinen zwölf Söhnen, was in einer entfernten Zukunft geschehen wird, und Moses enthüllt den Ältesten Israels zwei unterschiedliche Möglichkeiten der Zukunft.

Jack Miles, der für seine Biographie von Gott (*Gott. Eine Biographie*) den Pulitzer-Preis erhielt, erklärte: »Es ist anzunehmen, daß eher das Wunder der Prophezeiung – einer Vorhersage der Zukunft auf internationaler Ebene – als irgendein Wunder auf dem Schlachtfeld die Menschen dazu bewegen wird, den einen wahren Gott zu verehren.«

Der Bibelcode bietet uns erstmals eine direkte Verbindung mit der Zukunft. Statt von Propheten mit ihren Visionen und Traumdeutungen abhängig zu sein, haben wir nun über den Computer Zugang zu einem alten, in der Bibel verborgenen Code.

Die Existenz dieses Codes wird in zwei bekannten Erzählungen einer alten Weissagung enthüllt. Der berühmteste Hellseher in der Bibel ist Joseph. Aus Eifersucht von seinen Brüdern in die Sklaverei verkauft, stieg er, indem er dem Pharao die Zukunft vorhergesagt hatte, zum eigentlichen Herrscher über Ägypten auf. Nur Joseph erkannte, daß der Traum des Pharaos von sieben fetten und sieben mageren Kühen eine große Hungersnot verhieß. Seine Prophezeiung rettete Ägypten vor dem Verhungern. »Wie könnten wir einen Mann finden, in dem der Geist Gottes ist wie in diesem?« fragte der Pharao seine Großen. Und zu Joseph sprach er: »Weil dir Gott dies alles kundgetan hat, ist keiner so verständig und weise wie du. Du sollst über mein Haus sein, und deinem Wort soll all mein Volk gehorsam sein.« Der Pharao setzte Joseph als Herrscher über Ägypten ein und gab ihm einen neuen Namen: »Zafenat-Paneach«.

Selbst im hebräischen Originaltext sowie in jeder Übersetzung der Bibel tauchen diese Worte auf, die bis zum heutigen Tag als Name betrachtet wurden. Im Verlauf der Jahrhunderte gab es unter den Gelehrten unzählige Spekulationen über seine Bedeutung. Einige behaupten, es handle sich hierbei um die hebräische Übersetzung eines ursprünglich in Hieroglyphenform geschriebenen ägyptischen Namens, andere wiederum vertreten die Ansicht, er bedeute »Enthüller der Geheimnisse«, wieder andere deuten ihn als »der Gott spricht und lebt«.

Tatsächlich hat dieser angebliche Name im Hebräischen eine unmißverständliche Bedeutung: »Decoder des Codes«. Vielleicht wurde dies bisher nicht erkannt, weil niemand vom Vorhandensein eines Codes in der Bibel wußte.

Die Bibel nennt Joseph »Decoder des Codes«. Eine alternative Übersetzung läßt den Schluß zu, daß der Code von ihm auf eine Weise konstruiert wurde, daß wir ihn heute entdecken: »Joseph codierte, und ihr werdet entschlüsseln«. Doch die Tatsache, daß »Gott« die Bibel erst mehrere Jahrhunderte nach Josephs Tod Moses auf dem Berg Sinai diktierte, spricht gegen Joseph als Schöpfer des Bibelcodes.

Josephs Name bedeutet »es wird hinzugefügt werden«. Der vollständige verschlüsselte Text im Buch Genesis 41,45 lautet somit: »Der Code wird hinzugefügt werden, und ihr werdet ihn entschlüsseln«.

Wieder erweist sich das Buch Daniel, das sich wie eine Aufzählung alter Prophezeiungen ausnimmt, als Offenbarung des Bibelcodes. Gott flößte dem mächtigsten Herrscher der Erde, dem König von Babylon, Ehrfurcht ein, als er ihm die Zukunft über den Aufstieg und Fall antiker Königreiche enthüllte. »Es ist kein Zweifel, euer Gott ist ein Gott über alle Götter und ein Herr über alle Könige, der Geheimnisse offenbaren kann, wie du dies Geheimnis hast offenbaren können«, sprach der König zu Daniel.

Doch dieselben Worte, die im Hebräischen für »Geheimnisse offenbaren« stehen, bedeuten auch »geheime Schriftrolle«. So lautet der vollständige, verschlüsselte Text: »Er offenbarte die Geheimnisse so weit, daß ihr in der Lage wart, diese geheime Schrift zu enthüllen«. Unzweifelhaft ist mit dieser »geheimen Schrift« der Bibelcode gemeint.

Enthüllt derselbe »Gott«, der Joseph und Daniel die Geschichte der Welt offenbarte, nun auch uns durch den Bibelcode die Zukunft? Erneut scheint Miles mit seiner Aussage von der »Vorhersage der Zukunft auf internationaler Ebene« recht zu behalten.

Sowohl die Ermordung Rabins als auch das Jahr, in dem dies geschehen würde, waren im vorhinein entschlüsselt worden. Ebenso war es möglich gewesen, den Golfkrieg mit dem Datum des Kriegsausbruchs präzise vorherzusagen. Heute läßt sich jedoch noch nicht feststellen, ob sich auch die Prophezeiungen eines dritten »Weltkriegs«, eines »atomaren Holocausts« und des »Endes aller Tage« mit derselben Genauigkeit bewahrheiten werden. Zudem stellt sich mir die Frage, warum »Gott« auf eine Gefahr hinweist, statt sie einfach zu beseitigen.

»Der Gott, der Joseph zur Seite stand, war groß genug zu wissen, was geschah, aber nicht mächtig genug zu bestimmen, was geschehen würde«, erklärte Miles. Dasselbe gilt möglicherweise auch für den Codierer der Bibel. Zwar besaß er die Fähigkeit, die Zukunft zu sehen, verfügte aber nicht über die Gabe, sie zu ändern. So konnte er lediglich eine Warnung in der Bibel verbergen.

Nach Miles' Ansicht stellt das Buch Daniel die Menschheitsgeschichte in Form eines langen Films dar, dessen Inhalt vor seiner Projektion bekannt ist – Gott bietet uns also eine Vorschau auf die Zukunft. Die Frage lautet nun, ob wir, während wir diesen Film betrachten, in der Lage sind, ihn zu verändern, und ob wir durch die Öffnung des versiegelten Buchs nur einen Einblick in die Schrecken des »Endes der Tage« erhalten oder diese tatsächlich verhindern können.

»Selbst in einer von einem allmächtigen und wohlwollenden Gott geschaffenen Welt kann es Auseinandersetzungen zwischen Gut und Böse geben, deren Ausgang ungewiß ist«, meinte Eli Rips. So betrachtet, könnte der Bibelcode – das versiegelte Buch – sämtliche Möglichkeiten unserer Zukunft darstellen, wobei jedes vorhergesagte Ereignis zumindest zwei unterschiedliche Lösungen zuläßt. Rips stimmte mit mir insoweit überein, daß der Bibelcode eine positive und eine negative Seite beinhalten könnte, zwei unterschiedliche Beschreibungen einer ineinander verflochtenen Wirklichkeit. Er vergleicht diesen scheinbaren Widerspruch mit der Situation von Verteidiger und Ankläger vor Gericht. »Möglicherweise enthält der Bibelcode jeweils zwei gegensätzliche Ergebnisse und ist als eine Art Streitgespräch verfaßt, um unseren freien Willen zu gewährleisten«, sagte er. »Der Midrasch zufolge wurde die Welt zweimal erschaffen. Das erste Mal nach den absoluten Grundsätzen von Recht und Unrecht, und als Gott sah, daß die Welt in dieser Weise nicht existieren konnte, da sie keinen Platz für menschliche Unvollkommenheit bot, fügte er Gnade hinzu. Doch im Gegensatz zum Mischen von kaltem und warmem Wasser – was lauwarmes Wasser ergibt –, ähnelt es mehr einem Aufeinandertreffen von Feuer und Schnee, wobei jedes der Elemente seine eigene Erscheinungsform bewahrt. So könnte man sich die beiden Stränge des Bibelcodes vorstellen.«

Rips glaubte jedoch nicht, daß die Bibel von zwei unterschiedlichen Wesen codiert wurde. »Die Bibel muß zu einem bestimmten Zeitpunkt und von einem einzigen Geist verschlüsselt worden sein«, beharrte er. »Dennoch kann sie zwei gegensätzliche Standpunkte beinhalten.« Er schlug Jesaja 45,7 auf und las mir folgende Textstelle vor: »Ich bin der Herr, und sonst keiner mehr, der ich das Licht mache und schaffe die Finsternis, der ich Frieden gebe und schaffe Unheil. Ich bin der Herr, der dies alles tut«.

Für Rips, den Mathematiker und frommen Juden, stellt sich die Frage, wer die Bibel codierte, nicht. Die Antwort ist für ihn offensichtlich. Der Codierer, der Verteidiger und der Ankläger sind ein und dieselbe Person – Gott.

Mir fiel es nicht so leicht, eine Erklärung zu finden. Auch wenn ich die Existenz des Bibelcodes für nachgewiesen erachtete, fehlte mir doch der Beweis für die Existenz Gottes. Stammte der Bibelcode tatsächlich von einem allmächtigen Gott, bestünde für ihn keine Notwendigkeit, uns die Zukunft vorherzusagen. Er könnte sie nach eigenem Ermessen abändern.

Vielmehr schien es, als ginge er auf ein uns wohlwollendes, jedoch nicht allmächtiges Wesen zurück, das uns vor einer drohenden Gefahr warnen wollte, um uns die Gelegenheit zu geben, uns selbst zu schützen.

In der Offenbarung steht geschrieben, daß der letzte Kampf überraschend, wie ein Dieb in der Nacht, über uns hereinbrechen werde. Tatsächlich lauten die Worte direkt vor Armageddon: »Siehe, ich komme als Dieb«. Die Bibel stellt somit eine Warnung vor einem plötzlichen und unentrinnbaren Schicksal dar.

Die eigentliche Botschaft des Bibelcodes beinhaltet jedoch genau das Gegenteil. Sie ist eine in der Bibel verschlüsselte Warnung, die uns in die Lage versetzt, der drohenden Apokalypse zu entgehen. Die Wahrheit verbirgt sich im letzten Kapitel des Buches Daniel in jenen Versen, die das »versiegelte Buch« beschreiben. Sie enthüllen, daß das geheime Buch so entwickelt wurde, daß es zum jetzigen Zeitpunkt gefunden werden würde.

Das aktuelle Jahr, 1997, im alten hebräischen Kalender 5757, ist gemeinsam mit den Worten »er versiegelte das Buch bis auf die letzte Zeit« codiert. Rechts darüber besagt der verschlüsselte Text: »für euch, die verborgenen Geheimnisse«. Quer über »5757« finden sich wiederum dieselben Worte, die sich auch als »für euch war es codiert« auslegen lassen.

Doch wer hatte den Text codiert?

Die letzten an Daniel gerichteten Worte – »Du aber, Daniel, gehe hin, bis das Ende kommt, und ruhe, bis du auferstehst zu deinem Erbteil am Ende der Tage!« – haben noch eine weitere Bedeutung. Sie erzählen die Geschichte eines Mannes, der gegen eine vorhergesagte Katastrophe ankämpfte, um der Geschichte eine gute Wendung zu geben: »Du wirst errettet, zum Schicksal aller bis an das Ende der Tage.«

Irgend jemand verbarg in der Bibel eine Warnung, die uns die benötigte Information liefert, die Zerstörung dieser Welt zu verhindern.

○ 5757/1997
◇ er versiegelte das Buch bis auf die letzte Zeit
□ für euch war es codiert/ für euch die verborgenen Geheimnisse

KAPITEL 5

Die jüngste Vergangenheit

»Um die Zukunft zu sehen, mußt du rückwärts blicken«, so steht es im Buch Jesaja geschrieben.

Als ich entdeckte, daß der Bibelcode die Apokalypse für unsere Zeit vorhersagte, daß ihm zufolge das »Ende der Tage« bereits gekommen war und das wahre Armageddon mit einem Atomangriff auf Israel beginnen könnte, sah ich keine Möglichkeit, die Zukunft zu untersuchen, und begann daher, die Vergangenheit zu erforschen.

Seit der Sintflut hatte der Zweite Weltkrieg die Welt am nähesten an die Apokalypse herangeführt. »Weltkrieg«, »Hitler« und »Holocaust« waren gemeinsam im letzten Buch des Alten Testaments codiert. »Die Welt verwüstet, Weltkrieg« hieß es in jener Codesequenz, in der zum einzigen Mal ein Hinweis auf »Weltkrieg« auftaucht. Darüber hinaus finden sich die Namen sämtlicher Anführer des Zweiten Weltkriegs – »Roosevelt«,

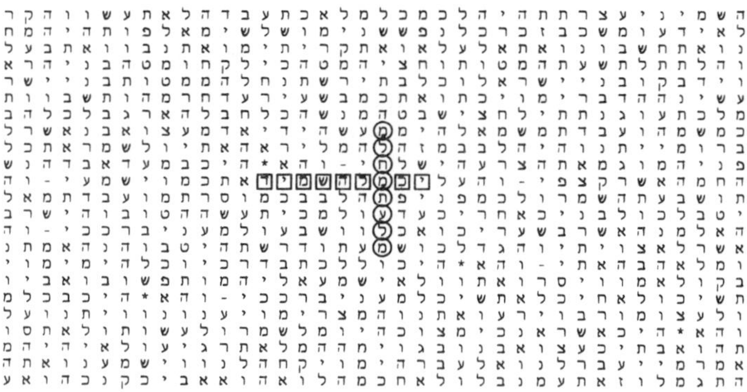

○ Weltkrieg □ er wird sie niederschmettern, zerstören, vernichten

»Churchill«, »Stalin« und »Hitler« – ebenso wie die aller bedeutenden am Krieg beteiligten Länder – »Deutschland«, »England«, »Frankreich«, »Rußland«, »Japan« und »Vereinigte Staaten« – im Bibelcode.

1939, das Jahr des Kriegsausbruchs, findet sich an derselben Stelle wie »Weltkrieg«, »A. Hitler« und das Wort »Nazi«. Der »Holocaust« ist gemeinsam mit 1942 verschlüsselt, dem Jahr, in dem die »Endlösung«, die Massenvernichtung sämtlicher Juden Europas, angeordnet wurde.

Amerikas überraschender Kriegseintritt nach dem japanischen Angriff auf Pearl Harbor wird im Bibelcode in deutlichen Worten angegeben. Neben der Eintragung »Roosevelt« und seinem Titel »Präsident« findet sich das Datum des 7. Dezember 1941, des Tages der Kriegserklärung, sowie der Hinweis: »Er gab den Befehl, am Tag der großen Niederlage loszuschlagen«.

○ Roosevelt ◇ Präsident

□ er gab den Befehl, am Tag der großen Niederlage loszuschlagen

»Pearl Harbor« ist gemeinsam mit den Worten »Zerstörung der Festung« codiert. Die Marinebasis wird als Ort der »Flotte« beschrieben. Sie taucht ein weiteres Mal zusammen mit »Weltkrieg«, dem 7. Dezember und »Hiroshima« auf.

»Hiroshima« ist mit einer Auslassungssequenz von 1945 codiert, das entspricht dem Jahr des Bombenabwurfs. Auch die Wirkung dieser ersten Atombombe – »Hiroshima, um den Kämpfen auf der gesamten Welt ein Ende zu bereiten« – wird an der Stelle in der Genesis beschrieben, an der der unverschlüsselte Bibeltext folgendermaßen lautet: »Und es reute den Herrn, daß er die Menschen gemacht hatte auf Erden, und es bekümmerte ihn in seinem Herzen.«

»Atomarer Holocaust« ist gemeinsam mit »5705«, dem hebräischen Jahr für 1945, codiert. Diese Jahresangabe kreuzt die Eintragung »atomarer Holocaust« an der einzigen Stelle, an der diese Worte in der Bibel begegnen.

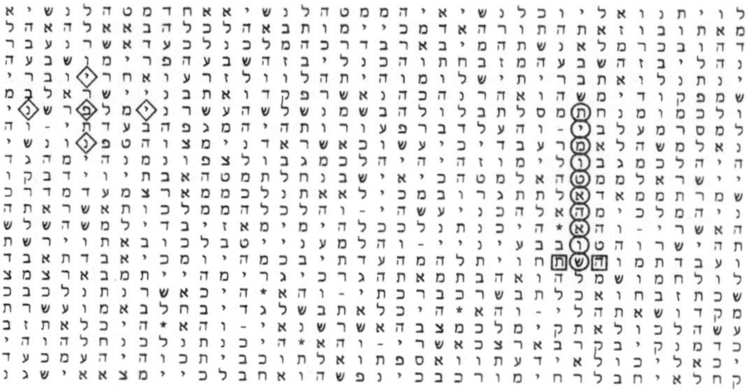

○ Atomarer Holocaust □ 5705/1945 ◇ Japan

Die unmittelbar bevorstehende Gefahr war so deutlich wie nie zuvor. Da der letzte Weltkrieg mit solcher Genauigkeit codiert gewesen war, war es unmöglich, die Warnung des Bibelcodes vor diesem kommenden Krieg zu mißachten. »Der nächste Krieg« fand sich gemeinsam mit dem verschlüsselten Text »Es wird nach dem Tod des Ministerpräsidenten geschehen«.

Sämtliche Morde, die den Lauf der Menschheitsgeschichte verändert haben, wie die Ermordung von Abraham Lincoln und Mahatma Gandhi, Anwar Sadat und Jitzhak Rabin oder die von John und Robert Kennedy, waren in der Bibel vorhergesagt worden. Beim einzigen Mal, wo der Hinweis »Präsident Kennedy« aufscheint, lauten die darauffolgenden Worte in derselben Codesequenz: »wird sterben«. Auch »Dallas«, wo er erschossen wurde, war an dieser Stelle codiert.

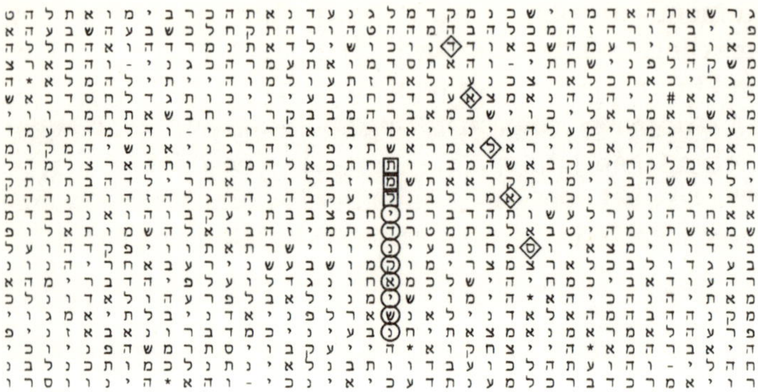

○ Präsident Kennedy □ wird sterben ◇ Dallas

»Oswald« findet sich gemeinsam mit »Name des Mörders, der morden wird«. Dieselben Worte aus demselben Bibelvers fanden sich auch gemeinsam mit »Jitzhak Rabin« und dem Namen seines Mörders »Amir«. »Scharfschütze« und »Heckenschütze« sind ebenfalls zusammen mit »Oswald« an der Stelle codiert, die sogar eine genaue Beschreibung von Kennedys Ermordung enthält: »Er wird am Kopf getroffen werden, tot«.

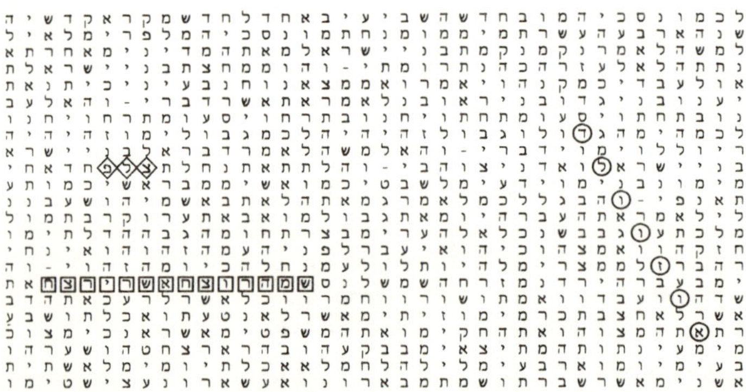

○ Oswald ◇ Scharfschütze □ Name des Mörders, der morden wird

Auch Oswalds Tod wird in dem Code vorhergesagt. So erkennen wir »Ruby«, den Namen seines Mörders, gemeinsam mit »Oswald« und dem verschlüsselten Text »er wird den Mörder töten«.

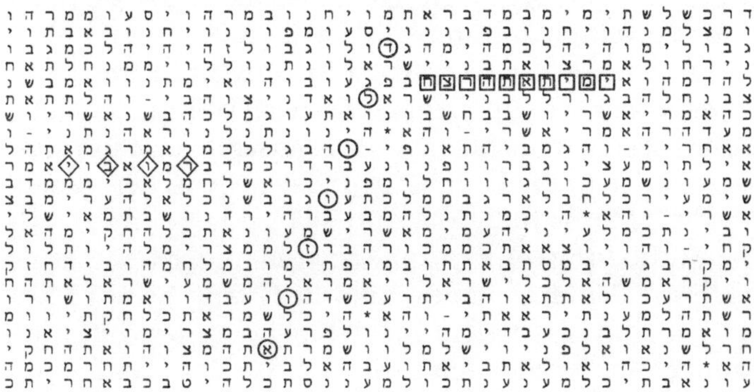

○ Oswald ◇ Ruby □ er wird den Mörder töten

Weiter enthält die Bibel den Namen des Bruders des getöteten Präsidenten, »R. F. Kennedy«, denn auch der zweite Kennedy-Mord wird an derselben Stelle wie der erste vorhergesagt. Eine Tabelle enthüllt die Worte »Präsident Kennedy wird sterben«, »Dallas«, »R. F. Kennedy« und »zweiter Anführer wird ermordet«.

○ R. F. Kennedy ◇ S. Sirhan ▭ zweiter Anführer wird ermordet

Quer über »R. F. Kennedy« läuft der Name seines Mörders, »S. Sirhan«. Genau an dem auf diese Weise entstandenen Kreuzungspunkt lautet der verschlüsselte Text: »Zweiter Anführer wird ermordet«.

Ein erschreckendes Muster spiegelt sich im Bibelcode wider. In unserer modernen Welt fallen jene Führungspersönlichkeiten Mordanschlägen zum Opfer, auf denen die Hoffnungen vieler Menschen ruhen. Und die Morde finden sich im Bibelcode. So findet sich die Eintragung »A. Lincoln« sowohl in der Genesis als auch im Deuteronomium, und der Name seines Mörders »Booth« dreimal in einem Bibelvers, der »Lincoln« kreuzt. An der zweiten Stelle, an der der Name jenes Präsidenten, der die Sklaven befreite, begegnet, ergibt sich aus dem Bibelcode der Hinweis »ermordet«. Im Buch Exodus wird Mahatma Gandhi genannt, der sich für Indiens Freiheit von der Kolonialherrschaft einsetzte. Unmittelbar auf seinen Namen folgt: »Er wird getötet werden«. Auch die Ermordung des ägyptischen Präsidenten Anwar Sadat, eines weiteren politischen Anführers im Nahen Osten, der sich dem Gedächtnis der Menschheit wie Rabin aufgrund seiner Bemühungen um den Frieden eingeprägt hat, findet sich gemeinsam mit dem Namen seines Mörders, Chaled Islambuli, und dem Datum des tödlichen Anschlags, dem 6. Oktober 1981, im Bibelcode. »Chaled wird Sadat erschießen« besagt eine Tabelle, während an einer anderen Stelle »er wird morden« den Namen »Sadat« und das hebräische Datum »8. Tischri« kreuzt. Selbst der Ort des Mordanschlags, eine »Militärparade«, ist im Alten Testament codiert. Vor 3000 Jahren wurde jeder politisch bedeutsame Mord der vergangenen zwei Jahrhunderte in allen Einzelheiten im Bibelcode prophezeit.

Genau darauf versuchte ich Ministerpräsident Rabin ein Jahr vor seiner Ermordung hinzuweisen: »Das einzige Mal, daß Ihr vollständiger Name – Jitzhak Rabin –

in der Bibel codiert ist, wird er von den Worten ›Mörder, der morden wird‹ gekreuzt. Sie sollten diese Tatsache nicht ignorieren, da auch die Mordanschläge auf Anwar Sadat sowie John und Robert Kennedy in der Bibel in verschlüsselter Weise erscheinen.« Der Code besagte, daß Rabin »im Jahr 5756«, dem hebräischen Jahr, das im September 1995 begann, getötet werden würde. Neben der Eintragung der Jahreszahl fanden sich die Hinweise »Ermordung Rabins« und »Tel Aviv«. Nun war Rabin tot, ermordet am vorhergesagten Ort und zur vorhergesagten Zeit.

Sollte der Bibelcode recht behalten, würde der »nächste Krieg«, ausgelöst von einem terroristischen Anschlag, nach einem Mord ausbrechen.

Der Nahe Osten war das Zentrum des Weltterrorismus, und jeder Bombenanschlag, jeder Mord und jedes Massaker fand sich in codierter Form in der Bibel. Die Entdeckung des ersten Attentats erschütterte mich besonders, denn der 3000 Jahre alte Bibelcode verkündete das Ereignis vor seinem Eintreffen. Auf meinem Flug nach Tel Aviv im Dezember 1992 reichte mir die Stewardeß die *Jerusalem Post*. Die Überschrift auf der Titelseite lautete »Grenzpolizist gekidnappt«. Augenblicklich gab ich seinen Namen – »Toledano« – in das Suchprogramm meines Laptops ein. Er fand sich ein einziges Mal im Buch Genesis in codierter Form. »Gefangenschaft von Toledano« ergab die gesamte Codesequenz. Anschließend an das »d« in »Toledano« fand sich »Lod«, der Name der Stadt, in der er gekidnappt worden war. Doch der Code enthielt noch einen weiteren Hinweis: »Er wird sterben«.

Der Zeitungsartikel berichtete, daß sein Schicksal noch ungewiß sei. Am nächsten Tag wurde sein Leichnam entdeckt.

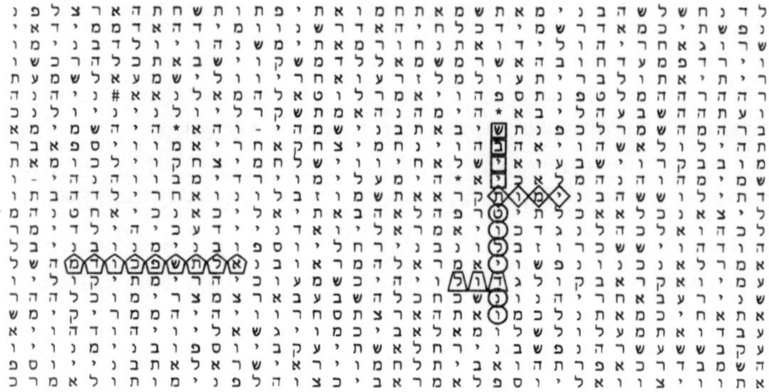

□ gefangengenommen ○ Toledano
⬠ vergießt kein Blut ◇ er wird sterben ⏢ Lod

Das Protokoll der Geständnisse der verhafteten Terroristen, das später veröffentlicht wurde, beinhaltete auch die Schilderung eines der Palästinenser über die ersten Augenblicke nach der Entführung. Ihm zufolge war es unter den drei Terroristen zu einer Auseinandersetzung über die Frage, ob der Polizist getötet werden solle, gekommen, in deren Verlauf er die beiden anderen mit der Aufforderung »vergießt kein Blut« von der Tat abzuhalten versucht habe. Dieselben Worte finden wir gemeinsam mit dem Namen »Toledano« im Bibelcode.

Auch den entsetzlichsten Terroranschlag der Gegenseite sah der Code voraus. Bei dem im Februar 1994 verübten Massaker wurden 30 Araber beim Gebet in einer Moschee getötet. Sowohl der Name des Mörders »Goldstein«, eines israelischen Arztes, als auch der Stadt »Hebron«, in der das Attentat stattgefunden hatte, waren zusammen mit den Worten »ein Mann aus dem Hause Israel wird ein Blutbad anrichten« in der Bibel zu finden. Der Ort des Massakers sagt vieles über die weit zurückreichenden Wurzeln der Gewalt im Nahen Osten aus und zeigt auf, wie untrennbar die Ereignisse in dieser Region mit der Bibel verknüpft sind.

○ Goldstein ◇ Hebron

□ ein Mann aus dem Hause Israel wird ein Blutbad anrichten

Die Moschee wurde auf den Überresten eines Tempels errichtet, der wiederum über einem Grabmal gebaut worden war. Dem Volksglauben zufolge handelte es sich um das Grabmal der biblischen Patriarchen Abraham, Isaak und Jakob. Lange schon war dieser Ort ein Brennpunkt im arabisch-israelischen Konflikt gewesen. Bereits im Jahr 1929 war es in Hebron zu einem Massaker gekommen. Bei einem Aufstand der Palästinenser wurden 67 Juden getötet und die Überlebenden aus der Stadt vertrieben. Auch dieses Ereignis war im Bibelcode vorhergesagt worden. »Hebron« erscheint gemeinsam mit der Jahreszahl des Aufruhrs (»5689«) und dem verschlüsselten Text »Hebron, die Stadt, aus der sie vertrieben wurden«.

Umgeben von 160 000 Arabern leben heute etwa 500 schwerbewaffnete Juden in einer Enklave rund um das Grabmal der Patriarchen und einige weitere hundert in einer nahegelegenen Siedlung namens Kirjat-Arba. Die israelischen Siedler weigern sich, den Ort zu verlassen, und zitieren als Bekräftigung ihres Anspruchs die Bibel. Kapitel 23 der Genesis besage eindeutig, daß der Acker und die Höhle darin Abraham als Begräbnisstätte übereignet worden seien. Abraham kaufte das Land vor 4000 Jahren für das Grabmal seiner Gemahlin Sara und seiner Familie. Von arabischer Seite wird dies nicht angefochten. Man beharrt allerdings darauf, daß der Bibel zufolge Abraham auch Stammvater der Araber gewesen sei. Die Originalworte der Genesis lauten: »Sara starb in Kirjat-Arba – das ist Hebron.« Der verschlüsselte Text desselben Verses beinhaltet die Botschaft: »Es wird zu Kämpfen kommen in der Stadt des Hinterhaltes, die da ist Hebron.«

Doch heute, am Ende des 20. Jahrhunderts, geht die eigentliche Gefahr nicht von willkürlichen Mordanschlägen, nicht einmal von Massakern wie dem von Hebron aus. Die neue Bedrohung stellen Massenvernichtungswaffen in den Händen von Terroristen dar. Diese Gefahr wurde plötzlich und unerwartet in Tokio und Oklahoma City deutlich. Auch auf diese beiden Attentate finden sich Hinweise im Bibelcode.

Am 20. März 1995 verübte die irregeleitete religiöse Sekte Aum Shinrikyo einen Giftgasanschlag auf die Untergrundbahn von Tokio. Zwölf Menschen wurden durch die Freisetzung des von den Wissenschaftlern

Nazideutschlands entwickelten Nervengases Sarin getötet, über 5000 verletzt. »Dieser Sekte kommt die zweifelhafte Ehre zu, als erste nichtkriegführende ›Nation‹ in großem Umfang chemische Kampfmittel eingesetzt zu haben«, lautete ein Bericht des US-Senats. Nach Ansicht des Ausschußvizevorsitzenden, Senator Sam Nunn, ist die Welt mit diesem Anschlag in eine neue Ära eingetreten.

»Aum Shinrikyo« war gemeinsam mit »U-Bahn« und »Plage« in der Bibel codiert, und auch das Wort »Gas« tauchte zweimal an derselben Stelle auf. Als die japanische Polizei das religiöse Zentrum der Sekte stürmte, fand sie Giftgasvorräte, die ausgereicht hätten, zehn Millionen Menschen – also jeden Mann, jede Frau und jedes Kind in Tokio – zu töten. Die auf den Jüngsten Tag hinlebende Sekte verfügte über weltweite Kontakte, ein Vermögen in Höhe von mindestens einer Milliarde Dollar und, neben dem Nervengas, über ein reich gefülltes Lager an bakteriologischen und chemischen Kampfstoffen wie etwa Anthrax. Sie schickte sogar ein Team nach Zaïre, um sich den tödlichen Ebola-Virus zu verschaffen, und versuchte, Atomwaffen zu kaufen.

Was hätte geschehen können, wenn die Führung der Aum-Shinrikyo-Sekte nicht verhaftet, ihre Pläne nicht entdeckt und ihre Waffen nicht konfisziert worden wären, war ebenfalls in der Bibel codiert. »Tokio wird evakuiert werden«, lautete die prophezeite Möglichkeit, die verhindert werden konnte. Gemeinsam mit »Tokio, Japan« fand sich der Ausdruck »Plagen«, wie er in der Bibel für die zehn Plagen Ägyptens verwendet wird. Direkt darauf folgte der Hinweis »fliegende Waffe«. Neben »Plagen« enthüllte der Code an derselben Stelle »Luftgeschwader«, aber auch das Giftgas »Cyanid« und den unheilbaren »Ebola«-Virus.

Im Verlauf der Untersuchungen gab die japanische Polizei bekannt, daß im Hauptquartier der Sekte aufgefundene Dokumente bewiesen, daß die Gruppierung einen gewaltigen Terroranschlag auf Tokio geplant habe, bei dem mit Hilfe von bemannten und robotergesteuerten Hubschraubern tödliches Giftgas sowie biologische und chemische Kampfstoffe versprüht werden sollten.

Vor seiner Verhaftung hatte der Sektenführer Shoko Asahara den nahe Weltuntergang für das Jahr 1996 vorhergesagt. Diese Jahresangabe, die gemeinsam mit »Tokio wird evakuiert werden« codiert war, lautete »5756«, was nach dem alten hebräischen Kalender dem Jahr 1996 entspricht.

In der Bibel stand, welche Auswirkungen jene Plage biblischen Ausmaßes für Tokio mit sich gebracht hätte, die im letzten Augenblick gerade noch verhindert werden konnte.

Einen Monat danach, am 19. April 1995, verwüstete eine Autobombe um 9 Uhr früh das Murrah Federal Building in Oklahoma City. 168 Personen, darunter 20 Kinder, starben bei dem Anschlag. Nur wenige Stunden später verhaftete die Polizei Timothy McVeigh, einen ehemaligen Armeeunteroffizier mit Verbindungen zur militanten Rechten.

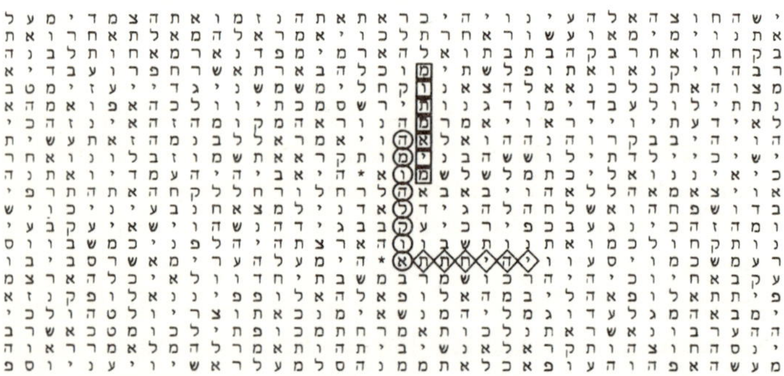

○ Oklahoma □ entsetzlicher, furchtbarer Tod ◇ es wird Terror herrschen

Der Anschlag von Oklahoma war der schlimmste terroristische Akt in der Geschichte Amerikas – und in der Bibel nahezu ebenso detailliert beschrieben wie in der TV-Berichterstattung. »Oklahoma« erschien mit den Worten »entsetzlicher, furchtbarer Tod« und »Terror«.

Das Ziel des Attentats war als »Murrah-Gebäude« angegeben, begleitet von einer Beschreibung der grauenvollen Tat: »Tod«, »Zerstörung«, »Blutbad«, »getötet und in Stücke gerissen«.

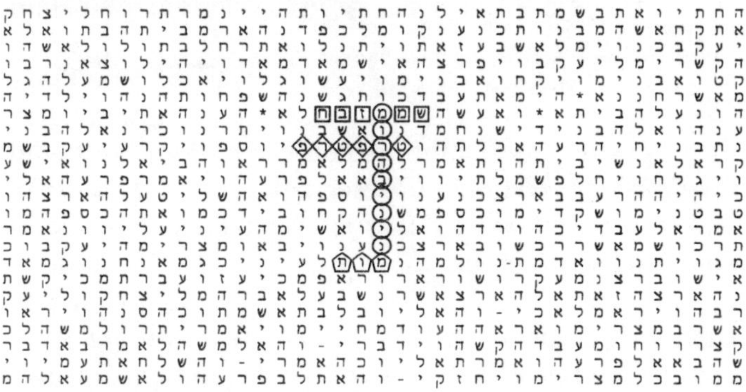

○ Murrah-Gebäude □ Zerstörung, Blutbad
◇ getötet, in Stücke gerissen ⬠ Tod

Über den Hauptverdächtigen finden sich Einzelheiten in Form eines Kreuzworträtsels im Buch Exodus: »Sein Name ist Timothy McVeigh, am 19. Tag, um die 9. Stunde am Morgen, legte er den Hinterhalt und schlug zu, Terror – zwei Jahre nach dem Tod von Koresh.«

Die Untersuchungsbeamten der Regierung behaupteten, McVeigh habe beabsichtigt, die Koresh-Sekte, eine auf die Apokalypse ausgerichtete religiöse Gruppierung, zu rächen. Die Mehrzahl ihrer Mitglieder war in einem auf ein Feuergefecht mit Regierungsbeamten folgenden Großbrand genau zwei Jahre zuvor, am 19. April 1993, ums Leben gekommen. An der Stelle, an der

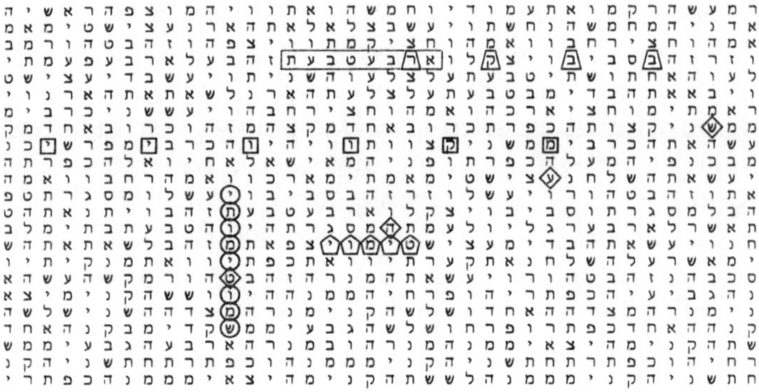

○ sein Name ist Timothy □ McVeigh

⬠ am 19. Tag ◇ um die 9. Stunde ⏢ am Morgen

▭ er legte den Hinterhalt, schlug zu, Terror

die Tragödie von Oklahoma codiert war, spiegelte der Bibeltext den Wahnsinn dieser Sekte in beunruhigender Weise wider: »Der Zorn des Herrn lag auf den Städten in ihrer Umgebung«.

Auch wenn die jüngste Vergangenheit mit außergewöhnlichen Einzelheiten in der Bibel codiert ist, bleiben die beiden Fragen, die ich mir von Anfang an stellte – sind wir in der Lage, genaue Angaben über ein Ereignis zu erhalten, bevor es eintrifft, und können wir die Zukunft ändern? – weiterhin ungeklärt. Timothy McVeigh war über 3000 Jahre in der Bibel verborgen gewesen und dort erst entdeckt worden, nachdem man ihn der Ermordung von 168 Menschen angeklagt hatte. Auf Jigal Amir konnte im voraus kein Hinweis gefunden werden, auch wenn die Ermordung Rabins vorhergesagt worden war. Die Sekte Aum Shinrikyo und ihre angeblichen Pläne zur Zerstörung Tokios blieben bis zur Verhaftung der Sektenführer unbekannt. Die zentrale Frage angesichts dieser Ereignisse lautet: Was können wir tun, sollte dies tatsächlich der Beginn des »Endes aller Tage« und nicht länger nur ein philosophisches Gedankenspiel sein?

Sollte der Bibelcode tatsächlich echt sein – wie die jüngste Vergangenheit vermuten läßt –, könnten dieser Welt von Menschenhand verursachte Tragödien und Naturkatastrophen von noch nie dagewesenem Ausmaß bevorstehen, auf die uns lediglich die längst bekannten Prophezeiungen der Bibel vorbereiten.

KAPITEL 6

Armageddon

Vor über 2000 Jahren verbarg sich eine messianische Sekte in den Bergen über dem Toten Meer, wo sie die Ankunft von Engeln erwartete, um sich mit ihnen im letzten Kampf gegen das Böse, im »Krieg der Söhne des Lichts gegen die Söhne der Finsternis«, zu vereinen. Aus Angst, die Römer würden die letzten verbliebenen Ausgaben der Bibel zerstören, versteckte die kleine Gruppe Hunderte von Pergamentrollen in den Höhlen der Felsklippen.

1947 warf ein junger Beduinenhirte einen Stein in eine dieser Höhlen und hörte das Geräusch zerbrechender Tonwaren. Im Inneren der zerbrochenen Urne wurde die älteste bekannte Niederschrift der Bibel entdeckt.

Ich erstieg diese Klippen, wenige Tage nachdem ich erfahren hatte, daß die Bibel, deren Alter durch die Schriftrollen des Toten Meeres mit zumindest 2000 Jahren festgelegt werden kann, einen Computercode enthielt, der Ereignisse vorhersagte, die mehrere tausend Jahre nach ihrer Aufzeichnung eintrafen.

Stundenlang hatte ich auf dem Gipfel des vegetationslosen Berges gesessen und über jene karge Landschaft geblickt, die sich auch in den Jahrtausenden, seit die Sekte hier ihr Lager aufgeschlagen hatte, um auf das Ende der Welt zu warten, nicht verändert hatte. Am Tag darauf besichtigte ich jenen Schrein in Jerusalem, in dem die älteste Prophezeiung der Apokalypse, die 2500 Jahre alte Schrift des Jesaja, ausgestellt ist. Der gesamte Originaltext des Buches Jesaja, der unversehrt in jenen Höhlen über dem Toten Meer gefunden worden war, befand sich nun, aufgespannt auf einer riesigen Trommel, auf einem Podest über einem offenen Brunnen im Zentrum eines kuppelförmigen Museums.

Warum wird die Schriftrolle auf so einzigartige Weise präsentiert? Ich wandte mich mit dieser Frage an Armand Bartos, den Architekten jenes Museumsgebäudes, das heute die Schriften vom Toten Meer beherbergt. »Die Trommel wurde so konstruiert, daß sie automatisch abgesenkt und mit Stahlplatten bedeckt werden kann«, erwiderte Bartos. »Warum?« fragte ich. »Um die älteste Schrift der Bibel zu schützen.« »Wovor?« »Vor einem Atomkrieg.« Zu diesem Zeitpunkt wußte noch niemand, daß gerade diese alte Schriftrolle, deren Trägerkonstruktion ausgelegt war, um einer Atombombe zu widerstehen, eine verborgene Warnung vor einem Atomangriff auf Jerusalem enthalten könnte – einem »atomaren Holocaust«, der womöglich einen »Weltkrieg«, das wahre Armageddon, auslösen würde.

Das Geheimnis befand sich in einem »versiegelten Buch«.

Jesaja beschreibt die Schrecken einer herannahenden Apokalypse, der wahrlich furchterregenden Vision eines zukünftigen Krieges, und erklärt abschließend: »Darum sind euch alle Offenbarungen wie die Worte eines versiegelten Buches.« Diese Textstelle bildet den ersten Hinweis auf das geheimnisvolle »versiegelte Buch« in der Bibel. Es ist eine Vision unserer Zukunft, die anfangs in einer Höhle und später in einem Code verborgen war, den niemand vor der Erfindung des Computers entziffern konnte. Zu Beginn würde niemand in der Lage sein, das »versiegelte Buch« zu öffnen: »Und gibt man das Buch einem, der lesen kann, und spricht: ›Lies doch das!‹, wird er antworten: ›Ich kann nicht, denn es ist versiegelt‹.«

Schließlich prophezeit Jesaja jedoch die Öffnung des »versiegelten Buchs«: »Zu der Zeit werden die Tauben hören die Worte des Buches, und die Augen der Blinden werden aus Dunkel und Finsternis sehen«.

Im verschlüsselten Text enthüllen diese Verse des Propheten Jesaja, daß der Bibelcode tatsächlich das versiegelte Buch ist: »Er erkannte die Worte, sie werden in einem Computercode zu finden sein. Seine Botschaft hörten sie an diesem Tag, die Geheimnisse, die magischen Worte des Buches.«

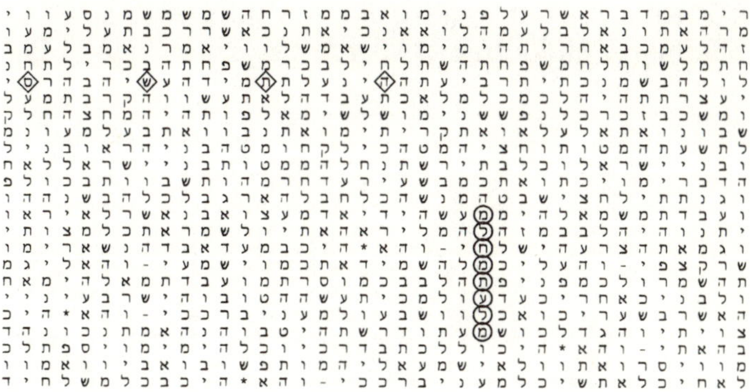

○ Weltkrieg ◇ 5760 (2000)

○ Weltkrieg ◇ im Jahr 5760 (2000) / im Jahr 5766 (2006)

Die 2500 Jahre alte Warnung vor einem Atomkrieg konnte nur mit Hilfe eines Computers gefunden werden. Darüber hinaus offenbart der Bibelcode nun auch, wann und wo die wahre Apokalypse ihren Anfang finden würde.

Auf meiner Suche nach dem vorhergesagten Weltkrieg überprüfte ich jedes einzelne Jahr des kommenden Jahrhunderts. Nur die beiden Jahre 2000 und 2006 fanden sich im Code sowohl mit »Weltkrieg« als auch mit »atomarer Holocaust«. Allerdings gibt es keine Mög-

○ atomarer Holocaust ◇ im Jahr 5760 (2000)/im Jahr 5766 (2006)

lichkeit festzustellen, auf welches der beiden angegebenen Jahre sich der prophezeite Krieg bezieht. Ebenso entzieht es sich unserer Kenntnis, ob die Gefahr tatsächlich besteht.

Sollte der Bibelcode jedoch recht behalten, ist ein dritter Weltkrieg zu Ende dieses Jahrhunderts zumindest möglich und die Wahrscheinlichkeit eines Weltkriegs innerhalb der kommenden zehn Jahre nicht zu ignorieren.

»Atomarer Holocaust« und »Weltkrieg« finden sich gemeinsam in jenem Code, der besagt, daß der nächste Krieg mit Massenvernichtungswaffen geführt wird, wie sie die Welt noch niemals zuvor gesehen hat. Der Zweite Weltkrieg endete mit Hiroshima. Heute verfügen wir über zumindest 50 000 Atomwaffen – von Artillerienuklearraketen bis hin zu mit Mehrfachsprengköpfen bestückten ballistischen Raketen –, von denen jede einzelne eine ganze Stadt zerstören kann. Somit wäre die Vernichtung des gesamten Erdballs innerhalb weniger Stunden möglich.

Der Dritte Weltkrieg wäre das Armageddon.

Die Warnung vor dem Zeitpunkt, dem Ort und der Weise, in der unsere Welt das wahre Armageddon, das heißt einen nuklearen Weltkrieg, erleben würde, war vor 3000 Jahren in den heiligsten Versen verborgen worden. Als wir das »versiegelte Buch« öffneten, um nach dem Dritten Weltkrieg zu suchen, entdeckten wir, daß das Jahr seines möglichen Beginns in einer 22 Zeilen langen Schriftrolle vorhergesagt wurde, die das Herzstück der Bibel darstellt.

Diese »Mezuzah« genannte Schrift enthält 170 der 304 805 Zeichen der fünf ersten Bücher der Bibel und soll nach Gottes Willen, um eine eigene Rolle gewunden, am Eingang jedes Hauses aufbewahrt werden. Die Eintragungen »im Jahr 5760« und »im Jahr 5766«, die den Jahren 2000 und 2006 entsprechen, finden sich gemeinsam mit »atomarer Holocaust« in codierter Form in diesen 170 Worten. Der einzige in der gesamten Bibel vorhandene Hinweis auf einen »Weltkrieg« scheint ebenfalls in diesem Text auf und kreuzt einen der heiligen Verse. Die Mezuzah enthält fünfzehn Verse und beginnt mit dem wichtigsten Gebot: »Höre, Israel, der Herr ist unser Gott, der Herr allein«. Zweimal innerhalb dieser wenigen Verse gibt Gott genaue Anweisungen, wie die Worte zu bewahren sind: »Und diese Worte, die ich dir heute gebiete, sollst du dir zu Herzen nehmen und sollst sie deinen Kindern einschärfen und davon reden, wenn du in deinem Hause sitzt oder unterwegs bist, wenn du dich niederlegst oder aufstehst. Und du sollst sie binden zum Zeichen auf deine Hand, und sie sollen dir ein Merkzeichen zwischen deinen Augen sein, und du sollst sie schreiben auf die Pfosten deines Hauses und an die Tore.«

Die Jahre des möglichen Ausbruchs des Dritten Weltkriegs lagen in den sorgfältig geschützten Worten des Alten Testaments verborgen. Dort, wo der Code die Jahresangaben 2000 und 2006 enthüllt, warnt der verschlüsselte Text der heiligen Schriftrolle vor dem Krieg: »Euer Land wird bombardiert, Terror, Zerstörung, er wird ausbrechen«.

Es kann kein Zufall sein, daß die Warnung vor dem Zeitpunkt, an dem die Welt möglicherweise von einem Nuklearkrieg erschüttert wird, gerade in jenen zwei der fünfzehn Verse der Bibel codiert ist, in denen Gott den Menschen zweimal aufträgt, seine Worte dem Gedächtnis einzuprägen, sie an die Kinder weiterzugeben und sie bei Tag und Nacht zu wiederholen. So findet sich der Hinweis auf den »Weltkrieg« gerade in jenen 170 Worten, die über 3000 Jahre lang auf einer eigenen Schriftrolle bewahrt wurden, und die heute noch an nahezu jeder Haustür in Israel befestigt sind.

Selbst wenn nur ein einziger Buchstabe einer Mezuzah fehlt, kann sie nicht verwendet werden. Irgend jemand wollte absolut sichergehen, daß die Worte dieser Schriftrolle – unabhängig davon, was mit den übrigen Teilen der Bibel geschehen würde –, in jenem Wortlaut, der den unversehrten Code wiedergibt, erhalten blieben.

Dieser alte Code, der den Beginn des Dritten Weltkriegs innerhalb der kommenden zehn Jahre ankündigt, hatte auch den Ausbruch des Zweiten Weltkriegs prophezeit, und zwar für das Jahr »5700«, was nach dem modernen Kalender den Jahren 1939 und 1940 entspricht. »Im Jahr 5700 kam der Leichenverbrenner« lautete der vollständige verborgene Text, der nicht nur den Krieg, sondern auch die Verbrennungsöfen des Holocaust vorhersagte.

Nun beinhaltet der wohlbehütete Code in denselben heiligen Versen der Bibel, die den letzten Weltkrieg vorhersagen, die Warnung vor einem Armageddon in den Jahren 2000-2006. Diesmal gehe die Bedrohung jedoch nicht von einem Atomkrieg zwischen Supermächten, sondern von mit Nuklearwaffen ausgerüsteten Terroristen aus.

Gemeinsam mit dem Hinweis auf den Weltkrieg finden sich die Eintragung »Terrorismus« und die Worte

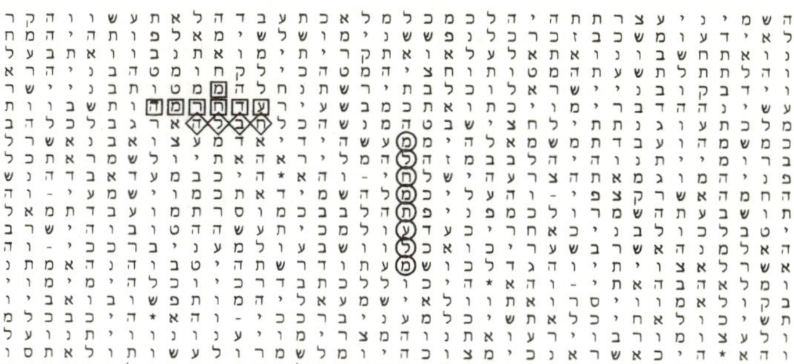

○ Weltkrieg ◇ Terrorismus □ Krieg bis zum Ende

»Krieg bis zum Ende«, was auf einen totalen Vernichtungskrieg schließen läßt, wie er durch den Ausdruck »atomarer Holocaust« eindeutig beschrieben wird.

Der überraschende Zusammenbruch der Sowjetunion veränderte die Welt, indem einerseits der Konflikt zwischen Ost und West sein Ende fand, andererseits jedoch das weltgrößte Arsenal an Atomwaffen für Terroristen verfügbar wurde. Der Vizevorsitzende des Senatsausschusses, Senator Sam Nunn, wies, wie oben zitiert, auf die von dieser Entwicklung ausgehende Gefahr hin. Senator Richard Lugar, der die ehemalige Sowjetunion als »riesigen Supermarkt für atomare, chemische und biologische Waffen« bezeichnete, warnte vor der gestiegenen Wahrscheinlichkeit der Detonation von Massenvernichtungswaffen in Rußland, Europa, dem Nahen Osten oder sogar in den Vereinigten Staaten.

»Der Zusammenbruch des Kommunismus« wurde ebenfalls im Bibelcode prophezeit. So findet sich die einzige Erwähnung des Wortes »Kommunismus« gemeinsam mit dem Hinweis auf »Zusammenbruch« und »Rußland«. Die Prophezeiung »China als nächstes« begegnet direkt unter dieser Textstelle.

Viele Menschen im Westen betrachteten den Zerfall der Sowjetunion als Sieg. Das Ende des Kommunismus in China wäre somit der endgültige Triumph. Doch chaotische Zustände in einer weiteren Atommacht würden dazu beitragen, das Risiko, daß Waffen, die ganze Städte zerstören könnten, durch Verkauf oder Diebstahl in die Hände von Terroristen fallen, zu erhöhen. Wie Ministerpräsident Peres kurz nach unserer Unterredung warnte, könnte der nächste Weltkrieg durch Nuklearwaffen in den Händen von Fanatikern oder unverantwortlichen Staatsmännern ausgelöst werden.

Der Zweite Weltkrieg endete mit einer Atombombe, der Dritte könnte auf ebendiese Weise ausbrechen.

Jerusalem, die meistumkämpfte Stadt der Geschichte – von König Daivd erobert, von den Babyloniern niedergebrannt, von den Römern zerstört und von den Kreuzrittern belagert, durchlebte einen 3000 Jahre andauernden Konflikt, der auch mit der Rückeroberung durch die Israelis im Jahr 1967 nicht endete –, ist als Ziel des vorhergesagten Atomangriffs in der Bibel codiert. Nur bei dieser einen Hauptstadt findet sich der Hinweis sowohl auf einen »atomaren Holocaust« als auch auf einen »Weltkrieg«.

Der Name der Stadt verbirgt sich in einem einzigen Vers der Bibel. »Jerusalem« ist an der Stelle codiert, wo Gott droht, Israel für alle Zeiten zu verdammen: »Ich, der Herr euer Gott, bin ein eifersüchtiger Gott, der die Kinder derer, die mich hassen, für die Sünden der Väter bis in die dritte und vierte Generation straft«.

»Eure Stadt wird durch einen Akt des Terrorismus zerstört«, kreuzt die Worte »atomarer Holocaust«.

Das Ziel dieses Anschlags wird in der ältesten Prophezeiung der Apokalypse bestätigt, die unversehrt unter den Schriftrollen vom Toten Meer gefunden wurde – dem 2500 Jahre alten Buch Jesaja. »Weh Ariel, Ariel, du Stadt, wo David lagerte!« warnt Jesaja, wobei er den alten biblischen Namen Jerusalems verwendet. Die Belagerung, die die Heilige Stadt zu »Staub« zerfallen läßt, wird in apokalyptischen Worten beschrieben: »Und plötzlich wird's geschehen, daß Heimsuchung kommt vom Herrn Zebaoth mit Wetter und Erdbeben und großem Donner, mit Wirbelsturm und Ungewitter und mit Flammen eines verzehrenden Feuers.«

Dies ist eine außergewöhnlich wahrheitsgetreue Vision eines »atomaren Holocaust«, wie er vor mehreren tausend Jahren vorhergesehen wurde, ausgedrückt in den einzigen Worten, in denen ein Seher der Antike dieses Ereignis zu beschreiben in der Lage war. Vergleichen wir die Textstelle mit einer zeitgenössischen Beschreibung der Atombombe von Hiroshima: »Die gesamte Stadt war augenblicklich zerstört. Das Zentrum der Stadt dem Erdboden gleichgemacht. Eine halbe Stunde nach der Explosion vereinigte sich das durch die Hitzewelle entstandene Feuer zu einem wahren Feuersturm, der sechs Stunden anhielt. Ab Mittag wütete vier Stunden lang ein heftiger Wirbelwind, der sich aufgrund der eigenartigen meteorologischen Bedingungen nach der Explosion entwickelt hatte, und richtete weitere Verwüstung in der Stadt an.« Diese Worte, die wie ein Echo auf das Buch Jesaja wirken, stammen aus Jonathan Schells klassischem Bericht des Bombenabwurfs von 1945 (s. a. *Die Abschaffung. Wege aus der atomaren Bedrohung*).

Die Explosion hörte man in Hiroshima nicht. Die Druckwelle schuf ein Vakuum. Viele Kilometer entfernt war jedoch ein einem entsetzlichen »Donnerschlag« nicht unähnliches, gewaltiges Dröhnen zu vernehmen. Die Hiroshima-Bombe explodierte etwa 700 Meter über der Stadt in der Luft. Würde eine Atombombe am Boden explodieren, wie es im Fall eines Terroranschlages wahrscheinlich ist, wäre die Zerstörung weit größer. Die gesamte Bevölkerung einer Stadt würde in Staub verwandelt werden. Ein weiteres Zitat von Schell: »Jedes menschliche Wesen in dieser Region würde zu Rauch und Asche zerfallen. Sie würden schlichtweg verschwinden. Die nun zu radioaktivem Staub verbrannte Bevölkerung würde in der pilzförmigen Wolke aufsteigen und auf die Erde zurücksinken.«

Betrachten wir erneut Jesajas Schilderung: »Dann sollst du erniedrigt werden und von der Erde her reden und aus dem Staub mit deiner Rede murmeln, daß deine Stimme sei wie die eines Totengeistes aus der Erde, und deine Rede wispert aus dem Staube. Aber die Menge deiner Feinde soll werden wie Staub und die

Menge der Tyrannen wie wehende Streu. Und plötzlich wird's geschehen.« Diese Worte, die eine eigenartige Beschreibung für eine Belagerung in der Antike darstellen, sind gleichzeitig eine zutreffende Vision der Auswirkungen eines Atomangriffs und des Gegenschlags.

In der Bibel findet sich eine weitere kryptische Passage: »Darum sind euch alle Offenbarungen wie die Worte eines versiegelten Buches.« Und sie blieben bis zum heutigen Tag versiegelt – erst jetzt wurde der Code enthüllt, dessen Aufgabe es sein könnte, uns vor dem kritischen Augenblick eines drohenden Atomangriffs zu warnen.

Der Hinweis »Atomwaffe« findet sich in codierter Form im Buch Jesaja, wobei das »M« in »Atomwaffe« gleichzeitig das von »Jerusalem« ist. An der Stelle, an der sich »Jerusalem« und »Atomwaffe« kreuzen, begegnet auch das Wort »Schriftrolle« gemeinsam mit der Botschaft »er öffnete sie«.

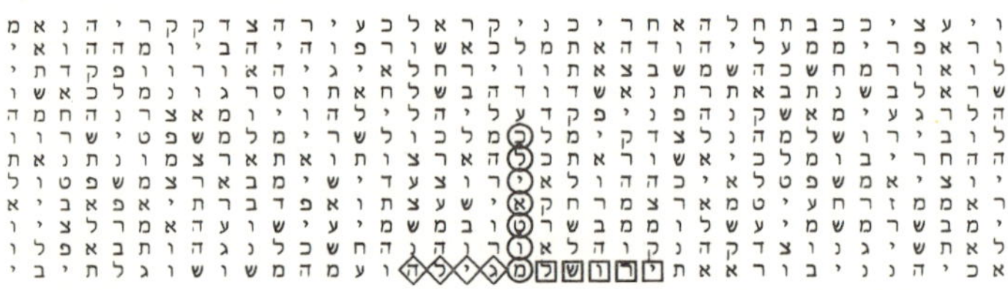

○ Atomwaffe □ Jerusalem ◇ Schriftrolle / er öffnete sie

Zudem ist der alte Name von Jerusalem, »Ariel«, der im Buch Jesaja in der Warnung vor der Apokalypse verwendet wird, zusammen mit »Weltkrieg« codiert.

Die altbekannte biblische Prophezeiung des Armageddon scheint durch den Bibelcode bestätigt zu werden. Jerusalem, das Zentrum der drei großen Religionen der westlichen Welt, die sagenumwobene Stadt, über die David herrschte, in der Jesus starb und von der

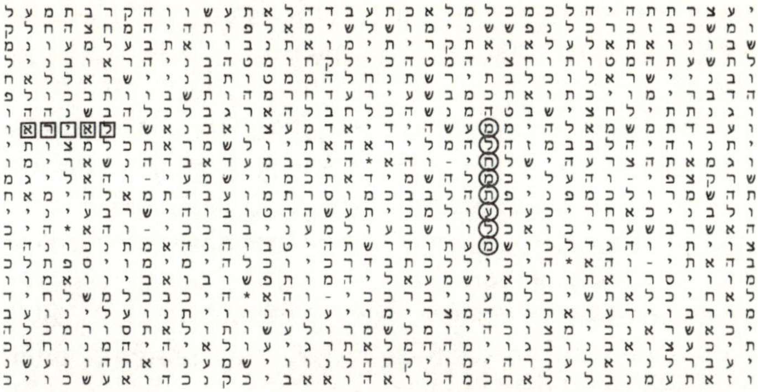

○ Weltkrieg □ Ariel/Jerusalem

aus Mohammed in den Himmel aufstieg, könnte in einem durch religiösen Haß angefachten Endkampf ausgelöscht werden. Das wahre Armageddon wäre dann ein nuklearer Weltkrieg.

Ich glaubte nie an die apokalyptischen Prophezeiungen der Bibel und ebensowenig daran, daß Gott oder der Teufel die Welt zerstören oder daß die Kräfte des Guten und des Bösen in einer finalen Auseinandersetzung aufeinanderprallen würden. Doch nun sagt der Bibelcode einen Endkampf – das Armageddon – voraus, wobei der Nahe Osten als möglicher Ausgangspunkt ebenso wie ein nuklearer Terrorakt als Auslöser nur allzu real erscheinen.

Das Wort »Armageddon« stammt aus einem phantastisch anmutenden Vers des letzten Buchs des Neuen Testaments: »Die Geister der Teufel werden Wunder wirken und auf die Könige der Erde und die gesamte Welt übergehen, um sie an jenem großen Tag des allmächtigen Gottes zum Kampf zu versammeln. Und er versammelte sie an einem Ort, der in der hebräischen Sprache Armageddon genannt wurde.« Tatsächlich ist Armageddon jedoch der griechische Name der alten israelischen Stadt Megiddo. Im Hebräischen wird der »Berg Megiddo« »Harmegiddo« genannt. »Armageddon« ist lediglich die griechische Transliteration.

Ich besuchte diesen Ort auf meiner Rückfahrt von Jerusalem. Mir war ein grünweißes Autobahnschild mit einem Namen aufgefallen, den ich in der Bibel gelesen hatte – »Megiddo«. Obwohl es bereits nach Mitternacht war, hielt ich an, um mir die Ruinen der befestigten Stadt anzusehen. Es erschien mir unfaßbar, daß dieser entlegene Ort tatsächlich Schauplatz einer großen Schlacht werden sollte.

Hier, an der Nordgrenze zu Syrien, dem unversöhnlichen Feind Israels, liegt allerdings auch Ramat David, eine der bedeutendsten Luftwaffenbasen des Landes. Im Falle eines Krieges im heutigen Nahen Osten befände sich dieser Stützpunkt auf der Frontlinie.

»Armageddon«, der Ort des lange prophezeiten Endkampfes, findet sich im Bibelcode gemeinsam mit dem Namen von Syriens Staatschef Hafis Assad in einer einzigen Auslassungssequenz: »Armageddon, Assad, Holocaust«. »Syrien« finden wir wie »Ruß-

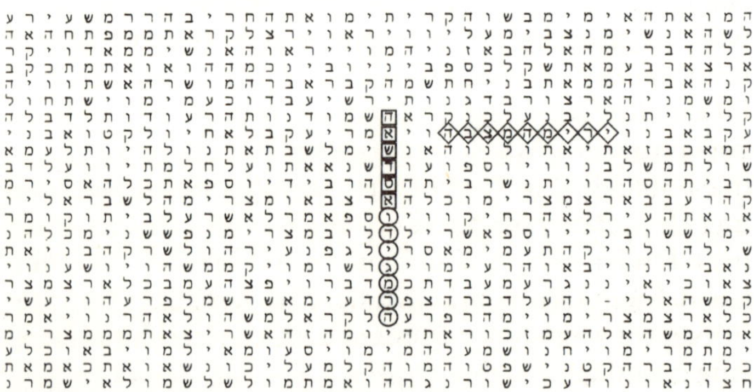

○ Armageddon/Harmegiddo/Berg Megiddo

□ Assad Holocaust ◇ Schüsse aus der Festung

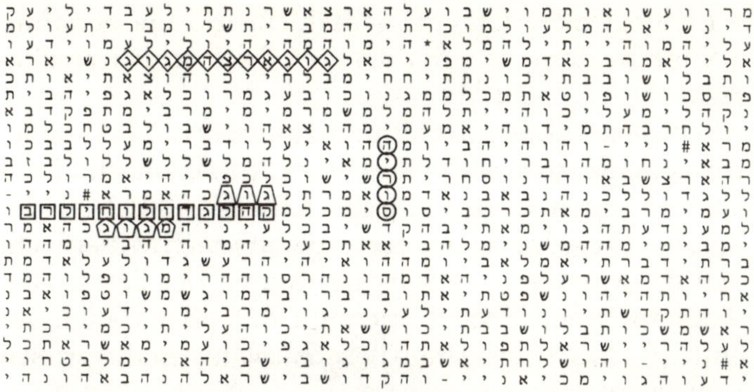

○ Syrien ◇ Gog, Land Magog

□ ein großer Heerhaufen, eine gewaltige Macht △ Gog ⬠ Magog

land«, »China« und »USA« zusammen mit »Weltkrieg«. Im Gegensatz zu den drei Supermächten, deren Verwicklung in einen möglichen Weltkrieg zu erwarten wäre, ist die Nennung Syriens eine Überraschung.

Sollte es tatsächlich zu diesem Armageddon kommen, könnte es, wie in der Bibel vorhergesagt, in Syrien seinen Anfang nehmen.

Das letzte Buch des Neuen Testaments prophezeit einen Endkampf beispielloser Vernichtung: »Satan wird losgelassen werden aus seinem Gefängnis und wird ausziehen, zu verführen die Völker an den vier Enden der Erde, Gog und Magog, und sie zum Kampf versammeln.« Auch wenn niemand weiß, wo das antike »Magog« lag, spricht die ursprüngliche Prophezeiung des letzten Kampfes im Buch Hesekiel von einer Invasion Israels aus dem Norden: »Und wirst kommen aus deinem Ort, vom äußersten Norden, du und viele Völker mit dir, alle zu Roß, ein großer Heerhaufen und eine gewaltige Macht«.

In unserer Zeit ist Syrien der einzige Feind Israels im Norden.

Im Bibelcode ist »Syrien« im Buch Hesekiel verzeichnet und beginnt in jenem Vers, der die Invasion vorhersagt. Auch Syriens Verbündete werden erwähnt: »Persien« und »Phut«, heute Iran und Libyen.

Der eigentliche Bibeltext sagt eine entsetzliche Schlacht zwischen Israel und den umliegenden arabischen Nationen vorher: »Ein großes Schlachten auf den Bergen Israels«.

Schenkt man dem Bibelcode Glauben, so wird der Dritte Weltkrieg auf eben diese Weise mit einem Atomangriff auf Jerusalem und einer nachfolgenden Invasion Israels beginnen.

In jenem Museum in Jerusalem, in dem die Schriftrollen vom Toten Meer, die die erste Vision der Apokalypse enthalten, in einer atomsicheren Konstruktion aufbewahrt werden, findet sich noch ein weiteres interessantes Exponat. Es handelt sich um das Originalmanuskript von Einsteins Relativitätstheorie, jener Gleichung $E = mc^2$, die die Welt veränderte und den Beginn des Atomzeitalters kennzeichnete.

Meine Aufmerksamkeit galt allerdings einem anderen Ausspruch Einsteins: »Ich weiß zwar nicht, mit welchen Waffen der Dritte Weltkrieg geführt werden wird, doch der Vierte Weltkrieg wird mit Stöcken und Steinen ausgefochten.«

Am Ende des zwanzigsten Jahrhunderts sehen wir uns von einer Art des Chaos bedroht, wie es die Welt nie zuvor erlebte. Wir haben Waffen entwickelt, mit denen sich die gesamte menschliche Zivilisation innerhalb eines einzigen Tages auslöschen ließe und die jetzt zum Einsatz kommen könnten. Die Vorhersagen des Bibelcodes scheinen die unverschlüsselten Prophezeiungen der Bibel zu erfüllen und dem Schrecken ein Gesicht, einen Zeitpunkt und einen Ausgangsort zu geben – ein atomarer Weltkrieg, möglicherweise im Jahr 2000 oder 2006, das wahre Armageddon, vielleicht bereits in der kommenden Dekade.

Und dies ist keineswegs das Ende der vorhergesagten Gefahr.

KAPITEL 7

Die Apokalypse

In jeder Vision der Apokalypse bildet ein gewaltiges Erdbeben den letzten Vernichtungsschlag. In der Offenbarung, dem letzten Buch des Neuen Testaments, ist dies die siebte Plage des siebten Engels. »Da geschah ein großes Erdbeben, und alle Berge und Inseln wurden wegbewegt von ihrem Ort.«

Hesekiel prophezeit das Ende des letzten Krieges gegen »Gog und Magog« auf ähnliche Weise: »Wahrlich, zu der Zeit wird ein großes Erdbeben sein im Lande Israels, daß sich vor meinem Angesicht erheben soll alles, was sich regt und bewegt auf dem Lande, und alle Menschen, die auf der Erde sind. Und die Berge sollen niedergerissen werden und die Felswände und alle Mauern zu Boden fallen.« Die Zerstörung der Welt durch ein gewaltiges Erdbeben wird im unverschlüsselten Bibeltext wieder und wieder angedroht und vorhergesagt. »Darum will ich den Himmel bewegen, und die Erde soll beben und von ihrer Stätte weichen«, warnt Gott im Buch Jesaja. »Da wird man in die Höhlen der Felsen gehen und in die Klüfte der Erde vor dem Schrecken des Herrn und vor seiner herrlichen Majestät, wenn er sich aufmachen wird, zu schrecken die Erde«. Im letzten Vers der ursprünglichen Bibel, der jene Geschichte beschließt, die Gott Moses auf dem Berg Sinai angeblich berichtete, steht dieselbe Warnung: »Um der totalen Vernichtung willen entfesselte er eine gewaltige Macht und zu jedermanns großem Schrecken: Feuer, Erdbeben.«

Es kann kein Zufall sein, daß das letzte im Bibelcode enthüllte Geheimnis jener endgültige Vernichtungsschlag ist, der in jeder unverschlüsselten apokalyptischen Prophezeiung angedroht wird. Der Code scheint überdies zu bestätigen, daß in den kommenden 100 Jahren eine Reihe »großer Erdbeben« rund um den Erdball zu erwarten ist. Drei Jahre sind eindeutig mit »dem großen Schrecken« codiert: 2000, 2014 und 2113. Das am weitesten entfernt liegende Jahr paßt am besten.

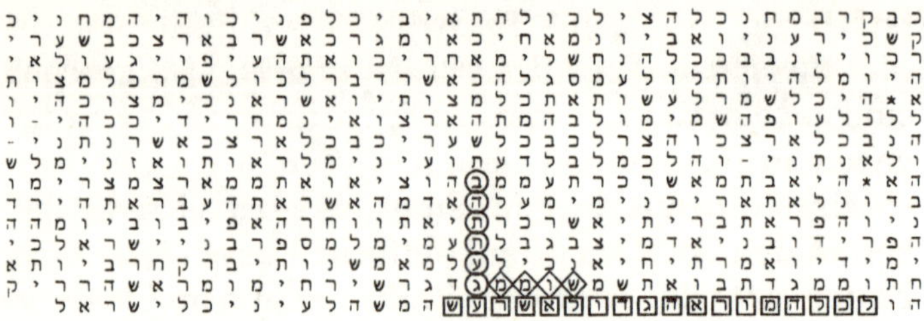

○ im Jahr 5873 (2113) ◇ leer, entvölkert, verwüstet

□ zu jedermanns großem Schrecken: Feuer, Erdbeben

Es ist nicht klar, ob der Code eine Serie von Katastrophen vorhersagt oder eine Serie von Verzögerungen. Die ersten Erdbeben allerdings könnten innerhalb der ersten Dekade des nächsten, vielleicht sogar schon gegen Ende dieses Jahrhunderts stattfinden.

Sollte die lange vorhergesehene Apokalypse eintreffen, wird sie nicht in einem mythischen, weit entfernten Land ihren Anfang finden, sondern in tatsächlich existierenden Städten unserer wirklichen Welt. Sowohl die Vereinigten Staaten als auch China, Japan und Israel

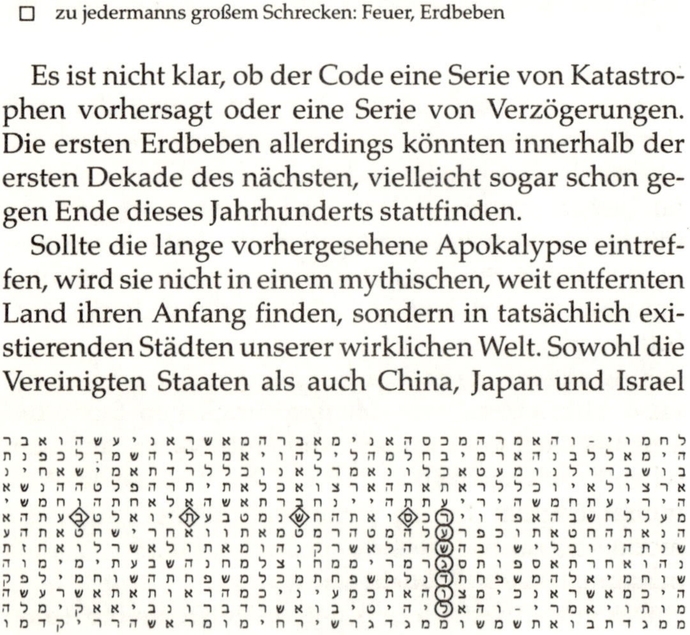

○ großes Erdbeben ◇ im Jahr 5760 (2000)

○ großes Erdbeben ◇ im Jahr 5760 (2000) – im Jahr 5766 (2006)

sind gemeinsam mit »großen Erdbeben« und Jahresangaben in der nahen Zukunft codiert. Der Bibelcode scheint vorherzusagen, daß das nächste große Erdbeben in den USA den Staat Kalifornien betreffen wird. Zudem enthält er Prophezeiungen sämtlicher größerer Erdbeben, die diesen Staat bisher erschütterten.

So wurde auch das gewaltigste Erdbeben, das die Vereinigten Staaten jemals heimsuchte – das große Beben von San Francisco im Jahr 1906 –, vor 3000 Jahren in der Bibel codiert. »S. F. Kalif.« erscheint gemeinsam mit der Jahresangabe »1906« sowie dem Hinweis »Feuer, Erdbeben«. Der verschlüsselte Text an dieser Stelle lautet: »Stadt vernichtet, zerstört«. Genauso war das mächtigste Erdbeben, das das amerikanische Festland in der jüngeren Vergangenheit und wiederum San Francisco traf, in der Bibel codiert. Die Jahreszahl »1989« findet sich gemeinsam mit den Worten »Feuer, Erdbeben« und »S. F. Kalif.« an ein und derselben Stelle. Da »L. A. Kalif.« trotz einer außerordentlich geringen Wahrscheinlichkeit gemeinsam mit »großes Erdbeben« aufscheint und »Amerika« und »USA« ebenfalls mit der vorhergesagten Naturkatastrophe im Bibelcode vermerkt sind, ist von allen bedeutenden Weltstädten aus mathematischer Sicht am ehesten in Los Angeles mit einem gewaltigen Erdbeben zu rechnen. Seismologen stimmen überein, daß Südkalifornien innerhalb der

Vereinigten Staaten zu den gefährdetsten Gebieten im Hinblick auf heftige Erdbebentätigkeit in naher Zukunft zu zählen ist. Der geologische Bericht der Vereinigten Staaten für das Jahr 1995 gibt die Wahrscheinlichkeit eines Erdbebens der Stärke 7+ für Südkalifornien vor dem Jahr 2024 mit 80 bis 90 Prozent an.

Den Experten, die diese Aussage tätigten, gelang es jedoch nicht, das letzte große Erdbeben in der Region von Los Angeles, bei dem im Januar 1994 in Northridge 61 Menschen ums Leben kamen, vorherzusehen, da es auf keiner bekannten Verwerfungslinie auftrat. Im Bibelcode hingegen findet sich die Eintragung »5754«, die im modernen Kalender dem Jahr 1994 entspricht, gemeinsam mit »großes Erdbeben« und »L. A. Kalif.«.

○ großes Erdbeben ◇ L. A. Kalif. ⏢ im Jahr 5770 (2010) □ 575
(19

Im Vergleich zu einer im Bibelcode für die Umgebung von Los Angeles in den nächsten Jahren prophezeiten Naturkatastrophe dürfte es sich bei dem Erdbeben von 1994 allerdings lediglich um ein leichtes Zittern des Bodens gehandelt haben. Denn rechts unterhalb der Eintragung »L. A. Kalif.« und quer über die Worte »großes Erdbeben« findet sich die Jahresangabe 2010. Ein weiteres Mal taucht dasselbe Jahr, im hebräischen Kalender »5770«, gemeinsam mit dem Namen der Stadt auf und überschneidet sich mit den Worten »Feuer, Erdbeben«.

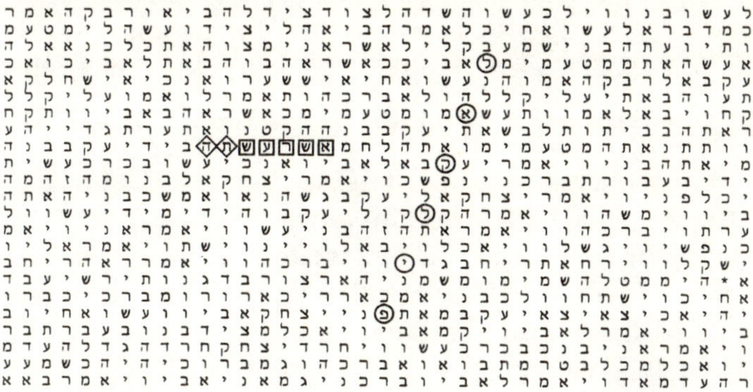

○ L. A. Kalif. □ Feuer, Erdbeben ◇ 5770 (2010)

Obwohl es möglich ist, daß sich sowohl der Code als auch die Seismologen irren, scheint der Bibelcode vorherzusagen, daß das große Erdbeben Los Angeles im Jahr 2010 heimsuchen wird.

Drei weitere Weltregionen werden gemeinsam mit »großes Erdbeben« und jeweils mit denselben beiden Jahresangaben 2000 und 2006 codiert. Wir können heute nicht wissen, welches dieser Gebiete tatsächlich innerhalb der nächsten Dekade von der angekündigten Naturkatastrophe erschüttert wird.

Gemeinsam mit »großes Erdbeben« findet sich »China« im Bibelcode, das im Jahr 1976 Schauplatz des verheerendsten Erdbebens der Weltgeschichte wurde, bei dem 800 000 Menschen den Tod fanden. Diese Jahresangabe, im hebräischen Kalender »5736«, kreuzt rechts oberhalb des Hinweises »China« das Wort »Erdbeben«.

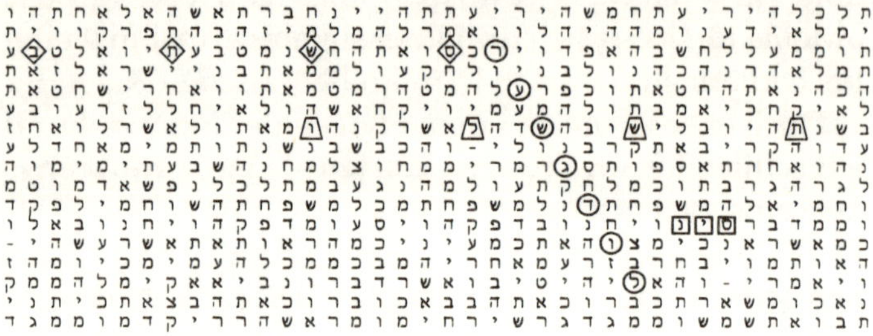

○ großes Erdbeben □ China △ 5736 (1976) ◇ 5760 (2000)

Ein weiteres Mal könnte eine derartige Naturkatastrophe über China hereinbrechen, denn direkt über dem Jahr 1976 findet sich ein weiteres Datum: »Im Jahr 5760«, das im modernen Kalender dem Jahr 2000 entspricht. Insgesamt begegnet »China« noch zwei weitere Male im Zusammenhang mit »großes Erdbeben«, einmal mit der Jahresangabe 2000 und dann mit 2006.

Israel, das in diesem Jahrhundert von keinem größeren Erdbeben heimgesucht wurde, wird im unverschlüsselten Bibeltext besonders hervorgehoben. So prophezeit Hesekiel unverhüllt »ein großes Erdbeben im Lande Israel«. Darüber hinaus finden wir »Israel« fünfmal bei »großes Erdbeben«. Aufgrund der häufigen Nennung Israels in der Bibel ist es jedoch nicht möglich, die Eintrittswahrscheinlichkeit einer derartigen Naturkatastrophe für dieses Land zu berechnen. Allerdings liegt Israel auf einer der größten Verwerfungslinien der Welt, dem Grabenbruch des Roten Meeres, an dem in prähistorischen Zeiten so gewaltige Verschiebungen stattfanden, daß sich die Kontinente Afrika und Asien voneinander trennten.

Dem Bibelcode zufolge droht Japan die größte Gefahr.

Als ich mich das erste Mal mit meinem Verleger traf, bat er mich, ein Weltereignis vorherzusagen, was ich ablehnte. »Ich weiß nichts über die Zukunft« sagte ich. »Meine Kenntnis beschränkt sich auf das, was in der Bibel codiert ist«.

Doch er beharrte auf seinem Wunsch, und so erklärte ich schließlich, daß Japan mit größter Wahrscheinlichkeit eine Reihe schwerer Erdbeben zu erwarten habe. Drei Monate später wurde Japan vom heftigsten Erdbeben seit über 30 Jahren erschüttert. Da es sich in einem abgelegenen Gebiet ereignete, waren wenig Todesopfer zu beklagen. Auf der Richterskala zeigte sich allerdings, daß es zu den großen Beben zu zählen war. Ich suchte es im Bibelcode. Das genaue Epizentrum des Erdbebens war mit dem Namen »Okushiri« codiert, einer so kleinen Insel, daß selbst ein Großteil der Japaner erst durch das Beben von deren Existenz erfuhr. Die gesamte Matrix lautete: »Okushiri, Juli, wird erzittern«. Die Erde bebte am 12. Juli 1993.

Ich entdeckte diese Eintragung kurz vor einer geplanten Reise nach Japan. Wenn das Beben von Okushiri so genau angegeben gewesen war, könnten auch die anderen vorhergesagten Naturkatastrophen Wirklichkeit werden. Ich fühlte mich aufgerufen, mein Wissen anderen mitzuteilen. So stattete ich der japanischen Ministerin für Erdbebenbereitschaft, Wakako Hironaka, einen Besuch ab. Sie zeigte sich interessiert, aber auch ratlos.

»Was soll ich tun?« fragte sie mich, »Tokio evakuieren?«

Tatsächlich fanden sich genau diese Worte – »Tokio wird evakuiert werden« – im Bibelcode, allerdings ohne Angabe von Zeitpunkt und Ursache.

Ein Jahr danach wurde die Hafenstadt Kobe von einem massiven Erdbeben verwüstet, bei dem 5000 Tote zu beklagen waren. Auch dieses Ereignis war im Alten Testament vorhergesehen worden. »Kobe, Japan« war gemeinsam mit den Worten »Feuer« und »das große Erdbeben« codiert. Die Jahresangabe des Ereignisses, 1995 (»5755«), kreuzte die Eintragung »Feuer, Erdbeben«.

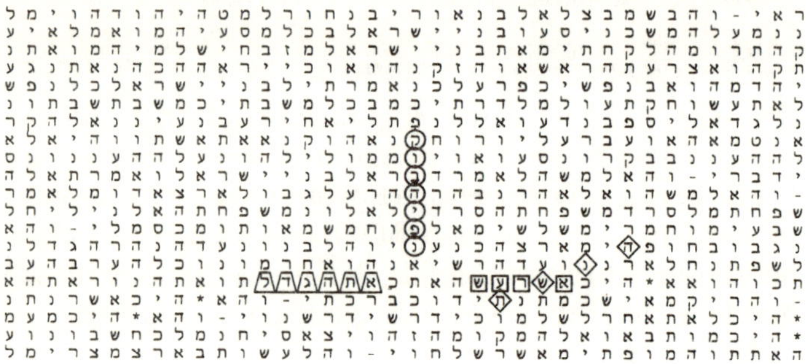

○ Kobe, Japan □ Feuer, Erdbeben ⏢ das Große ◇ 5755 (1995)

»Japan« ist jenes Land, das der Bibelcode am eindeutigsten mit einem zukünftigen »gewaltigen Erdbeben« in Zusammenhang bringt. Die Jahre 2000 und 2006 erscheinen an derselben Stelle.

Wieder konnte man feststellen, inwieweit die Gefahr tatsächlich bestand. Ebenso wie den Eintragungen zu Israel schien auch den Warnungen an Japan eine gewisse apokalyptische Dringlichkeit anzuhaften. Der Bibelcode stellte geradezu eine unheimliche Verbindung zwischen diesen beiden Ländern her. Beide wurden wiederholt im Zusammenhang mit beispiellosen Gefahren genannt. So tauchte »Japan« gemeinsam mit »Israel« in den beiden biblischen Hinweisen auf das »Ende der Tage« auf. Darüber hinaus war »Japan« mit »Holocaust in Israel« codiert. »Israel und Japan« fanden sich überdies gemeinsam in einem Ausdruck des verschlüsselten Bibeltextes, in dem die Namen der beiden Länder den einzigen Hinweis auf ein »Jahr der Plagen« kreuzten. Neben Israel ist »Japan« zudem das einzige Land, das sich im Bibelcode gemeinsam mit »Endkampf« fand.

○ Jahr der Plagen ◇ Israel und Japan

Für beide Länder wurde im Code eine Katastrophe biblischen Ausmaßes angedroht. In Israel dürfte es sich bei dieser unmittelbaren Gefahr um einen Atomkrieg handeln, in Japan um ein vernichtendes Erdbeben.

Auch wenn die Warnung vor einem Krieg für die gesamte Welt galt, sagte der Bibelcode den Ausbruch dieses Ereignisses für Israel hervor. Ebenso könnten die Auswirkungen eines gewaltigen Erdbebens in Japan rund um den Globus zu spüren sein.

Die Eintragung »wirtschaftlicher Zusammenbruch« fand sich einmal, zusammen mit »ein Erdbeben traf Japan« und der Jahreszahl 1929, dem Beginn der großen Depression, in der Bibel. Heutzutage spielt Japan eine so

○ großes Erdbeben □ Japan ◇ Im Jahr 5760-66 (2000-2006))06

zentrale Rolle in der Weltwirtschaft, daß jede Katastrophe, die dieses Land heimsucht, Auswirkungen für die gesamte Welt hätte. Die tatsächliche Katastrophe könnte also auch ein »wirtschaftlicher Zusammenbruch« sein, kein »großes Erdbeben«. Doch die größte Gefahr, der wir uns gegenübersehen, ist womöglich die schrecklichste Naturkatastrophe, die die Menschheit je erlebte.

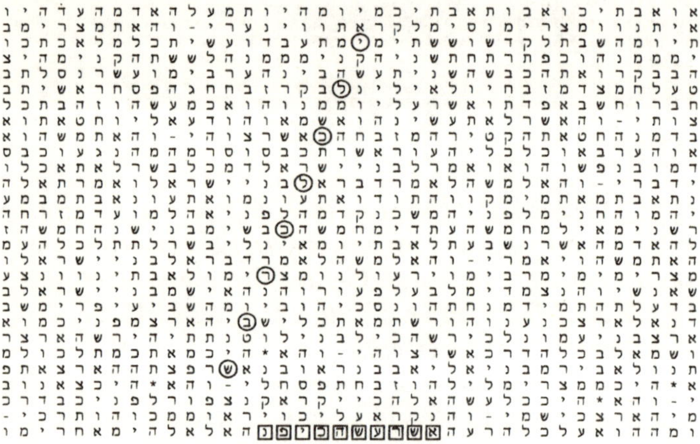

○ wirtschaftlicher Zusammenbruch □ Erdbeben traf Japan

Vor 65 Millionen Jahren schlug ein Asteroid von der Größe des Mount Everest auf der Erde ein, explodierte mit einer Kraft von 300 Millionen Wasserstoffbomben und löschte die gesamte Dinosaurierpopulation aus. »Asteroid« und »Dinosaurier« waren gemeinsam in der Bibel codiert. Weiter fand sich an derselben Stelle der biblische Name der ersten von Gott auf der Erde erschaffenen Lebewesen. »Und Gott schuf den großen Tanin« heißt es im ersten Kapitel der Genesis. Dieses Wort bedeutet »Drachen« oder »Untier« und beschreibt ein riesenhaftes Tier, das heute nicht mehr existiert. »Drache« entdeckten wir im Bibelcode quer über der Eintragung »Dinosaurier« direkt über dem Wort »Asteroid«. An dieser Stelle tauchte auch der Name jenes Drachens auf, den Gott der Legende nach vor der Erschaffung

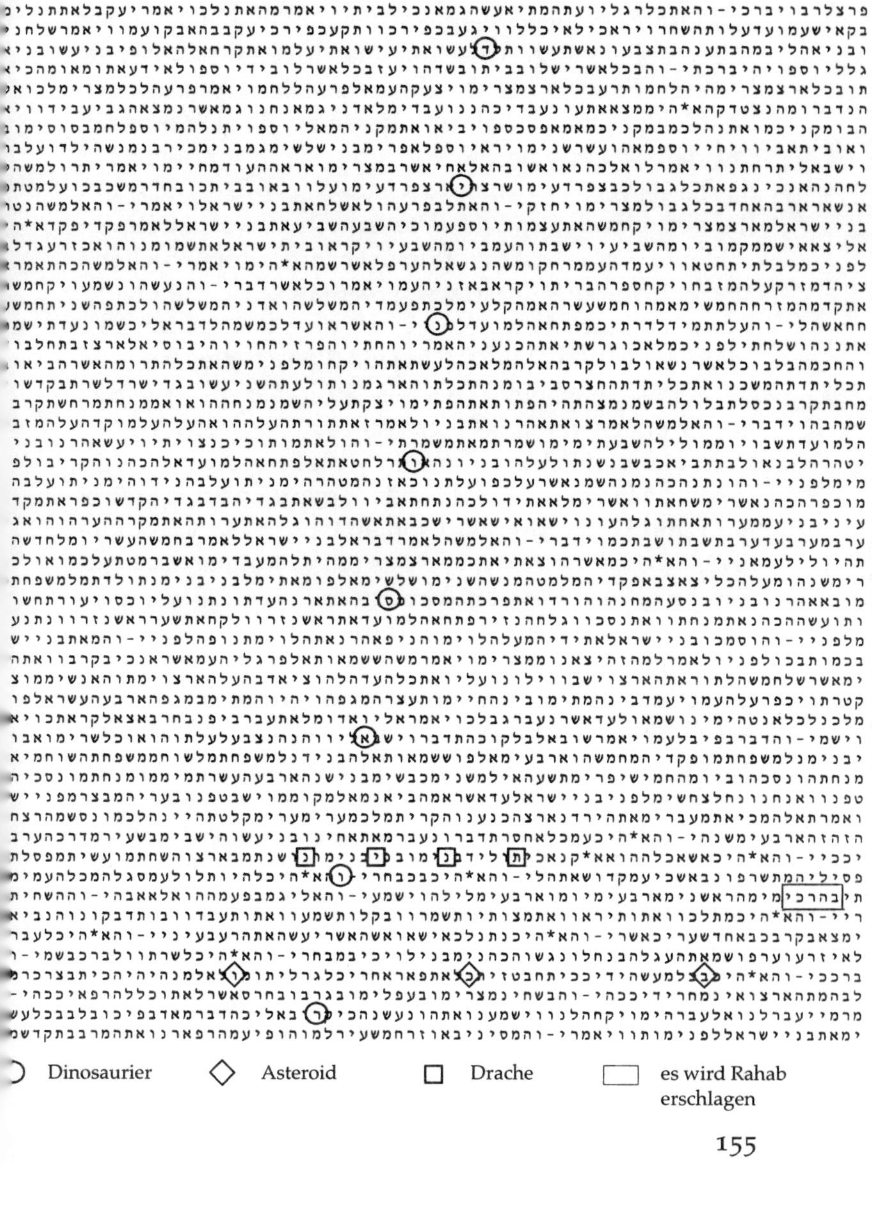

◯ Dinosaurier ◇ Asteroid □ Drache ▭ es wird Rahab erschlagen

der Welt erschlagen haben soll. Es war gewiß kein Zufall, daß der Name jenes Drachens, den Gott den Worten der Bibel zufolge besiegte – »Rahab« –, im Bibelcode genau am Kreuzungspunkt von »Asteroid« und »Dinosaurier« begegnete.

Der vollständige verschlüsselte Text an dieser Stelle lautete: »Es wird Rahab schlagen«. Diese Aussage ließ den Schluß zu, daß die Auslöschung der Dinosaurier mit dem kosmischen Ereignis des Drachentötens, auf das Jesaja verweist, identisch ist: »Warst du es nicht, der Rahab zerhauen und den Drachen durchbohrt hat?«

Heute stimmen die Wissenschaftler dahingehend überein, daß sich der Mensch niemals entwickelt hätte, wären nicht die Dinosaurier von dem Asteroiden ausgelöscht worden. Sie stellen jedoch auch die Frage, ob die Menschheit ein ähnliches Schicksal zu erwarten hat, ob auch wir eines Tages von einem aus dem Weltall stammendem Felsbrocken vernichtet werden.

Brian Marsden, ein führender amerikanischer Astronom und Leiter des Smithsonian Observatory in Cambridge, Massachusetts, verwies 1992 als erster auf diese Gefahr. Seinen Berechnungen zufolge würde der eben erst entdeckte Komet Swift-Tuttle nach 134 Jahren wieder auftauchen und im Jahr 2126 mit der Erde kollidieren. Dieser Komet hat mindestens die Ausmaße jenes Asteroiden, der die Dinosaurier auslöschte. Marsdens nüchterne Warnung – »eine Veränderung von +15 Tagen könnte zu einem Einschlag des Kometen auf der Erde im Jahr 2126 führen« – wirkte wie die Ankündigung des Jüngsten Tages und fand sich weltweit auf den Titelseiten der Zeitungen.

»Die internationale astronomische Vereinigung, die weltweite Dachorganisation für Astronomie, hat erstmals eine Warnung vor einer möglichen Kollision der Erde mit einem vom Rand des Sonnensystems auf die Erde zurasenden Objekt ausgesprochen«, berichtete die

New York Times. »Den Wissenschaftlern zufolge sind die Dimensionen des Kometen in einer Größenordnung anzunehmen, die ausreichen würde, die Zivilisation zu vernichten.«

»Er rast aus dem Himmel auf uns zu wie eine Scud-Rakete aus der Hölle, gewaltiger als ein Berg und aufgeladen mit einer Energie, die die Gesamtheit der weltweiten Atomwaffenarsenale übersteigt«, schilderte die reißerische Titelstory in *Newsweek* das furchterregende Szenario.

Marsden nahm seine Warnung später zurück. Neue Berechnungen hatten ergeben, daß der Komet die Erde Ende Juli 2126 passieren würde. Sollte er sich jedoch um zwei Wochen verspäten und erst Mitte August auftauchen, würde ein Gesteinsbrocken mit einem Durchmesser von 15 Kilometern auf unserem Planeten einschlagen.

Kein Astrologe war imstande gewesen, das tatsächliche Erscheinen von Swift-Tuttle im Jahr 1992 mit einer Genauigkeit von zwei Wochen vorherzusagen. Die meisten Kalkulationen wichen um Jahre davon ab. Dagegen findet sich das genaue Datum des Auftauchens des Kometen am Sonntag, dem 27. September 1992, dem Abend vor dem hebräischen Neujahr, in dem vor 3000 Jahren verschlüsselten Bibelcode mit dem Hinweis »am Abend des neuen Jahres, Swift«.

»5753«, die hebräische Bezeichnung seines Erscheinungsjahres 1992, war gemeinsam mit »Komet« und seinem vollständigen Namen »Swift-Tuttle« codiert. Ein weiteres Mal fand sich »Swift« im Bibelcode, diesmal mit der Jahreszahl »5886«. Nach moderner Zeitrechnung entspricht dies 2126, dem Jahr seiner erwarteten Rückkehr.

Der Name des Kometen kreuzte sich mit der Jahresangabe, über der sich rechts die Worte »er kam im siebenten Monat« fanden. Dies ließ den Schluß zu, daß er

○ Swift ◇ 5886 (2126) □ er kam im siebenten Monat

die Erde im Juli passieren wird. Dennoch enthielt der Bibelcode mit dem Wort »Komet« eine schreckliche Warnung.

Erst als ein anderer Komet im Jahr 1994 mit Jupiter kollidierte, wurde der Welt das wahre Ausmaß der Bedrohung bewußt. Der Einschlag führte zu Feuerbällen in der Größe der Erde und hinterließ tiefe schwarze Krater auf der Oberfläche des Jupiter. Es war die gewaltigste Explosion in unserem Sonnensystem, deren Zeuge wir jemals geworden sind. Hätte sie sich auf unserem Planeten ereignet, wäre die gesamte menschliche Rasse ausgelöscht worden.

Auch die Jupiter-Katastrophe war im Bibelcode vorhergesagt und einen Monat vor ihrem Eintreffen entdeckt worden. »Shoemaker-Levy«, der Name des Kometen, war an derselben Stelle codiert wie »Jupiter« und das Datum des Einschlages, 16. Juli 1994.

Im Jahr 1995 begannen sowohl das Pentagon als auch die NASA, den Himmel nach Asteroiden und Kometen abzusuchen, die auf der Erde einschlagen könnten. »Wir könnten vor einer überraschenden Begegnung stehen«, erklärte Dr. Eleanor Helin, eine Wissenschaftlerin der US-Regierung, die sich mit dem Aufspüren erdnaher Asteroiden befaßt. Ihrer Schätzung zufolge gibt es zumindest 1700 »Erdkreuzer«. Dies sind Asteroiden und Kometen, deren Umlaufbahnen sich mit der der Erde schneiden und die aufgrund ihrer Größe sämtliches Leben auf diesem Planeten vernichten könnten. Die Wahrscheinlichkeit einer tatsächlichen Kollision ist jedoch außerordentlich gering. Ein derartiges Ereignis trifft nur etwa alle 300 000 Jahre ein. Doch niemand weiß, wann der letzte Einschlag erfolgte oder wann der nächste erfolgen wird.

»Es ist ernüchternd«, erklärte Dr. Helin, als sie den ersten organisierten Versuch zur Ortung von »Erdkreuzern« unternahm, »diese Geschosse lauern nun all die Jahre im Weltraum, ohne daß wir sie entdeckt hätten«.

Der Asteroid, der zum Aussterben der Dinosaurier führte, schlug im heutigen Golf von Mexiko ein und überzog ganz Nordamerika mit einem Feuersturm, der jedes Lebewesen auf dem Kontinent vernichtete. Der in die Atmosphäre aufsteigende Staub, die Asche und die Gesteinstrümmer verteilten sich über den gesamten Globus und führten weltweit zu Zerstörungen. Schätzungen zufolge wurden zwei Drittel aller jemals auf der Erde wandelnden, fliegenden oder schwimmenden Lebensformen durch Einschläge von Gesteinskörpern aus dem Weltraum ausgelöscht. Wir sind die erste Spezies, der es gelingen könnte, ein derartiges Ereignis zu verhindern.

Als Swift-Tuttle den ersten Alarm auslöste und der Kometenaufprall auf dem Jupiter uns lebhaft die drohende Gefahr vor Augen führte, begannen die Wissenschaftler mit der Ausarbeitung von Plänen zur Verteidigung der Erde.

Edward Teller, der Erfinder der Wasserstoffbombe, erklärte, daß es möglich sei, einen Asteroiden mit einer gewaltigen, atomsprengkopfbestückten Rakete zu zertrümmern. Andere Wissenschaftler schlugen die Explosion einer Nuklearrakte in der Nähe des Kometen vor, durch die das gefrorene Gas zum Schmelzen gebracht und der Komet wie vom Antriebsstrahl einer Rakete von seinem Kollisionskurs abgelenkt werden würde. Man entwickelte sogar den Plan, ein Raumfahrzeug auf jedem größeren Gesteinsbrocken, der sich auf die Erde zubewegt, zu landen, Raketenantriebe anzubringen und den Kometen oder Asteroiden von unserem Planeten wegzusteuern.

Doch das sind alles unerprobte Konzepte, bestenfalls gestützt auf einige flüchtige Diagramme und Berechnungen. Zudem weiß niemand, wieviel Zeit uns noch bleibt und wie viele Warnungen wir noch erhalten werden.

»Möglicherweise haben wir lediglich einige Tage oder Wochen«, erklärt Gareth Williams, ein Kollege von Marsden am Smithsonian Observatory. »Sollte es sich um einen uns unbekannten Kometen oder einen auf einem sehr weiten Orbit handeln, könnte er uns völlig unerwartet treffen.«

Bis zum Einschlag des Kometen Shoemaker-Levy auf dem Jupiter gab es keinerlei organisierte Bemühungen, Gesteinsformationen aus dem Weltall aufzuspüren, und auch heute verfügen wir über keine konkreten Pläne, ein auf unseren Planeten zurasendes Objekt zu stoppen.

Der Bibelcode warnt, daß eine Kollision mit der Erde eine große Gefahr darstellen könnte. Bis zur Rückkehr von Swift im Jahr 2126 sagt er zudem eine Reihe weiterer Kometenannäherungen an die Erde vorher.

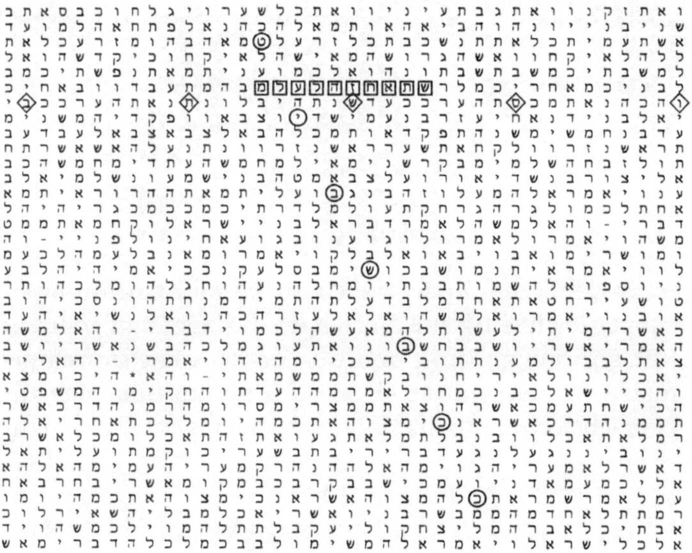

○ Komet ◇ im Jahr 5766 (2006) □ das für die Welt vorhergesehene Jahr

Das erste Jahr, das eindeutig mit dem Hinweis auf einen Kometen codiert wurde, ist nur zehn Jahre entfernt – »5766«, d. i. 2006. Quer über 2006 lief die ernüchternde Botschaft »sein Pfad traf ihre Behausungen«, die mit den Worten »sternenähnliche Objekte« endete. Rechts über der Jahreszahl fand sich eine deutliche Bestätigung dieses Zeitpunktes: »Das für die Welt vorhergesehene Jahr«.

Darüber hinaus waren sowohl »5770« als auch »5772« (bzw. 2010 und 2012) als weitere Möglichkeiten gemeinsam mit »Komet« codiert. Der Hinweis »Tage des Schreckens« lief quer über 2010, und rechts über dem Wort »Komet« standen die Eintragungen »Dunkelheit« und »Düsternis«. »Erde vernichtet« lautete der verschlüsselte Text rechts über der Jahresangabe 2012.

○ Komet ◇ 5772 (2012) □ Erde vernichtet

An der Stelle, an der der Code das Jahr 2012 auswies, stand gleichzeitig eine Botschaft, die bestätigte, daß die Katastrophe gebannt und der Komet unschädlich gemacht werden würde: »Er wird zerfallen, hinausgetrieben, ich werde ihn in Stücke schlagen, 5772«.

○ Komet □ er wird zerfallen, ich werde ihn in Stücke schlagen ◇ 5772 (2012)

Dies entspricht etwa dem Schicksal des Kometen, der auf dem Jupiter einschlug. Bevor er auf den Planeten aufprallte, zerfiel er in 20 einzelne Stücke. Doch danach stürzte im Verlauf einer Woche eines nach dem anderen auf die Oberfläche des Jupiter.

Im Talmud findet sich die alte Erzählung eines Königs, der so wütend auf seinen Sohn war, daß er drohte, einen schweren Stein nach ihm zu werfen. Zwar bereute er seine Worte bald darauf, doch konnte er seinen Schwur nicht mehr zurücknehmen. So befahl er, den Stein in kleine Kiesel zu zerbrechen, die er dann, einen nach dem anderen, auf seinen Sohn warf. Diese Parabel, die sich in kosmischer Größenordnung auf dem Jupiter zugetragen hat, könnte ebenso das Schicksal der Menschheit auf der Erde voraussagen.

Es gibt eine Theorie, die besagt, daß die Kollision eines Kometen in prähistorischen Zeiten apokalyptische Berichte in der Bibel angeregt haben könnte. »Neue Untersuchungen weisen darauf hin, daß es in den letzten 70 000 Jahren mindestens einen Aufprall von zehn Gigatonnen gegeben haben muß«, schreibt Timothy Ferris im *New Yorker*. »Eine schreckliche Kollision, die die Sonne verdunkelt haben muß, einen großen Teil der Erde überflutete, das Land in Brand setzte und auch sonst eine Apokalypse biblischen Ausmaßes brachte.« Doch müßten hunderte Millionen Jahre zwischen Einschlägen vergehen, die eine weltweite Auslöschung bewirken, eine Million Jahre zwischen Explosionen, die ein Land zerstören, und Tausende Jahre zwischen Komentenkollisionen, die eine Stadt dem Erdboden gleichmachen.

Zu der Zeit, als ich entdeckte, daß diese kosmische Gefahr in der Bibel verschlüsselt war, lag der vorhergesagte »atomare Holocaust«, der »Holocaust in Israel»«, der einen Weltkrieg auslösen könnte, nur noch wenige Wochen entfernt.

Der Countdown für das wahre Armageddon kam zu einem Ende.

KAPITEL 8

Die letzten Tage

Als ich Ende Juli 1996 nach Israel zurückflog, stand der angedrohte »atomare Holocaust« in sechs Wochen bevor. Während des Fluges las ich in der *Jerusalem Post* einen Bericht, daß Ministerpräsident Netanjahu sich in Amman mit König Hussein von Jordanien treffen werde.

Auch dieses Ereignis war im Bibelcode vorhergesagt worden. Ich hatte es eine Woche vor Netanjahus Wahl an derselben Stelle entdeckt, an der sein Wahlsieg vorhergesagt wurde. Dies war mehr als zwei Monate vor dem nun angekündigten Besuch gewesen.

»Im Juli nach Amman« hatte der Code rechts über »Ministerpräsident Netanjahu« nahezu unverschlüsselt gelautet. Der Zeitungsbericht bestätigte also diese für den 25. Juli 1996 geplante Reise nach Jordanien.

○ Ministerpräsident Netanjahu □ im Juli nach Amman

Erneut erwies sich der Bibelcode als zutreffend. Vor 3000 Jahren war vorhergesagt worden, daß Netanjahu im Juli 1996 Amman besuchen würde! Wenn der Bibelcode selbst in den kleinsten Einzelheiten seine Genauigkeit bewies, würde er wohl auch in bezug auf den prophezeiten »atomaren Holocaust«, den »Holocaust von Israel« und den »Weltkrieg« recht behalten. Die Gefahr wirkte äußerst real.

Im letzten Augenblick wurde Netanjahus Reise verschoben. An dem Abend, an dem der Ministerpräsident nach Amman hätte abreisen sollen, erkrankte König Hussein. Netanjahu verschob seinen Besuch in Jordanien auf den 5. August.

Hatte sich der Bibelcode geirrt? Wie vor 3000 Jahren vorhergesagt, reiste Netanjahu »nach Amman« – wenn auch nicht dem Bibelcode entsprechend im »Juli«.

Ich traf mich mit Eli Rips und fragte ihn, ob der Bibelcode möglicherweise nach den Gesetzen der Quantenphysik arbeite. Sollte dies der Fall sein, wäre er nicht in der Lage, uns sowohl das Ereignis als auch den dazugehörenden Ort zu nennen. Die Unschärferelation drückt es deutlich aus. Je präziser sich ein Ereignis selbst messen läßt, desto unpräziser wird zwangsläufig der Hinweis darauf, wann es geschieht. Deshalb sagt die Quantenmechanik nicht eine, sondern mehrere mögliche Zukunftsaussichten vorher.

Rips ging nicht auf die Unschärferelation ein, sondern deutete auf das Wort, das im Bibelcode rechts über »im Juli nach Amman« zu finden war: »Verspätet«.

○ Ministerpräsident Netanjahu □ im Juli nach Amman ◇ verspätet

War es möglich, daß der Bibelcode bezüglich eines Ereignisses recht behielt, im angegeben Zeitpunkt jedoch irrte? Diese Frage war in den letzten Wochen des

Countdowns des möglichen Armageddon von besonderer Dringlichkeit.

Bis zum 13. September 1996, dem letzten Tag des Jahres 5756, für das der »atomare Holocaust« vorhergesagt war, hielt ich engen Kontakt zur israelischen Führungsspitze.

Drei Tage vor dem gemeinsam mit »Holocaust in Israel« codierten Datum traf ich mich in New York mit Dore Gold, dem Sicherheitsberater des israelischen Ministerpräsidenten. Am Tag darauf sandte ich eine letzte Nachricht an Danny Jatom, den Leiter des Mossad. General Jatom bestätigte mir in seiner Antwort, daß der israelische Geheimdienst in Alarmbereitschaft stehe.

Doch am 13. September 1996 geschah nichts. Der erwartete Atomangriff blieb aus. Das hebräische Jahr 5756 kam und ging, und in Israel und der übrigen Welt herrschte weiterhin Frieden.

Ich war erleichtert, doch auch ratlos. Hatte sich der Bibelcode schlichtweg geirrt? Oder bestand die Gefahr tatsächlich und war lediglich hinausgeschoben worden? Ich dachte das ganze Wochenende über diese Frage nach und schickte am Montag ein Fax an Jatom: »Noch ein letztes Wort, dann verabschiede ich mich aus der Hellseherei. Der für die letzten Tage des Jahres 5756 vorhergesagte Atomangriff war offenbar eine Möglichkeit, die nicht eintraf. Meiner Ansicht nach ist die Gefahr damit jedoch nicht vorüber. Bei verschiedenen Gelegenheiten konnten wir beobachten, daß Ereignisse ihrer Vorhersage entsprechend eingetroffen sind, wenn auch nicht zu dem angegebenen Zeitpunkt. Ich ersuche Sie inständig, diese höchstwahrscheinlich tatsächlich drohende Gefahr weiterhin ernst zu nehmen.«

Auch wenn ich nicht mit Gewißheit behaupten

konnte, daß die Gefahr wirklich bestand, hatte ich nun den Beweis, daß die Zukunft nicht unabänderlich in Stein gemeißelt war. Endlich hatte ich die Antwort auf jene Frage erhalten, die sich erstmals bei Rabins Ermordung gestellt hatte, schon von Einstein und Hawking erörtert worden war und die auch Peres aussprach, nachdem ich ihn vor einem drohenden Atomangriff gewarnt hatte: »Wenn es vorhergesagt ist, was können wir dann tun?«

Wie die Ermordung Rabins und der Golfkrieg bewiesen, war die Zukunft in der Bibel codiert, doch sie war nicht vorbestimmt. Sie zeigte lediglich eine Reihe von Möglichkeiten auf und ließ sich verändern. »Werdet ihr es ändern?« Die Frage, die von denselben Buchstaben gebildet wurde, die auch das Jahr 5756 beschrieben, war beantwortet worden.

War es Israel aufgrund der Warnung des Bibelcodes vor einem Atomangriff gelungen, die Gefahr durch rechtzeitige Vorsichtsmaßnahmen abzuwenden? Hatte Ministerpräsident Peres durch seine öffentliche Bekanntgabe der Bedrohung drei Tage nach meinem Treffen mit ihm einem geplanten Terrorangriff vorzeitig ein Ende gesetzt? Oder hatte sich der Lauf der Ereignisse lediglich durch den Zufall verändert, daß Netanjahu seine diplomatische Reise nach Jordanien im letzten Augenblick verschieben mußte?

Die Verschiebung dieser Reise hatte dem Ministerpräsidenten möglicherweise das Leben gerettet. Denn »Tod, im Juli nach Amman«, lautete der vollständige verschlüsselte Text quer über seinem Namen. Das Wort »verspätet« fand sich rechts darüber und weitere zweimal gemeinsam mit »Ministerpräsident Netanjahu«. Das erste Mal kreuzte es die Worte »seine Seele wird abgeschnitten« und das zweite Mal »töteten«.

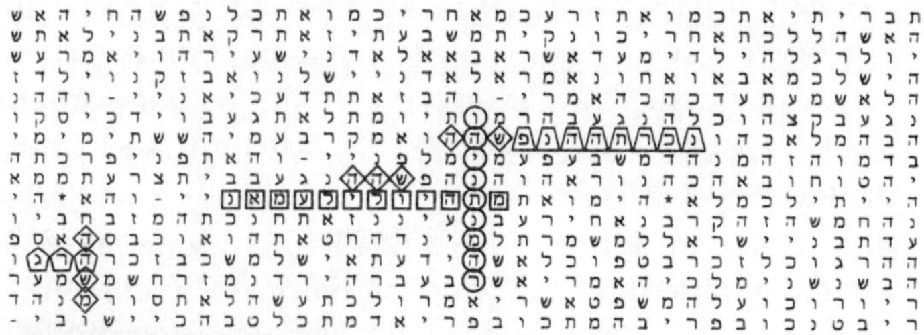

○ Ministerpräsident Netanjahu
□ Tod, im Juli nach Amman
⏢ seine Seele wird abgeschnitten
⬠ sie töteten
◇ verspätet
◇ verspätet
◇ verspätet

Indem Netanjahus Leben gerettet worden war, könnte ein Krieg verhindert oder hinausgeschoben worden sein.

»Der nächste Krieg« war gemeinsam mit der Prophezeiung »es wird nach dem Tod des Ministerpräsidenten geschehen (ein weiterer wird sterben)« codiert. Der vollständige verschlüsselte Text an dieser Stelle lautete: »ein weiterer wird sterben, Ab«. Ab bezeichnet jenen hebräischen Monat, der dem Juli entspricht.

○ der nächste Krieg
□ ein weiterer wird sterben, Ab, Ministerpräsident

Die Verschiebung der Reise könnte somit nicht nur einen Krieg im Nahen Osten, sondern einen weltweiten Konflikt abgewendet haben.

Sowohl die unverschlüsselten Worte der Bibel als auch der Bibelcode sagen vorher, daß ein »Endkampf«, beziehungsweise ein »Weltkrieg« von Israel ausgehen werde. Möglicherweise blieb die Welt durch einen überraschend abgesagten Besuch zumindest für dieses Mal verschont. Doch war es tatsächlich denkbar, daß eine so unbedeutende Änderung wie die Verschiebung einer Reise um zehn Tage solche Konsequenzen haben konnte? Wenn auf diese Weise ein Mordanschlag verhindert wurde, lautet die Antwort ja. Immerhin war der Erste Weltkrieg durch die Ermordung des österreichischen Erzherzogs Ferdinand im Juni 1914 ausgelöst worden. Durch diese Tat brach ein Konflikt auf, der sich Wochen später über Europa und Rußland und schließlich bis in die Vereinigten Staaten ausbreitete. »Dadurch daß der Fahrer des Erzherzogs an einer Kreuzung die falsche Abzweigung wählte, brachte er den Erben des österreichischen Throns direkt an (seinen Mörder) Gavrilo Princip heran«, lautete ein Radiobericht, der die unmittelbare Ursache des Ersten Weltkriegs beschrieb. »Im nächsten Augenblick befand sich der gesamte Kontinent im Krieg.«

Es ist leicht denkbar, daß in der ohnehin angespannten Situation im Nahen Osten die Ermordung eines weiteren israelischen Ministerpräsidenten innerhalb eines Jahres – zudem in einer arabischen Hauptstadt – einen Krieg auslösen kann. Und ein totaler Krieg im Nahen Osten könnte sich rasch über die gesamte Welt ausbreiten. Physiker würden dies als »Schmetterlings-Effekt« bezeichnen, der die Grundlage der Chaostheorie bildet. James Gleick zitierte den »Schmetterlings-Effekt« in seinem Buch *Chaos – Die Ordnung des Universums*: »Ein Schmetterling, der heute in Peking die Luft bewegt, kann eine Veränderung in den Windsystemen des nächsten Monats in New York verursachen.«

Hatte Netanjahu durch seine um zehn Tage verspätete Reise nach Jordanien den Countdown des Armageddon gestoppt?

Im Bibelcode findet sich direkt über der Eintragung »Weltkrieg« eine Datumsangabe: »Der 9. des Ab ist der Tag des Dritten«. Der 9. Ab 5756 des alten hebräischen Kalenders entspricht dem 25. Juli 1996, dem Tag der geplanten Abreise Netanjahus nach Jordanien. In der jüdischen Geschichte ist dies ein unglücksbehafteter Tag – an diesem Tag wurde Jerusalem 586 v. Chr. von den Babyloniern zerstört und 70 n. Chr. von den Römern. Er wird von religiösen Juden so gefürchtet, daß sie am 9. Ab fasten und um Gnade beten.

Nun erklärte der Bibelcode, daß am »9. Ab« ein Dritter Weltkrieg losbrechen und die Heilige Stadt ein drittes Mal, diesmal durch einen Atomangriff zerstört werden könnte.

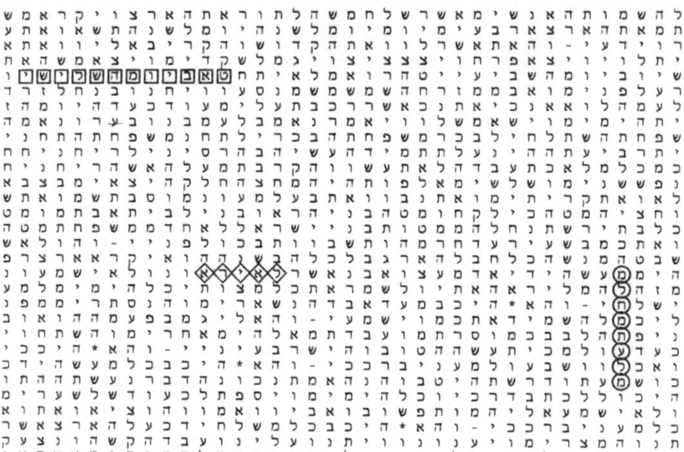

○ Weltkrieg ◇ Ariel/Jerusalem □ der 9. des Ab ist der Tag des Dritten

»Ariel«, der alte Name Jerusalems, der in der ursprünglichen Warnung vor der Apokalypse verwendet wird, fand sich im Bibelcode zwischen »Weltkrieg« und »der 9. des Ab ist der Tag des Dritten«. Doch Netanjahu reiste nicht wie geplant am 9. Ab nach Amman, und die Eintragung »verspätet« begegnete ein zweites Mal gemeinsam mit diesem Datum und dem Namen des Ministerpräsidenten.

Im selben Vers findet sich jedoch auch die eingeflochtene verschlüsselte Textstelle »fünf Zukunftsaussichten, fünf Wege«. Dies ist einerseits ein klarer Hinweis darauf, daß die Zukunft geändert wurde, und andererseits die Bestätigung, daß es mehrere Möglichkeiten für die Zukunft gibt und der Bibelcode jede dieser Möglichkeiten enthält.

○ 9. Ab, 5756 (25. Juli 1996)

◇ Bibi ⌂ verspätet □ fünf Zukunftsaussichten, fünf Wege

Warum teilte uns der Bibelcode den endgültigen Ausgang der einen *wahren* Zukunft nicht mit? »Alles ist vorhergesehen, dennoch bleibt uns die Freiheit des Handelns«, erklärt der Talmud, der überlieferte Kommentar zu den Gesetzen der Bibel. Nahezu 2000 Jahre lang haben sich Gelehrte mit dem offensichtlichen Paradoxon befaßt, wie der Mensch über einen freien Willen verfügen kann, wenn Gott alles im vorhinein weiß. Der Bibelcode läßt diesen Widerspruch für unsere moderne Welt Wirklichkeit werden. Er zwingt uns, die

Frage zu stellen, die Ministerpräsident Peres an mich gerichtet hatte: »Wenn es vorhergesagt ist, was können wir dann tun?«

»Es ist eine Warnung, keine Vorhersage«, hatte ich dem israelischen Staatsmann geantwortet. »Unser eigenes Handeln bestimmt den Ausgang der Geschehnisse.« Ich versuchte, meinen Worten Sicherheit zu verleihen, denn einerseits wollte ich selbst daran glauben und andererseits ihn davon überzeugen.

Später diskutierte ich diesen offenkundigen Widerspruch mit Eli Rips. »Ich weiß nicht, ob etwas Prophezeites veränderbar ist«, erklärte Rips. »Ich habe lange über diese Frage nachgedacht und glaubte einmal, die Antwort zu kennen, doch heute bin ich mir dessen nicht mehr gewiß.«

Ich teilte Rips mit, daß meiner Ansicht nach zwei Möglichkeiten der Auslegung der berühmten Zeilen des Talmuds bestünden. Einerseits, daß wir tatsächlich über einen freien Willen verfügten, aber daß unsere Entscheidung bekannt sei, bevor wir sie träfen, und andererseits, daß wir die gesamte Zukunft verändern könnten, auch wenn sie vorhergesehen sei.

»Ich kann die Vorstellung, daß es uns möglich ist, etwas Vorhergesehenes zu ändern, nicht akzeptieren, denn jede von uns vorgenommene Veränderung ist Gott ebenfalls im vorhinein bekannt«, gab Rips zurück. »Bisher war ich der Meinung, unsere Zukunft wäre vorbestimmt«, fuhr er fort. »Der Bibelcode ließ mich jedoch erkennen, daß es eine Alternative gibt, daß alle Zukunftsmöglichkeiten vorhergesehen wurden und wir darunter auswählen.«

Dies ist der Grund, warum sich im Bibelcode »im Juli nach Amman« ebenso wie »verspätet« fanden, warum das Jahr 1996 gemeinsam mit »atomarer Holocaust« codiert wurde, obwohl die Gefahr auch mit anderen Jahresangaben verzeichnet ist, und warum die Buchstaben, die für das hebräische Jahr 5756 stehen, gleichzeitig die Frage »werdet ihr es ändern?« stellten.

Warum teilte uns der Bibelcode nicht nur die eine, tatsächliche Zukunft mit? Die Antwort scheint darin zu liegen, daß es in der Zukunft nicht nur diese eine, sondern viele Möglichkeiten gibt.

»Verspätet« findet sich sowohl in der Bibel als auch im Code. Es war ebenso mit »Holocaust in Israel« eingetragen wie mit »Ministerpräsident Netanjahu«. Genauso war »Holocaust in Israel« an derselben Stelle einmal mit dem Jahr 2000 und ein weiteres Mal mit der Jahresangabe 1996 codiert. Die Zahl »5756« beinhaltete die Frage »werdet ihr es ändern?« Der verschlüsselte Text, der im selben Buchstaben wie das Jahr »5760« beginnt, gab uns die Antwort: »Verspätet«.

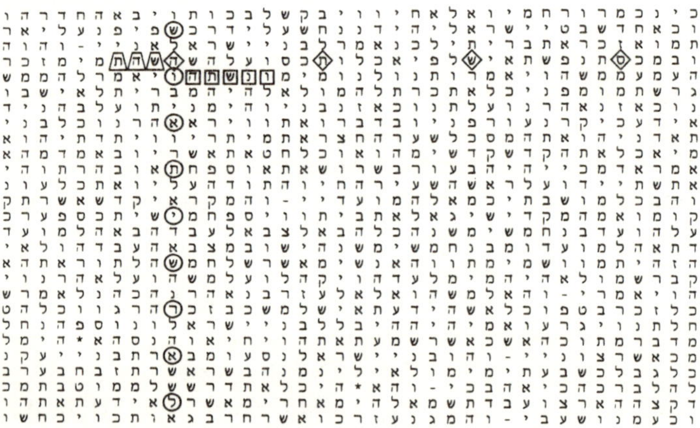

○ Holocaust in Israel

□ 5756 (1996) = werdet ihr es ändern?

◇ 5760 (2000) △ verspätet

Ein weiteres Mal fand sich »verspätet« mit dem »Jahr der Plagen«. An der Stelle, an der »Israel und Japan« diese Worte kreuzten, entdeckten wir in derselben

Codesequenz die Ankündigung »sie verschoben das Jahr der Plagen«.

□ sie verschoben ○ das Jahr der Plagen ◇ Israel und Japan

»Verspätet« wurde allerdings auch gemeinsam mit »Weltkrieg« angeführt. Darüber hinaus lautete der verschlüsselte Text an der Stelle, an der die Jahresangaben 2000 und 2006 codiert waren: »Ich werde den Krieg verschieben.« In dem Vers, in dem Moses den Ältesten Israels verkündet, was am »Ende der Tage« geschehen wird, tauchte im Bibelcode erneut das Wort »verspätet« auf.

Vor Moses Warnung in Vers 31, 29 Deuteronomium – »euch wird am Ende der Tage das Unheil treffen« – enthielt der verschlüsselte Text die Botschaft: »Ihr wußtet, daß es sich verspäten würde.« In Vers 24,14 Numeri, in dem der Zauberer Bileam »die letzte Zeit« vorhersagte

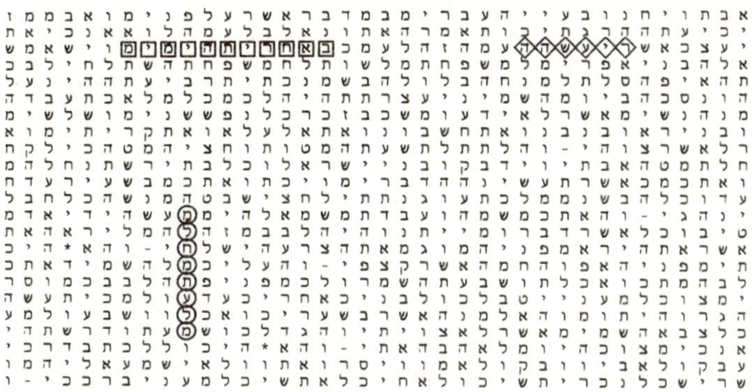

○ Weltkrieg □ am Ende der Tage ◇ Freund verspätet

und der Bibelcode die Worte »atomarer Holocaust« und »Weltkrieg« anführte, fand sich ebenfalls der Hinweis »Freund verspätet«.

Der »Freund« wird zwar nicht näher beschrieben, dürfte jedoch ebenfalls in der Bibel codiert sein.

Die Wendung »Freund verspätet« kreuzte sich mit »Feuer ließ die Nation erbeben« und wurde von den Botschaften »ich werde euch das Ereignis anweisen« und »ich werde euch den Zeitpunkt anweisen« begleitet.

Auch wenn noch nicht klar war, ob das Ende nach Ablauf der angekündigten Verspätung eintreffen wird, war eines gewiß: »Verspätet« fand sich in sämtlichen ursprünglichen Prophezeiungen des »Endes aller Tage«. Dem Bibelcode zufolge wurde das Armageddon also nicht verhindert, sondern lediglich hinausgeschoben.

Darüber hinaus begegnete im Code eine Vielzahl von Hinweisen darauf, daß diese Verzögerung womöglich nur von kurzer Dauer ist. »Ministerpräsident Netanjahu« war mit dem aktuellen Jahr »5757« codiert. Dieses hebräische Jahr, das im September 1996 begann und im Oktober 1997 endet, wurde zudem auch am deutlichsten mit seinem Widersacher, Palästinenserführer Jassir Arafat, in Zusammenhang gebracht.

Nur zwei Wochen nach dem Jahreswechsel, am 25. September 1996, kam es zu einem erneuten Ausbruch des Konfliktes in Israel. Drei Tage lang kämpfte die palästinensische Polizei gegen israelische Soldaten, die mit Kampfhubschraubern antworteten. Erstmals seit dem Sechs-Tage-Krieg im Jahr 1967 wurden Panzer ins Westjordanland entsandt. Die Auseinandersetzungen forderten 73 Tote und Hunderte von Verwundeten. Das Erstaunlichste daran war, wie unmittelbar der Krieg begann, wie plötzlich sich der scheinbare Friede in Israel in einen bewaffneten Konflikt wandelte.

Ich rief Eli Rips in Jerusalem an. »Meiner Ansicht nach ist zur Zeit die Wahrscheinlichkeit für einen echten Kriegsausbruch sehr hoch«, sagte er. »In diesem Fall spreche ich nicht als Mathematiker oder im Hinblick auf den Bibelcode, sondern lediglich als Israeli, der das plötzliche Aufflackern eines bewaffneten Konfliktes beobachtet.«

Die unmittelbare Ursache der Gewalt war die Öffnung eines Tunnels unterhalb des Tempelberges in Jerusalem, wo sich sowohl des höchste jüdische Heiligtum befindet, nämlich die Klagemauer, die Überreste des alten Tempels, als auch das dritthöchste islamische Heiligtum, der Felsendom.

Überraschenderweise stieß ich im Code an der Stelle, an der er »Holocaust in Israel« preisgab, auf den Hinweis »Tunnel«.

○ Holocaust in Israel □ Tunnel

Als ich die Eintragung »atomarer Holocaust« überprüfte, stellte ich zu meinem Entsetzen fest, daß quer über »atomar« »Ramallah« verzeichnet war, der Name jener westjordanischen Stadt, in der die Kämpfe ausgebrochen waren.

Der vollständige verschlüsselte Text lautete: »Ramallah erfüllte die Prophezeiung.«

Wieder schien sich der Bibelcode selbst auf den neuesten Stand zu bringen, als ob der Codierer dem ständigen Lauf der Ereignisse im Nahen Osten gefolgt wäre. Schauplatz auf Schauplatz, Krise auf Krise, Jahreszahl auf Jahreszahl, bis sich schließlich nicht mehr feststel-

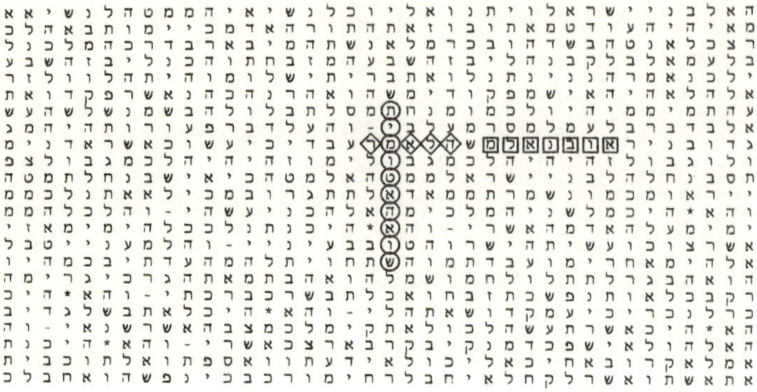

○ atomarer Holocaust ◇ Ramallah □ erfüllte die Prophezeiung

len ließ, ob die eigentliche Gefahr für das Jahr 1996, 1997, 2000, oder ein ferner in der Zukunft liegendes Datum vorhergesagt wurde.

Die allgegenwärtige Bedrohung war jedoch deutlich hervorgehoben und an die unmittelbare Gegenwart geknüpft. Es bestand kein Zweifel, daß der Code die handelnden Personen, Schauplätze und Ereignisse des aktuellen arabisch-israelischen Konfliktes wiedergab.

Ich suchte noch einmal nach »Holocaust in Israel«. Das Wort »annektiert«, mit dem die Israelis die beiden im Krieg von 1967 eroberten Gebiete beschreiben – die Golanhöhen in der Bergkette an der Grenze zu Syrien und Ostjerusalem –, begegnete trotz einer besonders geringen Wahrscheinlichkeit zweimal an derselben Stelle. Sie stellten die beiden Konfliktpunkte im heutigen Nahen Osten dar.

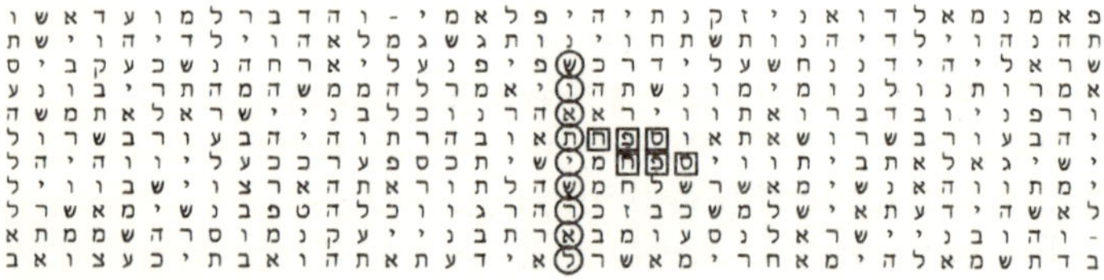

○ Holocaust in Israel □ annektierte (Gebiete)

○ Ende der Tage □ am Ende der Tage ◇ Arafat

Auch »Arafat« erschien im verschlüsselten Text der Bibel an einer Stelle, an der die beiden biblischen Hinweise auf das »Ende der Tage« aufeinandertreffen. Dies konnte kein Zufall sein. Vielmehr stellte es den deutlichsten Hinweis darauf dar, daß sich der derzeitige Konflikt im Nahen Osten zum eigentlichen Armageddon auszuweiten drohte.

»Es entspricht der Vorhersage in der Midrasch«, erklärte Rips mit Bezug auf den alten Bibelkommentar. »Möglicherweise ist es das ›Exil unter Ismael‹, das dem ›Ende der Tage‹ vorangeht. In einem Teil der Midrasch findet sich die Behauptung, daß zur Zeit arabischer Vorherrschaft 80 Prozent der israelischen Bevölkerung getötet wird.« Wir schwiegen für einen Augenblick. »Möglicherweise finden Sie einen Hinweis darauf im Code«, meinte Rips schließlich.

Mir war diese alte Prophezeiung nicht bekannt gewesen. Ismael war der erste Sohn des Patriarchen Abraham, den dieser fortgeschickt hatte. Der Bibel zufolge ist er der Vorfahr aller Araber. Abrahams zweiter Sohn Isaak war der erwählte Erbe und ist der Urahn aller Juden. Der Familienzwist dauerte nun bereits über 4000 Jahre an und sollte der Vorhersage nach in Schrecken enden.

Im Januar 1997 kam es zwischen Netanjahu und Arafat zum Handschlag über das Hebron-Abkommen und einen Zeitplan für weitreichendere Verhandlungen. Doch der schwierigste Verhandlungspunkt, der endgültige Status von Jerusalem, der von israelischer wie von palästinensischer Seite beanspruchten Hauptstadt, blieb weiterhin ungelöst. Nichts ließ erkennen, ob der steife Handschlag vom 15. Januar, 15.00 Uhr Ortszeit, zu einem echten Frieden oder lediglich zu einem erneuten Ausbruch von Gewalt führen würde.

Im März 1997 stockte der Friedensprozeß. Arafat weigerte sich, beim geplanten Rückzug Israels aus den annektierten Gebieten den ersten Schritt zu tun. Netanjahu verkündete seine Absicht, eine jüdische Siedlung im Herzen Ostjerusalems errichten zu lassen, das die Palästinenser als Hauptstadt ihrer zukünftigen Heimat betrachten.

»Ich werde mir der traurigen Wahrheit bewußt, daß ich Sie bei der Verwirklichung von Gottes Willen zur endgültigen Versöhnung aller Nachfahren der Kinder Abrahams nicht an meiner Seite finde«, schrieb Jordaniens König Hussein zu Beginn der neuerlichen Spannungen an Netanjahu.

Am 21. März explodierte die Gewalt in Tel Aviv, Jerusalem und Hebron. Ein palästinensischer Selbstmordattentäter tötete drei Personen in einem Café in Tel Aviv. 40 Menschen wurden bei dem Anschlag verwundet. Dies war der erste Terrorakt seit Netanjahus Wahl zum Ministerpräsidenten. Wegen des jüdischen Siedlungsprojektes Har Homa brachen am selben Tag Unruhen in Hebron und im arabischen Ostjerusalem aus.

»Har Homa« ist im heiligsten Text der Bibel codiert. Der Name erscheint ohne Auslassungen in der Mezuzah, jenen 15 Versen, die auf einer eigenen Schriftrolle erhalten geblieben sind und bis heute einen Platz an der Tür jedes Hauses in Israel finden.

Gemeinsam mit »Har Homa« sind die ominösen Worte »sein gesamtes Volk im Krieg« codiert.

»Sein gesamtes Volk im Krieg« – ursprünglich im Zusammenhang mit der Ermordung Rabins und dann mit den Bombenanschlägen in Jerusalem und Tel Aviv gefunden – wurde im September 1996 und im März 1997 erneut Wirklichkeit.

Jeder einzelne Funke, der den Holocaust entzünden könnte, war im Bibelcode vorhergesehen. Doch erst, wenn eine Krise vorüber war, ließ sich erkennen, ob es sich lediglich um eine weitere Auseinandersetzung in einem 4000 Jahre andauernden Familienzwist gehandelt hatte oder um den Beginn des Armageddon.

Vielleicht war es unmöglich, sowohl das Ereignis als auch den Zeitpunkt seines Eintreffens festzustellen.

»Soweit es die Physik betrifft, sind wir an einem Ende angelangt«, erklärte Nobelpreisträger Richard P. Feynman, der in Fachkreisen häufig als größter Wissenschaftler seit Einstein bezeichnet wird. »Wir wissen nicht, wie sich ein Ereignis unter vorgegebenen Umständen voraussagen läßt. Unsere Möglichkeiten beschränken sich auf die Vorhersage der Eintrittswahrscheinlichkeit zweier verschiedener Geschehnisse.« Dennoch ist die Quantenphysik ein höchst erfolgreicher Zweig der Wissenschaft, da sie von der Ungewißheit als Teil der Wirklichkeit ausgeht.

Auf ähnliche Weise arbeitet der Bibelcode. Auch hier wird die Ungewißheit als Teil der Wirklichkeit anerkannt.

»Unsere Welt spiegelt sich in ihr wider, als sähen wir in einen Spiegel«, sagte Rips. »Möglicherweise spielten dabei auch unsere Bemühungen, die Zukunft vorherzusehen und sie zu gestalten, eine Rolle. Meiner Ansicht nach handelt es sich um ein äußerst kompliziertes interaktives Geschehen.« Wenn Rips an seinem Computer nach Informationen im Code suchte, beschlich ihn mitunter das Gefühl, als wäre er mit einer anderen Intelligenz online geschaltet. »Der Bibelcode bietet in dieser Phase keine echten Aufschlüsse«, erläuterte er, »er sieht lediglich sämtliche Ereignisse voraus«.

Rips ist der Ansicht, der gesamte Bibelcode sei zu einem bestimmten Zeitpunkt geschaffen worden. »Wir erleben ihn ähnlich wie ein Hologramm – von jedem Blickwinkel bietet sich uns eine neue Ansicht, obwohl das Bild selbstverständlich im vorhinein aufgezeichnet wurde«. Der Bibelcode ist die mehr als 3000 Jahre in die Zukunft weisende Aufzeichnung der Menschheitsgeschichte. Er erzählt diese Geschichte jedoch nicht ihrer chronologischen Abfolge entsprechend, sondern in einem Ganzen. Heutige Ereignisse überdecken sich mit Geschehnissen aus längst vergangener Zeit, während die Zukunft in Versen codiert ist, die von der biblischen Vergangenheit berichten. So kann sich in einem einzigen Vers die Geschichte des Gestern und Heute ebenso wie eines 100 Jahre entfernten Morgen verbergen.

»Das eigentliche Problem liegt in der Entschlüsselung«, erläutert Rips. »Wir wissen, daß nichts dem Zufall überlassen wurde, dennoch scheint es, als hätten wir es mit einem Geheimpapier zu tun, von dem wir lediglich jedes zwanzigste Wort entziffern können.« Wie immer war Rips vorsichtig. »Dies ist das Werk einer höheren Intelligenz«, meinte er. »Wir wissen nicht, ob sie überhaupt will, daß wir den Code verstehen. Möglicherweise enthüllt er uns erst in jenem Augenblick die Zukunft, in dem wir uns ihrer als würdig erweisen.«

Ich stimmte ihm keinesfalls zu. Sollte die Welt sich tatsächlich in Gefahr befinden, kam es kaum darauf an, ob wir uns einer Sache als würdig erwiesen. Wenn wir davon ausgehen, daß der Codierer den Menschen gut gesonnen war, würde er uns warnen. Hier tat sich eine unüberbrückbare Kluft zwischen uns auf. Rips war religiös, ich nicht. Für mich stellten sich immer wieder von neuem die Fragen: Wer codierte die Bibel, was war sein Motiv, wo hielt sich der Codierer auf?

Für Rips gab es stets dieselbe Antwort – Gott.

Nach fünf Jahren andauernder Forschungstätigkeit erhielt ich schließlich den ernüchternden Beweis, daß der Bibelcode echt war und daß sich die Welt im Jahr 1996 näher an einer Katastrophe befunden hatte, als wir es jemals wirklich begreifen werden.

Unser knappes Entkommen im Jahr 1996 wird im unverschlüsselten Text des Buches Jesaja, in der ersten Apokalypse, wiedergegeben. In diesem Buch, das unversehrt unter den Schriftrollen des Toten Meeres gefunden worden war, wird offenbar auch ein Atomangriff auf Jerusalem vorhergesagt. Doch diesmal ist die Botschaft nicht verschlüsselt, sondern den klaren Worten einer 2500 Jahre alten Schriftrolle zu entnehmen. Die Jahreszahl enthüllt sich in einem einzigartigen Vers, der die Zukunft rückwärts schildert.

Rabbi Adin Steinsaltz, der führende Übersetzer althebräischer Texte, den das *Time*-Magazin als »Jahrtausend-Wissenschaftler« bezeichnete, legte den Vers für mich aus. Sobald ich von dem Bibelcode erfahren hatte, hatte ich Steinsaltz aufgesucht. Da er sich sowohl mit der Religion als auch mit der Wissenschaft beschäftigte, interessierte mich seine Ansicht über einen Bibelcode, der eine noch nicht existierende Zukunft bis ins kleinste Detail voraussagte und Ereignisse beschrieb, die Tausende von Jahren nach der Niederschrift der Bibel eintrafen.

»In der Bibel sind die Zeiten vertauscht«, erklärte Steinsaltz unter Verweis auf eine Eigenheit des ursprünglichen hebräischen Textes des Alten Testaments. »Die Zukunft wird in der Vergangenheitsform geschildert und die Vergangenheit in der Zukunftsform.«

Auf meine Frage, warum das so sei, meinte er, daß niemand dies wisse. »Möglicherweise bewegen wir uns gegen den Strom der Zeit«, sagte er und verwies auf das physikalische Gesetz der »Zeitsymmetrie«, daß die Zeit sowohl vorwärts als auch rückwärts fließe. Er öffnete seine Bibel und wählte eine Textstelle aus Jesaja, dem ersten Prophetenbuch. »Hier, im Buch Jesaja, steht geschrieben, daß man rückwärts blicken muß, um die Zukunft zu erkennen«, sagte er. »Die Stelle, wo Jesaja sagt: ›Verkündigt uns, was hernach kommen wird‹, läßt sich ebensogut als ›Sie verkündigten die Zukunft rückwärts‹ oder ›Verkündigt die Buchstaben rückwärts‹ übersetzen. Der Text erinnert an Spiegelschrift.«

Seiner Aufforderung nachkommend, betrachtete ich die Buchstaben in umgekehrter Reihenfolge, konnte jedoch keine überraschenden Offenbarungen entdecken. Erst Jahre später, als ich in der Schrift Jesajas den möglichen Hinweis auf einen Atomangriff gefunden hatte, untersuchte ich denselben Vers erneut.

Der Text in Jesaja 41,23 lautete: »Verkündigt uns, was hernach kommen wird, damit wir erkennen, daß ihr Götter seid! Wohlan, tut Gutes oder tut Schaden, damit wir uns verwundern und erschrecken.« Als ich die Zukunft rückwärts las, das heißt, die Buchstaben in umgekehrter Reihenfolge, enthüllte die Spiegelschrift das Jahr »5756«. Die Botschaft war in keinem Code verborgen; sie lag plötzlich vor uns.

Jener 2500 Jahre alte Text, der »die Zukunft rückwärts erzählte«, wies klar und deutlich das Jahr 1996 als jenes aus, in dem die Gefahr des »atomaren Holo-

□ sie verkündigten die Zukunft rückwärts ○ 5756 (1996) (rückwärts)

caust« gedroht hatte. Ebenso offensichtlich fand sich der Hinweis auf die Verschiebung dieses vorhergesagten Ereignisses. Die im unverschlüsselten Text vermerkte Jahresangabe »5756« überschnitt sich mit der Botschaft »Sie änderten die Zeit«.

□ sie verkündigten die Zukunft rückwärts ○ 5756 (1996) (rückwärts)
◇ sie änderten die Zeit (rückwärts)

Die von denselben Buchstaben, die das Jahr 5756 angeben, gestellte Frage, »werdet ihr es ändern?«, war auf entschlossenste Weise in der ältesten Vision der Apokalypse beantwortet worden. Die Antwort fand sich in jenem Vers, den wir rückwärts lesen sollen – »Ihr werdet es ändern«.

Vor über 2000 Jahren sagte der erste Prophet Jesaja in der ersten Apokalypse 1996 als das Jahr des wahren Armageddon gemeinsam mit einem Hinweis auf eine Verschiebung voraus. Die verbleibende Frage lautet: auf welchen Zeitpunkt verschoben?

Ich sah Eli Rips ein letztes Mal an Silvester 1996. Wiederum befaßten wir uns mit den Statistiken jener beiden Jahre, die am stärksten mit sämtlichen Ereignissen der Apokalypse verbunden sind.

2000 und 2006, dem hebräischen Kalender entsprechend 5760 und 5766, waren die einzigen Jahre innerhalb des kommenden Jahrhunderts, die sowohl auf »atomarer Holocaust« als auch auf »Weltkrieg« zutrafen. Sämtliche im Code verzeichneten Gefahren wie »das Ende der Tage«, »Holocaust in Israel« und sogar »das große Beben«, begegneten gemeinsam mit »im

Jahr 5766«. Rips berechnete die Auftrittswahrscheinlichkeit einer derartigen Anordnung mit eins zu mindestens 1000.

»Es ist außergewöhnlich, wirklich bemerkenswert. Irgend jemand fügte diese Informationen der Thora absichtlich hinzu«, erklärte er.

Dies stand als einziges mit Gewißheit fest, wenn wir auch nicht wußten, ob die Gefahr tatsächlich existierte. Ich zweifelte daran und brachte dies Rips gegenüber auch deutlich zum Ausdruck. Da es mir noch immer schwerfiel, die offene Prophezeiung der Bibel zu akzeptieren, glaubte ich auch nicht wirklich an ein Ende aller Tage.

»Wenn Sie den Wahrheitsgehalt der verschlüsselten Botschaften in der Thora nicht in Frage stellen, sollten Sie auch ihre offene Aussage akzeptieren«, meinte Rips.

Seine Worte enthielten eine gewisse Logik. Zweifellos bekräftigte der Computercode die altbekannte Prophezeiung der Bibel, und trotzdem bestand für mich ein Unterschied. Im Gegensatz zum unverschlüsselten Bibeltext hatte ich mich vom Eintreffen der Vorhersagen des Bibelcodes selbst überzeugen können.

»Am Tag von Rabins Ermordung war ich von der Echtheit des Bibelcodes überzeugt«, erklärte ich in Erinnerung an jenen Augenblick. »Ich telefonierte in einer Telefonzelle am Bahnhof mit einem Freund, als dieser plötzlich unterbrach und mich bat, einen Augenblick zu warten, denn er wolle eine Nachricht über Rabin hören. Ich war den ganzen Tag unterwegs gewesen und hatte es noch nicht erfahren. Doch ich wußte sofort, daß die Prophezeiung sich erfüllt hatte und Rabin tot war. Ich lehnte mich gegen die Wand, sank zu Boden und stieß die Worte aus: ›O mein Gott, dann ist es wahr!‹«

»Genauso erging es mir, als am zweiten Tag des Golfkriegs, dem Datum, das wir drei Wochen zuvor im Bibelcode entdeckt hatten, die Scud-Raketen auf Israel abgefeuert wurden«, erklärte Rips. »Ich befand mich mit meiner Familie in einem Schutzraum. Meine Frau, meine fünf kleinen Kinder und ich trugen Gasmasken. Von draußen hörten wir die Sirenen, die den Luftangriff ankündigten. Es war 14.00 Uhr am 3. Schebat – der 18. Januar 1991, wie im Code verzeichnet. Ich wußte, daß die Raketen auf uns abgefeuert worden waren und hatte bereits von dem Einschlag in Tel Aviv gehört, und dennoch konnte ich nur daran denken, daß der Code tatsächlich funktionierte.«

Zu jenem Zeitpunkt, als der Golfkrieg am vorhergesagten Datum und auf die vorhergesagte Weise ausbrach, hatte Rips den Bibelcode bereits sechs Jahre lang erforscht. Doch erst in der Nacht, in der die Scuds in Israel einschlugen, verlor sich auch sein letzter Zweifel an dessen Echtheit.

»Davor war ich nur als Mathematiker überzeugt gewesen, doch dieses Ereignis eröffnete eine gänzlich andere Perspektive. Es war ein eigenartiger Augenblick von Freude in diesem Schutzraum, in dem wir auf die Detonationen der Raketen warteten«, fügte Rips hinzu.

Ein anderer Wissenschaftler – über dessen apokalyptische Warnungen ich die erste Titelgeschichte schrieb – hatte mir einst von ähnlich gemischten Gefühlen erzählt, die er angesichts der Entdeckung, daß die Erde möglicherweise dem Untergang geweiht war, empfunden hatte. Nachdem Sherry Rowland festgestellt hatte, daß die Ozonschicht durch vom Menschen erzeugte Chemikalien zerstört wurde, entließ man ihn als Spinner. Später wurde seine Aussage bestätigt, und er erhielt den Nobelpreis.

»Ich erlebte keinen herausragenden Augenblick der Erkenntnis, sondern kam lediglich eines Abends nach Hause und erklärte meiner Frau, daß die Arbeit gut voranschreite, daß es jedoch so aussehe, als stünde das Ende der Welt bevor«, beschrieb er die Momente nach dem Durchbruch bei seiner wissenschaftlichen Forschung.

Am Silvesterabend in Jerusalem, in jener Stadt, die der Warnung des Bibelcodes zufolge Ziel eines Atomangriffs war, der das wahre Armageddon auslösen könnte, erzählte ich Eli Rips diese Geschichte. Wir lachten gemeinsam darüber.

Doch ich konnte nicht vergessen, daß der Bibelcode einen »atomaren Holocaust« innerhalb von zehn Jahren für Israel vorhersagte, der sich als »Dritter Weltkrieg« ausbreiten und zum »Ende aller Tage« führen würde.

Man kann die Tatsache nicht leugnen, daß ein von einigen der berühmtesten Mathematiker der Welt bestätigter Computercode in der Bibel existiert, der mit äußerster Genauigkeit den Golfkrieg, einen Kometeneinschlag auf dem Jupiter, die Ermordung Rabins und schließlich anscheinend den Beginn der Apokalypse durch einen nuklearen Weltkrieg innerhalb einer Dekade vorhersagt. Aber der Bibelcode ist mehr als nur eine Warnung. Er könnte die Information enthalten, die wir zur *Vermeidung* der Katastrophe benötigen.

»Der Code wird retten« erscheint rechts über der Eintragung »atomarer Holocaust« und direkt unter »Ende der Tage«. Das ist keine Verheißung einer göttlichen Rettung und ebensowenig die Androhung eines unentrinnbaren Schicksals, sondern lediglich eine Information. Die Botschaft des Bibelcodes lautet, daß die Rettung der Welt in unseren eigenen Händen liege. *Wir* bestimmen den Verlauf der Ereignisse nach unserem Willen. Insofern stehen wir dort, wo wir uns immer schon befunden haben, mit einem großen Unterschied – heute wissen wir, daß wir nicht allein sind.

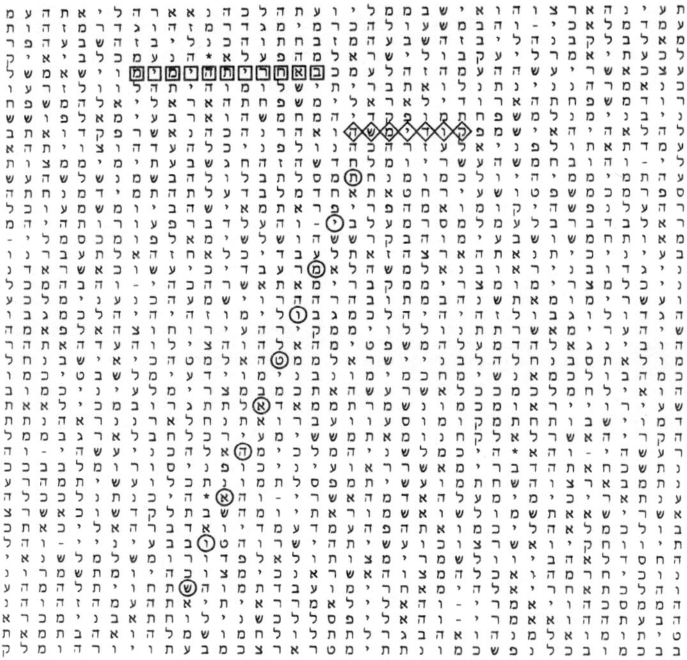

○ atomarer Holocaust □ Ende der Tage ◇ der Code wird retten

SCHLUSSBEMERKUNG

Normalerweise berichten Journalisten von Geschehnissen, die bereits eingetroffen sind, und nicht von solchen, die noch in der Zukunft liegen.

»Für gewöhnlich wartet man darauf, daß etwas geschieht, bevor man es beschreibt«, erklärte Jonathan Schell in seinem bedeutenden Buch über die atomare Bedrohung. »Da wir unter keinen Umständen einen Holocaust zulassen dürfen, sind wir in diesem Fall gezwungen, Historiker der Zukunft zu werden.«

In den Tagen nach der Ermordung von Jitzhak Rabin kam ich widerstrebend zu derselben Schlußfolgerung. »Ich weiß, warum Sie in all dies verwickelt sind«, sagte ich eines Abends zu Rips, wenige Tage nach den tödlichen Schüssen auf Rabin, nach denen an der Echtheit des Bibelcodes keinerlei Zweifel mehr bestanden. »Sie sind Mathematiker und religiös. Darüber hinaus lesen Sie täglich in der Bibel. Aber ich weiß nicht, warum ausgerechnet ich in diese Angelegenheit verwickelt bin. Ich bin nicht religiös und glaube nicht einmal an Gott. Da ich in jeder Hinsicht ein Skeptiker bin, gibt es niemanden, der schwieriger von der Echtheit des Codes zu überzeugen wäre als ich.«

»Genau das ist der Grund. Sie können der Welt vom Bibelcode berichten«, erklärte Rips.

»Ich bin nur ein Journalist, der durch Zufall über diese Sache stolperte«, gab ich zurück.

Genau in dem Augenblick, in dem der Code zu einer Angelegenheit von Leben und Tod geworden war, entdeckten wir, daß er überdies einen »atomaren Holocaust« in Israel vorhersagte, der zum Auslöser des ersten nuklearen »Weltkriegs« werden konnte.

Ebenso wie ich Rabin vor seiner anscheinend im

Code angekündigten Ermordung warnte, fühlte ich mich später gezwungen, sowohl Peres als auch Netanjahu über den womöglich vorhergesagten Atomangriff zu informieren. Ich hatte niemals erwartet, daß ich am Ende selbst nach den Einzelheiten der wahren Apokalypse suchen würde, daß das »Ende aller Tage« in der Bibel mit dem aktuellen Jahr angegeben war und daß die altbekannte biblische Prophezeiung eines Armageddons auf gewisse Weise Wirklichkeit werden würde.

Ich war mein ganzes Leben lang ein nüchterner, realitätsbewußter Journalist und anfangs entschlossen gewesen, auch diese Geschichte wie jede andere Story zu behandeln. Doch ich stieß auf zwei Probleme. Zum einen war es unmöglich, ein Interview mit dem Codierer zu bekommen, und zum anderen lassen sich zukünftige Ereignisse nicht überprüfen.

Stellt der Bibelcode lediglich eine wissenschaftliche Variante des Milleniumsfiebers dar, oder ist er die gerade noch rechtzeitig entdeckte Warnung vor einer echten Gefahr? Niemand kann das wissen.

Der Code selbst kann weder »richtig« noch »falsch« sein. Er zeigt lediglich verschiedene Möglichkeiten auf, ohne sich festzulegen, was wirklich geschehen wird.

Da wir nicht einfach abwarten und zulassen können, daß unsere Welt zerstört wird, müssen wir davon ausgehen, daß die im Bibelcode enthaltene Warnung begründet ist.

Anmerkungen zu den Kapiteln

Obwohl Dr. Rips sein offiziell kontrolliertes Experiment auf das Buch Genesis beschränkte, fanden wir auch in der übrigen Thora, den ersten fünf Büchern der Bibel, genaue Einzelheiten moderner Ereignisse in codierter Form. Die Ermordung Rabins war beispielsweise in den Büchern Numeri und Deuteronomium codiert.

»Es würde mich überraschen, wenn derselbe Code, dessen Existenz wir in der Genesis bewiesen, nicht auch in den übrigen Teilen der Thora zu finden sein würde«, erklärt Rips.

Er ist der Ansicht, daß weitere Teile des Alten Testaments wie etwa das Buch Daniel oder das Buch Jesaja codiert sein könnten. Die Kollision des Kometen mit Jupiter war im Buch Jesaja verzeichnet, in dem auch das Datum des Einschlags im vorhinein zu finden war.

Der Bibelcode selbst scheint zu bestätigen, daß das gesamte Alte Testament codiert ist. »Er codierte die Thora und mehr«, erklärt der Code und liefert damit den Beweis, daß nicht nur die ersten fünf Bücher, sondern zumindest einige der späteren Schriften ebenfalls verschlüsselte Informationen enthalten.

○ Bibelcode (Thora) □ Er codierte die Thora und mehr

Tatsächlich verwendet die deutlichste Codierung des Bibelcodes das hebräische Wort *Tanakh*, das das gesamte Alte Testament bezeichnet. *Tanakh* ist eigentlich ein hebräisches Akrostichon der ersten Buchstaben der Namen aller drei Teile des Alten Testaments, den Geschichtsbüchern, den Lehrbüchern und den Prophetenbüchern.

Quer über das Wort »Bibelcode« läuft ein verschlüsselter Text, der »versiegelt vor Gott« lautet. Ein offener Hinweis, daß es sich bei dem Bibelcode um das »versiegelte Buch«, die geheime, im unverschlüsselten Bibeltext vorhergesagte Offenbarung handelt.

○ Bibelcode (Tanakh) □ versiegelt vor Gott

Rips verwendete den als *Textus Receptus* bekannten hebräischen Standardtext der Genesis für sein Experiment. Derselbe vollständige Text der Bibel wurde auch im Computerprogramm des Bibelcodes verwendet.

Die bekannteste Ausgabe dieses Textes, die Jerusalem-Bibel (herausgegeben im Verlag Koren Publishing Co., 1992) enthält zudem die weithin anerkannte englische Übersetzung des Alten Testaments und ist im englischen Original die Hauptquelle für Zitate aus dem unverschlüsselten Text. Zudem habe ich mitunter eine Übersetzung von Rabbi Aryeh Kaplan, *The Living Torah* (Maznaim, 1981), herangezogen, die von einigen Wissenschaftlern bevorzugt wird.

Die in diesem Buch zitierten Aussagen von Dr. Rips stammen aus einer Reihe von Gesprächen, die im Laufe von fünf Jahren hauptsächlich in seinem Haus in Jerusalem, in seinem Büro an der Hebräischen Universität, in seinem Büro an der Columbia University und in Hunderten von Telefonaten stattfanden.

KAPITEL 1

Der Bibelcode

Chaim Guri rief in Rabins Büro noch in der Nacht unseres Treffens am 1. September 1994 an, am nächsten Morgen holte der Fahrer des Ministerpräsidenten meinen Brief ab, in dem ich vor dem Attentat warnte, und übergab ihn Rabin. Guri, mit den beiden höchsten literarischen Auszeichnungen Israels geehrt, dem Bialik-Preis und dem Israelischen Literaturpreis, hatte Rabin seit seiner Kindheit gekannt und war in all den Jahren einer der engsten Freunde des Ministerpräsidents geblieben.

Jigal Amir, ein 26 Jahre alter orthodoxer Jude feuerte während einer politischen Versammlung in Tel Aviv am Abend des 4. November 1995 drei Schüsse ab. Zwei davon trafen Rabin. Später erklärte Amir, Gott habe ihm den Auftrag zu dieser Tat erteilt, und behauptete, der Mord sei nach dem Gesetz der Religion gerechtfertigt, da

Rabin die Absicht gehabt habe, das von Gott gegebene Israel aufzugeben.

»5756«, das hebräische Jahr, das gemeinsam mit dem Hinweis auf Rabins Ermordung und »Tel Aviv« codiert war, begann im September 1995 und endete im September 1996. Die im Bibelcode vermerkten Jahreszahlen beziehen sich auf den alten hebräischen Kalender, der 3760 Jahre vor der modernen Zeitrechnung in biblischen Zeiten begonnen wurde.

Außer Guri wußten noch zwei weitere Personen mehr als ein Jahr vor dem eigentlichen Ereignis, daß ich eine Vorhersage des Rabin-Mordes im Bibelcode entdeckt und den Ministerpräsidenten gewarnt hatte. Nachdem ich die verschlüsselte Prophezeiung im Jahr 1994 gefunden hatte, zeigte ich sie Eli Rips, der damals als Gastprofessor an der Columbia University in New York tätig war. Während des Aufenthalts, bei dem ich mich mit Guri traf, verabredete ich mich auch mit dem leitenden Wissenschaftler des israelischen Verteidigungsministeriums, General Isaac Ben-Israel. Die Botschaft, die ich ihm am 31. August 1994 zukommen ließ, lautete folgendermaßen: »Das einzige Mal, daß Jitzhak Rabins Namen vollständig in der Bibel codiert ist, wird er von den Worten ›Mörder, der morden wird‹ gekreuzt. Ich fürchte, Rabin befindet sich in ernsthafter Gefahr, wenn ich auch davon überzeugt bin, daß sie abgewendet werden kann.« Zu einem späteren Zeitpunkt traf ich mich ein weiteres Mal, gemeinsam mit Rips, mit General Ben-Israel, der ihn über die fachspezifischen Einzelheiten des Bibelcodes befragte.

Einen Monat vor der Ermordung unternahm ich einen weiteren Versuch, Rabin direkt zu erreichen. Er befand sich in den Vereinigten Staaten, wo er mit Arafat im Weißen Haus ein vorläufiges Friedensabkommen unterzeichnete. Ich sandte seinem obersten Berater am 30. September 1995 folgende Nachricht: »Letztes Jahr bin ich an Ministerpräsident Rabin durch seinen engen Freund Chaim Guri herangetreten. Er hatte nach seinem Treffen mit mir eine Unterredung mit dem Ministerpräsidenten und übergab ihm einen Brief, der ihn vor einer möglichen Gefahr für sein Leben warnte. Nun liegen mir neue Informationen vor, die den Schluß zulassen, daß Ministerpräsident Rabin ernsthaft gefährdet sein könnte.« Der Berater unterließ es, mit mir Kontakt aufzunehmen, und es gelang mir nicht, den Ministerpräsidenten persönlich zu erreichen. Fünf Wochen später wurde er ermordet.

Ich telefonierte einen Tag nach dem Attentat mit Guri und flog anschließend nach Israel, um mich mit ihm in Jerusalem zu treffen. Er erzählte mir von seiner Reaktion, als die Prophezeiung der Ermordung sich bewahrheitet hatte, und von seinem sofortigen Anruf bei

General Barak. Ehud Barak, der höchstausgezeichnete Militärheld Israels, war jahrelang Stabschef der Armee gewesen, und deshalb war Guri auch an ihn herangetreten. Zur Zeit von Rabins Ermordung war Barak Kabinettsminister.

Im Juni 1992 hatte ich durch Zufall nach einem Treffen zu einem gänzlich anderen Thema mit General Uri Saguy, dem Leiter des israelischen Geheimdienstes, durch einen jungen Offizier von dem Bibelcode Kenntnis erhalten. Zu diesem Zeitpunkt war niemandem in den höheren Rängen des israelischen Geheimdienstes die Existenz des Bibelcodes bekannt, bis Rips und ich einige Fachleute auf ihn hinwiesen.

Rips ist außerordentlicher Professor für Mathematik an der Hebräischen Universität in Jerusalem. Das Zitat von Genius von Wilna, das er mir vorlas, stammte aus der englischen Übersetzung von *The Jewish Mind* von Abraham Rabinowitz.

Rips' Kollege Witztum entdeckte das vorhergesagte Datum des ersten Scud-Raketenangriffs auf Israel am 3. Schebat 5751 (18. Januar 1991) im voraus. Rips bestätigte, daß Witztum ihm das Datum mitgeteilt und daß er selbst es drei Wochen vor Ausbruch des Golfkriegs im Bibelcode gefunden habe. Später erzählten mir Rips und seine Frau, wie sie sich in jener Nacht gefühlt hatten, in der der Raketenangriff wie vorhergesagt stattfand.

H.M.S. Weissmandel, der tschechische Rabbi, der den ersten Hinweis auf den Code enthüllte, veröffentlichte seine Entdeckung nicht selbst. Erst seine Studenten publizierten später eine Kurzausgabe, die einen Hinweis auf seine Code-Forschung vor dem 2. Weltkrieg beinhaltete (*Torath Hemed,* Yeshiva Mt. Kisko, 1958). Rabbi Azriel Tauber, einer seiner Studenten, erklärte, Weissmandel habe vor Anbruch des Computerzeitalters die gesamte Thora auf Karteikarten zu jeweils 100 Buchstaben in zehn Reihen zu zehn Zeichen aufgeschrieben und nach Worten mit gleicher Auslassungssequenz gesucht.

Isaac Newtons Forschung nach dem Bibelcode wurde von dem großen Wirtschaftswissenschaftler John Mynard Keynes in *Essays and Sketches in Biography* (Meridian Books, 1956, S. 280-290), in dem Artikel »Newton, the Man« enthüllt. Richard S. Westfall zitiert in *The Life of Isaac Newton* (Cambridge University Press, 1993, S. 125) Newtons theologische Notizbücher und erklärt, daß der Physiker der Ansicht gewesen sei, die Essenz der Bibel wäre die Prophezeiung der Menschheitsgeschichte. S. auch Westfalls *Isaac Newton. Eine Biographie.*

Ich sah den ersten Bericht von dem von Rips und Witztum durchgeführten Experiment in dem Originalkonzept, das sie zur Begutachtung vorlegten, aus dem auch die Textpassage stammt. Die Dokumentation wurde im August 1994 in der amerikanischen Mathematikzeitschrift *Statistical Science* unter dem Titel »Equidistant Letter Sequences in the Book of Genesis« (»Konstante Buchstabenfolgen im Buch Genesis«) von Doron Witztum, Elijahu Rips und Yoav Rosenberg veröffentlicht. Ich hatte vor der Veröffentlichung des Artikels eine Unterredung mit Robert Kass, dem Herausgeber der Zeitschrift. Sein Kommentar zum Leitartikel wurde aus dem Vorabzug, den er mir vorlas, zitiert. Er wurde später in *Statistical Science* (S. 306) abgedruckt. Die gesamte Rips / Witztum-Dokumentation ist diesem Buch als Anhang beigefügt.

Die von Rips und Witztum in *Statistical Science* berichteten Ergebnisse lauteten, daß die Namen und die Daten gegen eine Wahrscheinlichkeit von vier zu einer Million übereinstimmten. Eine spätere Versuchsreihe ergab, daß die tatsächliche Wahrscheinlichkeit bei eins zu zehn Millionen lag.

Das ursprüngliche Ergebnis leitete sich von 32 Namen und 64 Daten ab, die erst in eine Million verschiedener Kombinationen gemischt wurden, so daß sich nur eine einzige korrekte und vollständige Paarung ergab. Rips und Witztum unternahmen einen weiteren Computertest, um herauszufinden, welche der einen Million Möglichkeiten ein besseres Ergebnis brächte, d. h. an welcher Stelle in der Bibel die Informationen mit dem geringsten Abstand zueinander begegneten. »In vier Fällen gewann die Zufallspaarung«, erklärte Rips. »Die korrekte Paarung gewann 999 995mal.

Als jedoch in einem zweiten Experiment sämtliche korrekten Paarungen von Namen und Daten aus den gemischten Paarungen entfernt wurden, erschien die einzige korrekte Information in der gesamten Liste unter zehn Millionen überprüften Mischungen mit einem Ergebnis von eins zu zehn Millionen. »Keine der Zufallspaarungen erbrachte ein besseres Ergebnis als null zu 999 999 bzw. eins zu zehn Millionen«, bestätigte Rips.

Harold Gans teilte mir am 25. Januar 1993 in einem Telefoninterview das Ergebnis seines unabhängigen Experiments mit und beschrieb es in einem weiteren Telefoninterview im Dezember 1996 genauer. In seiner Dokumentation für *Statistical Science* erklärte Gans: »Wir schließen daraus, daß diese Ergebnisse die Bestätigung für jene von Witztum, Rips und Rosenberg erzielten Ergebnisse liefern.«

Gans berechnete die Wahrscheinlichkeit, die Städte gemeinsam mit den Namen der Gelehrten zu finden, mit eins zu 200 000.

In den auf die Veröffentlichung der Rips / Witztum-Dokumentation (August 1994) folgenden Jahren wurde der Mathematikzeitschrift keinerlei Gegenbeweis vorgelegt, teilte mir Kass in einem Telefoninterview im Januar 1997 mit.

Abraham Hashofer, ein australischer Wissenschaftler, veröffentlichte noch vor der Publizierung des Experiments von Rips und Witztum eine kurze Kritik am Bibelcode in der kleinen Religionszeitschrift *B'Or Ha'Torah* (Nr. 8, 1993, S. 121-131). Hashofer bezog sich jedoch weder auf ihren mathematischen Beweis der Existenz eines Codes in der Genesis, noch führte er selbst Experimente durch oder untersuchte den Bibelcode.

Ein weiterer australischer Mathematiker, Brendan McKay, stellte über das Internet Fragen zum Rips / Witztum-Experiment, als dieses Buch beinahe fertiggestellt war. Er vermutete, daß der Code, der in der Genesis gefunden worden war, im Rest der Bibel nicht existiere. Doch McKay übersah, daß der Mord an Rabin im voraus entdeckt wurde – nämlich in den Numeri und im Deuteronomium – und andere bedeutende Ereignisse in jedem der fünf Bücher der Thora codiert waren.

Außerdem stellte McKay die statistische Methode in Frage, die Rips angewendet hatte. Doch McKays These ist nur ein Rohentwurf und hat außerdem die genauen Prüfungsprozesse nicht durchlaufen, denen Rips' Arbeit unterzogen wurde. Darüber hinaus hat McKay sie nicht bei *Statistical Science* oder einer anderen unparteiischen Zeitschrift eingereicht. Rips ging auf McKays Kritik ein und antwortete ihm. »Ich denke, er hat nicht recht«, sagte er.

Israels berühmtester Mathematiker, Robert J. Aumann, merkte an, daß – auch wenn McKay recht haben sollte – sein eigener Kontrollversuch erbracht habe, daß die Ergebnisse der Experimente von Rips und Witztum bei eins zu 1000 lägen.

Der Harvard-Statistiker Persi Diaconis bestätigte die Bedeutung dieses Verhältnisses, das die Existenz des Bibelcodes bewies, in einem Brief vom 7. Mai 1990: »Für die Publikation einer so fantastischen Behauptung sollte eine signifikante Wahrscheinlichkeit von eins zu 1000 oder besser erwartet werden.«

Das Rips / Witztum-Experiment, das alle Forderungen von Diaconis erfüllte, erreichte ein Signifikanz-Level von eins zu 50 000 (ein späteres Experiment zeigte, daß die Wahrscheinlichkeit in Wirklichkeit bei eins zu zehn Millionen lag). Diaconis empfahl die Untersuchung zur Veröffentlichung in *Statistical Science*.

Ein israelischer Mathematiker, der mich bat, seinen Namen nicht zu nennen, berichtete mir im Dezember 1996, daß er mit »Vorstudien« zu dem Rips / Witztum-Experiment begonnen habe. Er bestätigte, daß er »keinen Beweis« für die Unkorrektheit ihrer Entdeckung gefunden habe, ganz im Gegenteil seien die mathematischen Ableitungen ebenso wie das verwendete Computerprogramm einwandfrei. Aber er stellte die Art und Weise, wie Rips und Witztum die Namen der Gelehrten gewählt hatten, die mit den Geburts- und Sterbedaten im Bibelcode übereinstimmten, in Frage.

Ich gab seine Kritik an Rips weiter, der erklärte, daß er und Witztum erst eine Liste von 34 Gelehrten aus einem Standardtext, *The Encyclopedia of Prominent Jewish Scholars,* entnommen und dabei ausschließlich Namen von Männern berücksichtigt hätten, denen die Enzyklopädie drei oder mehr Spalten widmete.

Ihr erstes Experiment habe einen starken Zusammenhang zwischen den Namen und Daten ergeben und so den Nachweis für das Vorhandensein eines Codes in der Genesis geliefert.

Später forderte Persi Diaconis neues Datenmaterial, d. h. eine neue Liste, die nicht nach dem Kriterium der möglichen Erfolgschance zusammengestellt war.

Auf Diaconis geht zudem die Methode des von Rips und Witztum durchgeführten Experiments zurück, in dem eine Million Paarungen von Namen und Daten daraufhin getestet wurden, ob die korrekte Paarung tatsächlich das beste Ergebnis innerhalb des Bibelcodes lieferte.

Daraufhin stellten Rips und Witztum eine neue Liste von 32 Namen zusammen, bei der sie diesmal Gelehrte wählten, denen die Enzyklopädie zwischen eineinhalb und drei Spalten widmete.

Da viele der Gelehrten in früheren Zeiten verschiedene Namen trugen und diese wiederum verschiedene Schreibweisen zuließen, übergaben Rips und Witztum die endgültige Liste von 32 Persönlichkeiten Dr. Shlomo Z. Havlin, dem Vorstand der Abteilung für biblische Bibliographie an der israelischen Bar-Ilan-Universität.

Havlin, einer der weltweit führenden Spezialisten auf dem Gebiet rabbinischer Literatur, unter dessen Leitung die berühmte Datenbank alter hebräischer Literatur an der Bar-Ilan-Universität zusammengestellt wurde, übernahm die endgültige Entscheidung über die Schreibweise jener Namen, die Rips und Witztum in ihrem Experiment verwenden würden. Ich interviewte Havlin in Jerusalem im Dezember 1996, und er bestätigte, seine Entscheidung, welche Daten Rips und Witztum in ihrem Experiment, das die Existenz des Bibelcodes bewies, verwenden würden, unabhängig getroffen zu haben.

Er legte seine Aussage auch schriftlich nieder: »Ich bestätige, die beiden Listen von Namen und Bezeichnungen nach meiner Beurteilung und nach peinlich genauer Überprüfung anhand der Computerdatenbank des Datenverarbeitungszentrums der Bar-Ilan-Universität zusammengestellt zu haben.«

Ergaben sich also folgende Fakten:

(1) Die für das abschließende Experiment verwendete Namensliste wurde von Havlin, einem unabhängigen Wissenschaftler an der Bar-Ilan-Universität einer Überprüfung unterzogen.
(2) Die Namen wurden gemeinsam mit den Daten entsprechend einem von Diaconis (einem weiteren unabhängigen Wissenschaftler in Harvard) entwickelten mathematischen Test in codierter Form aufgefunden.
(3) Dieselben 32 Namen sowie die 34 ursprünglichen Namen wurden anschließend im Hinblick auf die dazugehörigen Städte von Gans, einem dritten unabhängigen Wissenschaftler und Codespezialisten, überprüft.

Somit bestand keine Möglichkeit, daß das Experiment, das die Existenz des Bibelcodes bewies, manipuliert worden sein könnte.

Dennoch ficht jener israelische Mathematiker, der ungenannt bleiben möchte, die Ergebnisse des Rips / Witztum-Experiments an, indem er behauptet, daß bei einer genaueren Messung der Spaltenlänge in der Enzyklopädie drei der 32 verwendeten Namen gestrichen und zwei weitere hinzugefügt hätten werden müssen.

Rips und Witztum akzeptierten diesen Einwand und führten ihr Experiment im Dezember 1996 und Januar 1997 nochmals mit der von dem skeptischen Mathematiker angeforderten revidierten Namenliste durch. Die Ergebnisse waren Rips zufolge 20mal besser als im Originalexperiment. Anstelle von vier zu einer Million lautete das Resultat nun zwei zu zehn Millionen. Nach einer anderen Meßmethode für die Wahrscheinlichkeit ergaben das ursprüngliche Experiment eins zu zehn Millionen und das revidierte Experiment fünf zu 100 Millionen.

Ich führte mein eigenes, begrenztes Experiment durch, indem ich 20 im Bibelcode gefundene und in diesem Buch angeführte Textstellen überprüfte, um herauszufinden, ob dieselben Codierungen auch in einem Kontrolltext derselben Größe, nämlich den ersten 304805 Buchstaben der hebräischen Übersetzung von Dostojewskijs *Schuld und Sühne* erschienen. Die Hälfte der Namen bzw. Phrasen tauchte überhaupt nicht auf, und keine erschien mit im Zusammenhang stehenden weiteren Informationen.

Beispielsweise fand sich »Jitzhak Rabin« ebensowenig in einer Auslassungssequenz von *Schuld und Sühne* wie »atomarer Holocaust«. Dies entsprach den Erwartungen, da die Wahrscheinlichkeit,

Rabins vollständigen Namen in einem Text von 304805 Buchstaben anzutreffen, bei eins zu zehn und die für »atomarer Holocaust« bei eins zu 100 lagen.

Allerdings ließen sich andere Hinweise wie »Präsident Kennedy« und »Shakespeare« sehr wohl in *Schuld und Sühne* finden. Auch dies war nicht unerwartet, da die Wahrscheinlichkeiten für das Auftreten dieser beiden Namen in einer Auslassungssequenz eines Textes dieser Größe relativ hoch waren.

Doch während in der Bibel die auf »Präsident Kennedy« folgenden Worte »muß sterben« und »Dallas« lauteten, tauchte in *Schuld und Sühne* an dieser Stelle weder eine Übereinstimmung mit dem Namen der Stadt, in der er ermordet wurde, noch ein Zusammenhang zu seinem Mörder auf.

Auch »Shakespeare« erschien einmal in *Schuld und Sühne,* jedoch ohne die Hinweise auf »Hamlet« und »Macbeth«.

Das Muster war für alle 20 überprüften Namen und Wendungen einheitlich. Mitunter tauchten zufällige Buchstabenkombinationen auf, jedoch niemals mit der dazugehörigen Information.

»Wenn man lange genug in anderen Büchern nach Beispielen sucht, wird man an ein und derselben Stelle auf miteinander in Zusammenhang stehende Wörter treffen. Dies ist aufgrund des Zufalls auch zu erwarten«, erklärte Rips. »Doch nur im Bibelcode finden sich so einheitliche und zusammenhängende Hinweise. Zudem hat niemand in *Krieg und Frieden* oder *Schuld und Sühne* die genaue Vorhersage einer Ermordung ein Jahr vor dem Geschehen selbst oder die korrekten Daten eines Krieges drei Wochen vor dessen Ausbruch entdeckt. Außer in der Bibel hat niemand etwas Derartiges in einem anderen Buch, einer Übersetzung oder einem hebräischen Originaltext aufgespürt.«

Einsteins Ausspruch, daß die Unterscheidung zwischen Vergangenheit, Gegenwart und Zukunft nur eine Illusion sei, wenn auch eine dauerhafte, stammt aus einem Brief, den er an die Familie seines langjährigen Freundes Michele Besso am 21. März 1955 (Einstein-Archiv 7-245) schrieb und der in dem Buch *The Quotable Einstein* veröffentlicht wurde (Princeton University Press, 1996, S. 61.)

Besso war ein Arbeitskollege des 25 Jahre alten Einstein im Schweizer Patentamt, wo dieser seine Relativitätstheorie formulierte. Der zitierte Brief wurde 50 Jahre später kurz nach Bessos und weniger als einen Monat vor Einsteins Tod verfaßt. Der Gesamtzusammenhang seiner Aussage über die wahre Natur der Zeit ist darum besonders ergreifend: »Nun ist er eine kurze Weile vor mir aus dieser seltsamen Welt geschieden. Doch das bedeutet nichts. Für uns gläubige Physiker ist die Unterscheidung zwischen Vergangenheit, Gegenwart und Zukunft nur eine Illusion, wenn auch eine dauerhafte.«

Stephen Hawkings Bemerkung, daß »Zeitreisen innerhalb unserer Möglichkeiten sein werden«, wurde aus seiner Einführung zu *The Physics of Star Trek* (Basic Books, 1995, S. xii) entnommen. Hawking wiederholt seinen Glauben an Zeitreisen in *Eine kurze Geschichte der Zeit. Die Suche nach der Urkraft des Universums* – »Die Möglichkeit für Zeitreisen bleibt erhalten.« Er bemerkt weiter, daß jede fortschrittliche Form der Raumfahrt Reisen mit höherer Geschwindigkeit als Lichtgeschwindigkeit erforderlich machen würde, was automatisch ein Zurückgehen in der Zeit bedeute.

Die am 16. Juli 1994 erfolgte Kollision des Kometen Shoemaker-Levy mit Jupiter wurde von Astronomen auf der gesamten Welt beobachtet. Internationale Medien berichteten von dem einzigartigen Naturereignis. Die zitierten Einzelheiten stammen aus einer Artikelserie der *New York Times* sowie der Ausgabe vom 23. Mai 1994 des *Time Magazine*.

Der Leningrad-Codex ist eine vollständige, annähernd 1000 Jahre alte Version der Bibel in hebräischer Sprache, die im Jahr 1008 n. Chr. veröffentlicht wurde. Es ist die älteste unversehrte Ausgabe des Alten Testaments. Zwar existiert mit dem Aleppo-Codex eine noch ältere Kopie der hebräischen Bibel im Schrein der Bücher in Jerusalem, doch sind Teile dieses Werkes verbrannt. Als dieses Buch noch vollständig war, wurde es von Maimonides, einem Gelehrten des zwölften Jahrhunderts, verwendet.

Teile jedes einzelnen Buchs der Bibel (mit Ausnahme des Buches Esther) sowie eine vollständige Fassung des Buches Jesaja wurden unter den über 2000 Jahre alten Schriftrollen vom Toten Meer gefunden.

Sämtliche heute in der hebräischen Originalsprache vorhandenen Bibeln sind Buchstabe für Buchstabe identisch. Adin Steinsaltz, dem führenden Übersetzer alter hebräischer Texte zufolge erklärt der Talmud mehrmals eindeutig, daß eine Ausgabe der Thora, die auch nur einen falschen Buchstaben aufweise, nicht verwendet werden dürfe und begraben werden müsse. Das Computerprogramm des Bibelcodes verwendet den allgemein anerkannten hebräischen Originaltext.

Daher besteht kein Zweifel daran, daß Informationen über unsere heutige Welt in einem Buch codiert sind, das vor mindestens 1000, wenn nicht sogar (mit an Sicherheit grenzender Wahrscheinlichkeit) vor 2000 Jahren in genau der heute vorliegenden Form verfaßt wurde.

Meine Unterredung mit Kazhdan und Rips fand am 22. März 1994 in Kazhdans Büro in Harvard statt. Seine zitierten Kommentare über den Bibelcode gehen auf dieses Treffen zurück.

Kazhdan unterzeichnete gemeinsam mit Piatetski-Shapiro von der Yale University und zwei anderen berühmten Mathematikern eine schriftliche Erklärung, die sechs Jahre, bevor das Rips/Witztum-Experiment drei Stufen der Begutachtung erfolgreich passierte, im Jahr 1988 veröffentlicht wurde. Sie lautete folgendermaßen: »Die erzielten Ergebnisse sind in einem Maß erstaunlich, daß sie breite Beachtung verdienen«, auch wenn es noch verfrüht sei, davon auszugehen, daß der Code tatsächlich bewußt verwendet worden sei.

Zu dem Zeitpunkt, da wir uns in Harvard trafen, hatte das ursprüngliche Rips-Experiment eben die letzte Gutachterprüfung erfolgreich abgeschlossen. Kazhdan versicherte damals, daß er an die Echtheit des Bibelcodes glaube, seine Existenz jedoch nicht erklären könne.

Mein Gespräch mit Piatetski-Shapiro fand im November 1994 am Institut für fortgeschrittene Studien an der University of Princeton statt. Aus diesem Interview stammen auch die zitierten Aussprüche.

Stephen Hawkings Kommentar zur Unschärferelation wurde in *Eine kurze Geschichte der Zeit* veröffentlicht.

Einsteins Ausführungen über die Quantenphysik und Gott entstammen einem Brief vom 4. Dezember 1926 an den Physiker Max Born, der in *Albert Einstein/Max Born: Briefwechsel 1916–1955* veröffentlicht wurde.

Robert J. Aumann traf ich am 25. Januar 1996 in seinem Büro in der Hebräischen Universität von Jerusalem. Sämtliche seiner Zitate gehen auf dieses Treffen zurück. Eine Ausnahme bildet seine letzten Aussage – »Der Bibelcode ist eine feststehende Tatsache« –, die er anläßlich einer Zusammenkunft der Israelischen Akademie der Wissenschaften tätigte. Dort stellte er Rips vor, der eingeladen worden war, um vor der Akademie zu sprechen.

Aumann war am direktesten in die Beobachtung des Originalexperiments von Rips und Witztum eingebunden und verfügte daher über das detaillierteste Wissen in bezug auf ihre Arbeit. Nach unserem ersten Treffen sprach ich noch bei verschiedenen Gelegenheiten mit Aumann, der ein überzeugter Skeptiker bleibt: »Vom psychologischen Standpunkt ist es schwierig zu akzeptieren, aus wissenschaftlicher Sicht hingegen ist es eindeutig.«

Der Hinweis auf eine »fünfte Dimension«, der sich im Bibelcode findet, bewog mich zu einer Unterredung mit Sidney Coleman, dem

Vorsitzenden der Fakultät für Physik in Harvard, und Alan Guth, Physiker am Massachusetts Institute for Technology und einer der führenden Experten auf dem Gebiet des Ursprungs des Universums. Beide erklärten in getrennten Gesprächen, heute stimme ein Großteil der Physiker darin überein, daß eine fünfte Dimension existiere. Doch niemand könne bis zum heutigen Tag ihr Wesen definieren. Beide sprachen von einem offensichtlichen Paradoxon – da die fünfte Dimension kleiner als ein Atomkern sei, wir und unser gesamtes Universum darin jedoch Platz fänden.

Der alte, von Rips zitierte religiöse Text stammt aus der Schöpfungsgeschichte (Sefer Jezira), die der Legende zufolge von dem Patriarchen Abraham 1000 Jahre, bevor Josef die Bibel am Berg Sinai empfing, verfaßt wurde. Die Schöpfungsgeschichte erklärt, daß wir in einer fünfdimensionalen Welt lebten, in der drei Dimensionen den Raum beschrieben, eine vierte die Zeit und eine fünfte, spirituelle existiere. Die moderne Wissenschaft bestätigt die ersten vier, bietet jedoch keine Definition für die fünfte.

In Kapitel 1, Vers 5, der Schöpfungsgeschichte wird die fünfte Dimension folgendermaßen beschrieben: »Eine Tiefe des Anfangs / Eine Tiefe des Endes, Eine Tiefe des Guten / Eine Tiefe des Bösen, Eine Tiefe des Himmels / Eine Tiefe der Erde, Eine Tiefe des Ostens / Eine Tiefe des Westens, Eine Tiefe des Nordens / Eine Tiefe des Südens.«

Nachdem Rips diese alte Beschreibung der fünften Dimension zitiert hatte, merkte er an, daß jede Dimension durch ein Meßsystem definiert sei und daß die fünfte Dimension möglicherweise alle anderen beinhalte, da sie als Entfernung zwischen Gut und Böse bezeichnet werde, was – nach Rips – die größte Entfernung auf Erden sei.

KAPITEL 2

Der atomare Holocaust

Im gesamten Alten Testament finden sich Hinweise darauf, daß Israel in einem entsetzlichen Krieg verwüstet wird. Diese Prophezeiung führt zu der bedrohlicheren Vision der Apokalypse, jener wohlbekannten Schreckensvorhersage in der Offenbarung des Neuen Testaments.

Das Wort »Apokalypse« stammt aus dem Griechischen und bedeutet ursprünglich »enthüllen, offenlegen«. In heutigen Zeiten gebrauchen wir es in der Bedeutung der endgültigen Zerstörung, wie sie in der Bibel vorhergesagt wird. Im Alten Testament bezieht sich diese endgültige Zerstörung eindeutig auf Israel. Die berühmteste Aussage hierzu findet sich im Buch Daniel 12,1 – »Denn es wird eine Zeit so großer Trübsal sein, wie sie nie gewesen ist, seitdem es Menschen gibt.« Die früheste Erwähnung der Apokalypse ist bei Jesaja 9,13 verzeichnet: »Darum haut der Herr von Israel Kopf und Schwanz ab, Ast und Stumpf, auf einen Tag.« Im Buch Jesaja 29,1 ebenso wie im Buch Daniel 9,12 bezieht sich die Bedrohung ausdrücklich auf Jerusalem: »Denn unter dem ganzen Himmel ist Derartiges nicht geschehen wie in Jerusalem.«

Sowohl Daniel als auch Jesaja 29 sagen eindeutig aus, daß uns die größte Gefahr noch immer droht, da die Zerstörung Jesusalems nicht nur in der Vergangenheit, sondern auch in der Zukunft liege.

Die bekannteste Prophezeiung des »Endkampfes« findet sich in der Offenbarung 20,7-9, wo vorhergesagt wird, daß Satan eine große Armee in einen Angriff gegen Jerusalem führen werde. Die Namen der Völker der eindringenden satanischen Horden, »Gog und Magog« (20,8), stammen ursprünglich aus dem Buch Hesekiel im Alten Testament, wo sie als Feinde, die zu einem unbestimmten Zeitpunkt in der Zukunft (Hesekiel 38-39) Israel von Norden angreifen werden, beschrieben sind. Das Wort »Armageddon«, das ebenfalls aus der Offenbarung stammt (16,16), ist ursprünglich eine griechische Transliteration von Megiddo, dem Namen einer Stadt im Norden Israels.

In der angespannten Situation im Nahen Osten erinnert man sich nur schwerlich daran, daß Israel zur Zeit der Ermordung Rabins eine nahezu einzigartige Periode des Friedens erlebte, die hauptsächlich durch den Handschlag zwischen Rabin und Arafat auf dem Rasen vor dem Weißen Haus am 13. September 1993 erzielt worden war. Diese Friedenszeit fand erst durch die im Bibelcode vorhergesagte Terrorwelle, die am 25. Februar 1996 losbrach, ihr Ende.

Die Buchstaben, die das hebräische Jahr 5756 bezeichnen, können auch als Frage »Werdet ihr es ändern?« aufgefaßt werden. Tatsächlich wird das Wort »es« im Hebräischen nur angedeutet, ist aber nicht niedergeschrieben. Die wörtliche Übersetzung aus dem Hebräischen ergibt eine Frage in Pluralform: »Werdet ihr ändern?« Die Frage ist also nicht, ob wir geändert werden, sondern ob wir etwas ändern werden.

Die beste Übersetzung dieser Frage, die aus denselben Buchstaben geformt ist, wie das Jahr 5756, lautet: »Werdet ihr es ändern?«

Mein erster Brief an Shimon Peres ist vom 9. November 1995 und wurde ihm noch am selben Tag von Elhanan Jishai, der den Ministerpräsidenten seit seinem dreizehnten Lebensjahr kennt und ihm ein enger Freund und Verbündeter in der Arbeiterpartei ist, übergeben.

Jishai teilte mir Peres' Reaktion nach ihrem Treffen, das kaum eine Woche nach Rabins Ermordung stattfand, später mit.

Einige Tage danach hatte ich eine Unterredung mit Peres' Pressesekretärin Eliza Goren in dessen Amtsräumen. Ihre zitierte Aussage geht auf dieses Gespräch zurück. Ich traf Goren ein zweites Mal am 10. Dezember 1995 in New York, wo ich ihr eine weitere Version desselben Briefes, den ich zuvor bereits an den Ministerpräsidenten gesandt hatte, übergab.

Das Zitat aus dem US-Senatsbericht über die Gefahr eines Nuklearterrorismus stammt aus der Eröffnungsrede von Senator Sam Nunn, dem Vizevorsitzenden des ständigen Untersuchungsunterausschusses des Senats, vom 31. Oktober 1995. Es erscheint in leicht veränderter Form im Abschlußbericht des Komitees für »Global Proliferation of Weapons of Mass Destruction« (Sen. Hrg. 104-422), S. 4.

Die Aussage, daß nach dem Zusammenbruch der Sowjetunion selbst Kartoffeln besser bewacht würden als Nuklearwaffen, geht auf Mikhail Kulik, einen Beamten, der den Diebstahl von 13,5 Kilogramm angereicherten Uraniums aus einem Atom-U-Boothafen in der Nähe von Murmansk untersuchte, zurück. Es wurde in der Zeitschrift *Scientific American* (Januar 1996, S. 42) im Artikel »The Real Threat of Nuclear Smuggling« von Phil Williams und Paul Woessner zitiert.

Die Gefahr wurde zudem von verschiedenen Fachleuten auf dem Gebiet des Nuklearterrorismus innerhalb und außerhalb der US-Regierung ebenso wie von Beamten des Pentagon und der CIA bestätigt, die mich mit Hintergrundwissen versorgten.

Das Angebot eines hohen russischen Wissenschaftlers, mir ein sowjetisches Raketensystem, bei dessen Entwicklung er mitgearbeitet hatte, zu verkaufen, erhielt ich anläßlich eines Treffens in Moskau im September 1991. Die offensichtliche Verarmung von qualifizierten Nuklearwissenschaftlern schockierte mich in den Tagen kurz nach dem Zusammenbruch der Sowjetunion. An ihrer Situation dürfte sich bis heute nichts geändert haben.

Im Oktober 1996 verübte Vladimir Nechai, der Leiter der bedeutendsten Nuklearwaffenentwicklungsstätte Rußlands, aus Scham darüber Selbstmord, daß er nicht in der Lage war, seinen Wissenschaftlern den seit mehreren Monaten ausstehenden Lohn zu zahlen. In einem Artikel der *New York Times* vom 15. November 1996 kommt Grigorij Jawlinski, ein weiterer russischer Funktionär, der an dem Begräbnis des Nuklearwissenschaftlers teilgenommen hatte, zu Wort: »Der Stolz der russischen Wissenschaft hatte sich bei dem Begräbnis eingefunden, Physiker von Weltformat in ihren abgenutzten Jacketts und durchgescheuerten Hemden mit ausgefransten Manschetten.« Er schloß daraus, daß im heutigen Rußland niemand die Sicherheit der Thermonuklearprogramme garantieren könne.

Mein Telefongespräch mit General Jacob Amidror fand im November 1995 statt. Amidror war zu dieser Zeit stellvertretender Leiter des militärischen Geheimdienstes Israels. Heute ist er erster Berater des Verteidigungsministers.

General Danny Jatom kontaktierte mich erstmals schriftlich am 18. Dezember 1995, doch erst Anfang Januar 1996 kam es zu einem Gespräch. Jatoms Schreiben lautete: »Aufgrund Ihres Briefes vom 10. Dezember 1995 an Ministerpräsident Shimon Peres ersuchte mich dieser, mich mit Ihnen zu einer Unterredung zu treffen.«

In den nachfolgenden Telefongesprächen arrangierte Jatom, zu dieser Zeit Peres' oberster Militärberater, ein Treffen mit dem Ministerpräsidenten. Jatoms zitierte Aussage stammt aus einem dieser Telefongespräche.

Mein Treffen mit Shimon Peres am 26. Januar 1996 in den Amtsräumen des Ministerpräsidenten in Jerusalem, an dem auch Goren teilnahm, war von Jatom vereinbart worden. Anläßlich dieser Unterredung stellte Peres die zitierten Fragen.

Gaddafis Statement war von der libyschen Nachrichtenagentur am 27. Januar 1996 verbreitet worden. Israelische Zeitungen berichteten am nächsten Tag davon. Das Zitat ist eine Übersetzung aus der Tageszeitung *Ha'aretz*.

Bei dem Treffen mit General Jatom vom 28. Januar 1996 in den Amtsräumen des Ministerpräsidenten in Jerusalem teilte er mir mit, daß er bereits mit Peres über unsere Unterredung gesprochen und auch Gaddafis Statement gelesen habe. Die Zitate stammen aus diesem Gespräch.

Peres' Ansprache über die Gefahr des Nuklearterrorismus fand am 30. Januar 1996 in Jerusalem statt. Sie wurde aus einem Artikel der *Jerusalem Post* vom 31. Januar zitiert. Peres gab am 29. April 1996 eine ähnliche Erklärung in den Abendnachrichten von ABC ab: »Zum ersten Mal in der Geschichte könnte eine übel gesonnene, religiös motivierte Bewegung sich dieser verheerenden Waffen bedienen. Stellen wir uns nur vor, was geschehen wäre, hätte Hitler über eine Atombombe verfügt...«

KAPITEL 3

Sein Volk im Krieg

Über den terroristischen Bombenanschlag vom 25. Februar 1996 in Jerusalem und die anschließende neuntägige Bombenserie wurde weltweit berichtet. Die hier angeführte Schilderung stammt aus der *New York Times* und der *Jerusalem Post.*

Obwohl ich bereits am Tag von Rabins Ermordung, also nahezu vier Monate zuvor, das Datum des 5. Adar im hebräischen Kalender entdeckt hatte, das sich auf die Prophezeiung »sein ganzes Volk im Krieg« bezog, unterließ ich es bei meinem Treffen im Januar, Ministerpräsident Peres davon zu unterrichten, da die Erfüllung dieser Vorhersage zu unwahrscheinlich erschien. In letzter Minute, in der Nacht vor dem Anschlag vom Sonntag morgen, versuchte ich, General Jatom zu erreichen, erhielt jedoch keine Antwort aus seinem Büro.

Ich traf Jatom am 30. April 1996 im Hof der israelischen Botschaft in Washington, wie wir es telefonisch an diesem Tag vereinbart hatten.

Am 28. Mai 1996, dem Tag vor den Wahlen in Israel, rief ich Eli Rips an und unterrichtete ihn, daß ich »Ministerpräsident Netanjahu« im Bibelcode gefunden hatte. Rips entdeckte während unseres Telefongesprächs quer über Netanjahus Namen das Wort »gewählt«. Ich sagte, daß ich nicht an diese Vorhersage glaubte, und fragte, was er von dieser offenbar falschen Prophezeiung im Bibelcode halte. Er schlug vor, das Ergebnis der Wahl abzuwarten.

Rips stimmte mit mir überein, daß es schlichtweg gegen jede Wahrscheinlichkeit war, daß zwei Todesankündigungen die Eintragung »Ministerpräsident Netanjahu« kreuzten, räumte jedoch ein, daß er nicht sicher war, ob jene Worte, die im unverschlüsselten Bibeltext an derselben Stelle begegneten, einen Bezug zum heutigen Ereignis und dem lebenden Mann hätten.

»Allerdings hatte ich auch bei der Vorhersage von Rabins Ermordung dieselben Bedenken«, gestand Rips, »daher weiß ich diesmal nicht, was ich sagen soll.«

In der Tabelle, in der sich »Netanjahu« gemeinsam mit »Jitzhak Rabin« findet, stehen im unverschlüsselten Text in Spiegelschrift die Worte »Er veränderte die Nation, er führte sie zum Bösen« und der Name »Amir«. Beide Eintragungen tauchen in jenem Bibelvers im Buch Numeri 35,11 im offenen Text auf, in dem die Worte »Name des Mörders« zu finden sind.

Mein erstes Telefongespräch mit Ben-Zion Netanjahu fand am 3. Juni 1996 statt. Im Anschluß daran übersandte ich ihm meinen Brief an den Ministerpräsidenten vom 29. Mai. Ich sprach am 9. Juni erneut mit ihm. In dieser Unterredung bestätigte er den Erhalt meines Briefes und teilte mir mit, daß er ihn am Freitag, den 7. Juni, an den Ministerpräsidenten weitergeleitet habe.

Professor Netanjahus Buch *The Origins of the Inquisition* wurde 1995 im Verlag Random House veröffentlicht. Es ist seinem Sohn Jonathan gewidmet, der am 4. Juli 1976 als Anführer des berühmten Befreiungsschlages in Entebbe starb.

Rips führte in meiner Anwesenheit am 31. Juli 1996 ein Telefongespräch mit Ben-Zion Netanjahu, in dem er bestätigte, daß der Bibelcode eine wissenschaftlich belegte Tatsache sei und daß sowohl »atomarer Holocaust« als auch »Holocaust in Israel« in der Bibel codiert seien. Ich traf Professor Netanjahu noch am selben Tag in seinem Haus in Jerusalem. Aus diesem Gespräch stammen die zitierten Aussagen.

Am Tag darauf besuchte ich Netanjahu abends erneut in seinem Haus. Auch aus diesem Treffen stammen einige Zitate.

Meine letzte Unterredung mit Ben-Zion Netanjahu im Zuge dieser Israelreise fand am 3. August telefonisch statt. Aus diesem Telefonat finden sich ebenfalls Zitate im vorliegenden Buch.

Am 20. August 1996 schrieb ich meinen letzten Brief an Ministerpräsident Netanjahu, der ihm wieder durch seinen Vater überbracht wurde.

KAPITEL 4

Das Buch mit den sieben Siegeln

Das »versiegelte Buch« wird in der Offenbarung 5,1-5 beschrieben. In der Offenbarung 6-8 findet sich die Erzählung des Messias, der die »sieben Siegel« öffnet.

Die ursprüngliche Version derselben Erzählung begegnet im Buch Daniel 12,1-4.

Es ist bemerkenswert, daß im Neuen Testament durch die Öffnung des versiegelten Buches die vier apokalyptischen Reiter freigesetzt werden, worauf der Tod nach Rache an den Lebenden ruft, ein großes Erdbeben ausgelöst wird und Sonne, Mond und Sterne schwarz werden, bis schließlich »Stille im Himmel« herrscht. In der ursprünglichen Erzählung des Alten Testaments wird das versiegelte Buch zur Rettung der Welt vor einer Katastrophe geöffnet: »Aber zu jener Zeit wird dein Volk errettet werden, alle, die im Buch geschrieben stehen.« (Daniel 12,1)

Isaac Newtons Interesse am Buch Daniel und der Offenbarung wird von mehreren Biographen, unter ihnen Keynes, erwähnt. Keynes schreibt über Newtons verborgene Aufzeichnungen: »Ein weiterer umfangreicher Abschnitt befaßt sich mit sämtlichen Zweigen apokalyptischer Schriften, unter ihnen das Buch Daniel und die Offenbarung, aus denen er die geheime Wahrheit des Universums abzuleiten suchte.«

Das »Ende aller Tage« erscheint viermal in der ursprünglichen Fassung der Bibel (Genesis 49,1-2, Numeri 24,14, Deuteronomium 4,30 und 31,29). Ein zweiter biblischer Hinweis auf das »Ende aller Tage« findet sich in den letzten Worten des Buches Daniel 12,13.

Es gibt drei Möglichkeiten, eine hebräische Jahresangabe mit Buchstaben auszudrücken. Ich überprüfte alle drei Versionen für die nächsten 120 Jahre, um herauszufinden, welche am besten mit beiden biblischen Hinweisen auf das »Ende aller Tage« übereinstimmte. Von sämtlichen 360 Möglichkeiten fand sich lediglich das Jahr 5756, das nach heutiger Zeitrechnung dem Zeitraum von September 1995 bis September 1996 entspricht, mit beiden Bibeleintragungen des »Endes aller Tage«.

»Die Zeit der Trübsal« wird im Buch Daniel 12,1 vorhergesagt. Das Versprechen der Rettung »dein Volk wird errettet werden« findet sich ebenfalls im Buch Daniel 12,1.

Eine der ersten Schriftrollen des Toten Meeres enthielt eine nichtbiblische Prophezeiung über »den Krieg zwischen den Söhnen des Lichts und den Söhnen der Dunkelheit«, in der der Endkampf in detaillierten militärischen Ausdrücken geschildert wird. Für eine eingehendere Auseinandersetzung mit apokalyptischen Prophezeiungen im Verlauf verschiedener Zeitalter verweise ich auf *When Time Shall Be No More* von Paul Boyer (Harvard University Press, 1992).

Eine anschauliche Beschreibung, wie Gott auf den Berg Sinai herabsteigt, findet sich im Buch Exodus 19,16-20. Diese Textstelle liegt auch der Beschreibung in diesem Buch zugrunde.

Das Zitat von Paul Davies stammt aus *Der Plan Gottes*, Insel Verlag 1996.

Die *New York Times* berichtete am 18. 2. 1997, daß »Quantencomputer« im Bereich des Möglichen lägen und die Menschheit kurz davorstehe, sich die Welt innerhalb der Atome zunutze zu machen und eine »Informationsverarbeitungsmethode zu entwickeln, die so leistungsfähig ist, daß sie sich einem einfachen Computer gegenüber so verhält wie die Kernenergie gegenüber dem Feuer.« Ein solcher Supercomputer könnte in wenigen Minuten Berechnungen anstellen, die den besten und schnellsten existierenden Computer unserer Zeit Hunderte von Millionen von Jahren kosten würden.

Der Astronom Carl Sagan erklärt in seinem Buch *Blauer Punkt im All. Unsere Zukunft im Kosmos*, daß uns eine fortschrittliche außerirdische Technologie wohl wie Zauberei erscheinen würde.

Arthur C. Clarke, Autor des Buches *2001 – Odyssee im Weltraum*, in *So werden wir leben! Ein Tag im 21. Jahrhundert*.

Paul Davies' Vorstellung eines »außerirdischen Artefakts« wird in seinem Buch *Sind wir allein im Universum? Über die Wahrscheinlichkeit außerirdischen Lebens* beschrieben. Stanley Kubrick zeigt in seiner berühmten Filmversion von Clarkes *2001* einen mysteriösen schwarzen Monolithen, der in aufeinanderfolgenden Stufen der menschlichen Evolution immer wieder aufzutauchen scheint, sobald wir bereit sind, eine höhere Ebene zu erreichen. Als ich Kubrick von dem Bibelcode erzählte, verglich er ihn sofort mit dem Monolithen aus dem Film *2001*.

Der Beginn der Bibel als Aufzeichnung in Steintafeln wird im Buch Deuteronomium 27,2-8 beschrieben, in dem Moses sein Volk unterrichtet, sämtliche Worte der Thora deutlich in Stein zu ritzen.

Das Zitat von Jack Miles stammt aus *Gott. Eine Biographie*.

Josephs Rufname »Zafenat-Paneach« erscheint in der Genesis 41,45. Verschiedene wissenschaftliche Spekulationen über die möglichen Bedeutungen dieses Namens, einschließlich einer Darstellung des Namens in ägyptischen Hieroglyphen, finden sich in Rabbi Aryeh Kaplans oben genanntem Buch.

Die Passage über den »Enthüller der Geheimnisse« ist dem Buch Daniel 2,47 entnommen. Miles' Aussage, daß Gott, der Joseph beistand, offensichtlich die Fähigkeit besessen habe, die Zukunft zu enthüllen, sie jedoch nicht zu ändern, stammt aus *Gott. Eine Biographie*. In ebendiesem Werk findet sich auf Seite 365 auch sein Vergleich der Zukunft mit einer »riesigen Filmrolle«, die wie eine Vorschau betrachtet werden könne.

Jenes von Rips angeführte Zitat aus dem Buch Jesaja 45,7, in dem Gott selbst erklärt, sowohl gut als auch böse zu sein, rief einen landesweiten Skandal hervor, als es von einem Rabbi in Bill Moryers TV-Sendung »Genesis« aus dem Jahr 1996 zitiert wurde. Diese überraschende Reaktion ist bemerkenswert, da die Textstelle keineswegs verborgen, sondern offen in einem 2500 Jahre alten Buch der Bibel sowohl in der hebräischen Originalfassung als auch in sämtlichen englischen Standardübersetzungen, wie etwa der King-James-Version, zu finden ist. Wenn selbst nach mehreren Jahrtausenden die meisten Menschen weder das in der Bibel wiedergegebene Wort Gottes kennen noch akzeptieren, wie könnten sie dann einen in der Bibel verborgenen Code akzeptieren?

Die abweichende Übersetzung der letzten Worte des Buches Daniel ist in keinem Code verborgen, sie stellt lediglich eine weitere Möglichkeit der Auslegung des unverschlüsselten Bibeltextes dar.

KAPITEL 5

Die jüngste Vergangenheit

Jesajas Ausspruch, daß man, um in die Zukunft zu sehen, in die Vergangenheit blicken müsse, stammt aus Vers 41,23 und wird in Kapitel 8 eingehender besprochen.

Diese Worte haben eine besondere Bedeutung innerhalb der Bibel, sie könnten jedoch auch von jemandem stammen, der die Geschichte der Welt kennt. Wie Churchill es ausdrückte: »Je weiter man zurückblickt, desto weiter sieht man wahrscheinlich in die Zukunft.« Der Philosoph George Santayana meinte in diesem Zusammenhang: »Diejenigen, die sich der Vergangenheit nicht erinnern, sind verdammt, sie zu wiederholen.«

Doron Witztum, Rips' Kollege, diskutierte mit mir über seine Codeforschungen anläßlich eines Treffens im Juni 1992 in seinem Haus in Jerusalem. Witztum veröffentlichte im Eigenverlag eine limitierte Ausgabe seiner Entdeckungen unter dem Titel *The Additional Dimension* (Israel, 1989). Die im Bibelcode gefundenen Hinweise auf einen Holocaust, auf die in Kapitel 1 Bezug genommen wird, sind ebenfalls in diese Publikation aufgenommen.

Die bedeutendste Erkenntnis aus der ersten Woche, die ich mit Eli Rips und der Erforschung des Bibelcodes verbrachte, ist, daß er Namen und Orte bekannter Ereignisse der Weltgeschichte ebenso enthielt wie Geschehnisse, die heute auf der Titelseite einer Tageszeitung zu finden sind und nach denen ich Rips zu suchen bat. Ähnlich erging es mir, wenn man mich später aufforderte, nach Namen oder Ereignissen zu forschen, an die ich bisher noch nicht gedacht hatte. Nur allzuoft entdeckte ich dann miteinander in bezug stehende Informationen im Bibelcode.

Sonny Mehta, ein Verleger, den ich während meiner Vorarbeiten zu diesem Buch traf, bat mich, in der Bibel nach Mahatma Gandhi zu suchen: »M. Gandhi« fand sich in derselben Auslassungssequenz wie die Worte »er wird getötet«. Auf »Präsident Kennedy« folgten unmittelbar in einer einzigen Auslassungssequenz die Worte »wird sterben«.

Die Ermordung Sadats wurde von Rips' Kollegen Witztum im Bibelcode entdeckt.

Abrahams Kauf des heute als Grabmal des Patriarchen bekannten Grundstücks in Hebron vor 4000 Jahren wird in Genesis 23 erwähnt, wo der gesamte Handel in allen Einzelheiten bis hin zur Festsetzung des Preises von »400 Schekel Silber« zwischen Abraham und Ephron, einem Hetiter, beschrieben wird.

Die Pläne der Aum-Shinrikyo-Sekte wurden in einem Bericht des Untersuchungsunterausschusses Global Proliferation of Weapons of Mass Destruction (Weltweite Zunahme von Massenvernichtungswaffen) des US-Senats über die Bedrohung durch Terroristen mit ungewöhnlichen Waffen veröffentlicht (Sen. Hrg. 104-422). »Die Welt wurde am Morgen des 20. März 1995 gezwungen, ihre Aufmerksamkeit diesem Ereignis zuzuwenden«, erklärte der Vizevorsitzende des Komitees, Senator Nunn, in bezug auf den Tag, an dem sich das Giftgas im U-Bahnsystem von Tokio verbreitete. »Dieser Sekte kommt die zweifelhafte Ehre zu, als erste nichtkriegführende ›Nation‹ in großem Umfang chemische Kampfmittel eingesetzt zu haben.« Nach Ansicht Senator Nunns ist die Welt mit diesem Anschlag in eine neue Ära eingetreten (S. 5).

Der Senatsbericht zitiert das von Sektenführer Shoko Asahara veröffentlichte Buch *Second Set of Predictions*, in dem er erklärt: »Ich bin sicher, daß im Jahr 1997 das Armageddon ausbrechen wird.« Einem unabhängigen amerikanischen Terrorspezialisten zufolge enthüllen die anläßlich Asaharas Festnahme entdeckten Dokumente, daß er 1996 als neues Datum für das Armageddon angesetzt hatte.

Die Einzelheiten des Bombenanschlags von Oklahoma City stammen aus Berichten von *New York Times*, *Time* und *Newsweek*.

Ein Experte auf dem Gebiet des Nuklearterrorismus erklärte mir später, daß die Bombenleger Oklahoma City für zumindest ein Jahrhundert unbewohnbar hätten machen können, wenn sie jene Menge an Plutonium zur Verfügung gehabt hätten, die in eine Cola-Dose paßt, und diese ihrer aus Düngemittel und Fahrzeugöl hergestellten Bombe beigefügt hätten.

KAPITEL 6

Armageddon

Die Geschichte der Entdeckung der Schriftrollen vom Toten Meer wird in Millar Burrows maßgeblichem Buch *The Dead Sea Scrolls* (Viking, 1956, S. 4-5) geschildert. In den verschiedenen tradierten Versionen gibt es die Übereinstimmung, daß die 2000 Jahre alten Schriftrollen zufällig von einem Beduinen entdeckt worden sind. Manche sind jedoch der Ansicht, daß er kein Hirtenjunge, sondern ein Schmuggler war.

Norman Golb berichtet in seinem Buch *Wer schrieb die Schriften vom Toten Meer?*, daß die Schriftrollen versteckt worden seien, um die Bibel und andere Tempelschriften vor den Römern zu bewahren, die Jerusalem im Jahr 70 v. Chr. zerstörten.

Die Höhlen, in denen die Schriftrollen entdeckt wurden, befinden sich in Qumran in den Klippen oberhalb des Toten Meeres.

Die Jesaja-Schriftrolle ist das einzige vollständig erhaltene Buch der Bibel, das unter den Schriftrollen vom Toten Meer gefunden wurde. Das Original wurde, aufgespannt auf eine große Trommel im Zentrum des Schreins der Bücher, ausgestellt, bis der Kurator entdeckte, daß das alte Pergament zu reißen begann. Heute ist ein Faksimile um die Trommel gewickelt und das Original sicher aufbewahrt.

Armand Bartos, der Architekt des Schreins, erläuterte in einem Telefoninterview am 21. Oktober 1996, die Trommel sei so konstruiert, daß sie im Fall eines Atomkriegs abgesenkt und von einer Stahlplatte bedeckt werden könne und die Jesaja-Schriftrolle auf diese Weise geschützt würde. Es scheint, als hätte die von ihm entworfene Konstruktion ihre Funktion verloren.

Die Apokalypse wird im Buch Jesaja 29 beschrieben. Der erste biblische Hinweis auf ein »versiegeltes Buch« findet sich in Jesaja 29,11.

Die alternierende Übersetzung von Jesaja 29,17-18, in der sich der Hinweis findet, daß das versiegelte Buch geöffnet und seine Geheimnisse enthüllt würden, ist in keinem Auslassungscode verborgen, sondern lediglich in einer leicht abgeänderten unterbrochenen Wortfolge im Originaltext.

Ich überprüfte die Eintragung »Weltkrieg« und »atomarer Holocaust« mit allen drei hebräischen Schreibweisen für jede Jahresangabe in einem Zeitraum von 120 Jahren. Von 360 Möglichkeiten für jeden der beiden Ausdrücke trafen nur die beiden Jahreszahlen 5760 und 5766, die nach dem modernen Kalender den Jahren 2000 und 2006 entsprechen, auf beide Eintragungen zu. Rips überprüfte später die statistische Wahrscheinlichkeit für die Übereinstimmungen dieser beiden Jahre mit »Weltkrieg« und »atomarer Holocaust« und stimmte dahingehend zu, daß die Ergebnisse »außergewöhnlich« seien.

Die Schätzung, daß es zur Zeit weltweit etwa 50 000 Atomwaffen gibt, stammt von Atomwaffenexperten des Pentagon. Dieselben Fachleute erklären, daß sowohl amerikanische als auch russische ballistische, vom Festland abgefeuerte Raketen jedes Ziel auf der Erde innerhalb einer halben Stunde erreichen könnten. Von U-Booten aus abgefeuerte Nuklearraketen erreichten nahezu jede größere Stadt sogar innerhalb von 15 Minuten. Ein nuklearer Weltkrieg würde in wenigen Stunden mehr Zerstörung bewirken als die gesamten sechs Jahre des Zweiten Weltkriegs. S. dazu Jonathan Schell, *Die Abschaffung. Wege aus der atomaren Bedrohung*.

Die Mezuzah enthält 15 Verse aus dem letzten Buch der ursprünglichen Bibel, Deuteronomium 6,4-9 und 11,13-21, insgesamt 170 Wörter, in 22 Zeilen aufgeteilt. Die kleine Schriftrolle wird zusammengerollt und, dem Gebot der Bibel folgend, in einem Holz- oder Metallkästchen am rechten oberen Teil des Türpfostens eines jeden Hauses befestigt. Das hebräische Wort für »Türpfosten« lautet *Mezuzah*.

Senator Nunns Ausspruch wurde aus dem Bericht des Ausschusses Global Proliferation of Weapons of Mass Destruction (Sen. Hrg. 104-422, S. 4) zitiert. Senator Richard Lugars Zitat stammt aus demselben Senatsbericht (S. 10-11).

Peres' Kommentar ist seiner Rede vom 30. Januar 1996 in Jerusalem entnommen.

Jerusalem ist die einzige Stadt von neun möglichen Zielen eines Atomangriffs, die trotz einer außergewöhnlich niedrigen Wahrscheinlichkeit eine eindeutige statistische Übereinstimmung mit den Eintragungen »atomarer Holocaust« und »Weltkrieg« im Bibelcode aufweist. Die anderen überprüften Städte waren Washington, New York, London, Paris, Tokio, Peking, Moskau und Tel Aviv. Lediglich Paris taucht einmal gemeinsam mit »Weltkrieg« auf, allerdings bringt der vollständige verschlüsselte Text diese Eintragung offenbar mit einem früheren israelischen Ministerpräsidenten in Verbindung: »Von Paris, Peres«.

Die Eintragung »Jerusalem«, die sowohl mit »atomarer Holocaust« als auch mit »Weltkrieg« übereinstimmt, ist die beste Codierung des Namens einer Stadt in der gesamten Bibel, da sie die kürzeste Auslassungssequenz aufweist. Sie begegnet ein einziges Mal im Buch Deuteronomium 5,9.

Darüber hinaus findet sich auch »Ariel«, der alte biblische Name für Jerusalem, gemeinsam mit »Weltkrieg« und »atomarer Holocaust«. So wurde die Stadt in der ersten Vision der Apokalypse bei Jesaja 29,1-2 bezeichnet.

»Ariel« hat jedoch noch eine weitere Bedeutung im Hebräischen. Es ist ein Begriff für »Opferaltar«, d.h. für jene Stätte, an der Brandopfer dargebracht wurden. In Jesaja 29,2 wird auf diesen entsetzlichen Zusammenhang offen hingewiesen: »Sie soll mir ein Opferaltar sein«. Darauf folgt Jesajas Vision einer zukünftigen Zerstörung Jerusalems auf eine Weise, die an die Beschreibung eines atomaren Holocaust erinnern läßt.

Schells Schilderung des Abwurfs der Atombombe über Hiroshima am 6. August 1945 stammt aus *Die Abschaffung. Wege aus der atomaren Bedrohung*. Nur einige wenige Sätze seiner detaillierten Beschreibung sind hier angeführt, und zwar ohne Auslassungen.

In Schells Darstellung der Explosion einer Atombombe am Boden scheinen die überlieferten Worte Jesajas widerzuhallen. Die angeführten Textstellen finden sich ebenfalls in dem genannten Buch. Wiederum werden Auszüge aus einer langen, eingehenden Beschreibung ohne Ellipsen zitiert.

Schell weist darauf hin, daß die über Hiroshima abgeworfene Atombombe mit einer Sprengkraft von 12,5 Kilotonnen nach heutigen Maßstäben zu den kleineren ihrer Art gezählt und im modernen Waffenarsenal lediglich als taktische Waffe klassifiziert würde.

Eine tiefgreifende Auseinandersetzung mit der langen, blutigen Geschichte religiöser Konflikte in Jerusalem findet sich bei Karen Armstrong, *Jerusalem. Die Geschichte der heiligen Stadt*. In seiner Rezension merkt Serge Schmemann, der Leiter der Jerusalemer Niederlassung der *New York Times*, an: »Drei große monotheistische Religionen erachten die Stadt als heilig, und dennoch verzeichnet keine andere eine Geschichte von solchem Blutvergießen, Zerstörung und Konflikt (*New York Times Book Review*, 8. Dezember 1996, S. 13).

Die Etymologie des Wortes »Armageddon« wird in »The Oxford Companion to the Bible« (Oxford University Press, 1993, S. 56) bestätigt. Anzumerken wäre, daß das Wort »Armageddon« lediglich in der Offenbarung in Vers 16,16 aufscheint, wo es ausdrücklich als »hebräischer« Name für den Ort des Endkampfes angegeben wird. Der Oxford-Bibelkommentar meint hiezu: »Gelehrte erklären im allgemeinen Armageddon (»Harmagedon«) als griechische Transliteration des hebräischen Ausdrucks *har megiddo* (»der Berg von Megiddo«).«

Der Oxford-Bibelkommentar (S. 256) erklärt, daß die Offenbarung das Buch Hesekiel 38-39 an dieser Stelle, an der »Gog« als Herrscher des Landes »Magog« genannt wird, falsch zitiert. Darüber hinaus ist dem Oxford-Bibelkommentar zufolge die genaue Lage von Magog unbekannt.

Die ursprüngliche Version im Buch Hesekiel 38,15 sagt eindeutig vorher, daß Israel eine Invasion aus dem Norden drohe. »Syrien« ist in Hesekiel Vers 38,5 codiert, in dem im offenen Bibeltext die alten

Namen für den Iran und Libyen begegnen. Die nachfolgenden blutigen Auseinandersetzungen werden in Hesekiel 39,17-18 beschrieben.

Einsteins Kommentare zu einem Dritten und Vierten Weltkrieg entstammen dem handschriftlichen Originalmanuskript der Relativitätstheorie, das im Israelischen Museum in Jerusalem ausgestellt ist. Im selben Gebäude befindet sich auch der Schrein des Buches, der die Schriftrollen vom Toten Meer enthält. Derselbe Ausspruch wurde zudem in *The Quotable Einstein* (S. 223) veröffentlicht.

KAPITEL 7

Die Apokalypse

»Große Schreckenstaten« werden im Buch Deuteronomium 34,12, dem letzten Vers der ursprünglichen Bibel, die Gott Moses am Berg Sinai diktierte, vorhergesagt.

Die drei letzten Verse der Thora lauten: »Und es stand hinfort kein Prophet in Israel auf wie Mose, den der Herr erkannt hätte von Angesicht zu Angesicht, mit all den Zeichen und Wundern, mit denen der Herr ihn gesandt hatte, daß er sie täte in Ägyptenland am Pharao und an allen seinen Großen und an seinem ganzen Lande.«

Der verschlüsselte Text des letzten Verses ist nicht wirklich codiert, sondern enthüllt sich durch eine leicht unterschiedliche Wortteilung des Originaltextes. Die Warnung ist eindeutig – »für jedermann, der große Schrecken: Feuer, Erdbeben«. Es kann kein Zufall sein, daß diese Worte das letzte Geheimnis sind, das die Bibel enthüllt.

Die drei Jahre 2000, 2014 und 2113 stimmten nach mathematischen Berechnungen mit »dem großen Schrecken« überein. Auffallend ist, daß sämtliche apokalyptischen Gefahren – ob es sich um von Menschen hervorgerufene oder Naturkatastrophen handelt – im Bibelcode im großen und ganzen in jenem angegebenen Zeitrahmen angesiedelt werden.

Das »große Erdbeben« wird in der Offenbarung 16,18 und 16,20 vorhergesagt. Eine frühere Vision des »großen Erdbebens« findet sich bei Hesekiel 38,19-20, wo auch der Ort dieses Ereignisses eindeutig als das Land Israel angegeben wird. Eine noch frühere Version stammt aus dem Buch Jesaja 13,13, in dem die Bedrohung durch das Beben als globales, wenn nicht sogar kosmisches Geschehnis angedeutet wird.

Der vollständige Wortlaut von »Los Angeles« in hebräischer Sprache findet sich nicht im Bibelcode, jedoch enthält er die abgekürzte Form »L. A. Kalif.«, die gemeinsam mit »großes Erdbeben« und

»Feuer, Erdbeben« aufscheint. Beide Codierungen erscheinen mit derselben Jahresangabe »5770«. Im modernen Kalender entspricht dies dem Jahr 2010.

Die im geologischen Bericht der Vereinigten Staaten getätigte Vorhersage eines größeren Erdbebens in Südkalifornien für das Jahr 2024 wurde im »Bulletin of the Seismological Society of America« (Band 5, Nr. 2, S. 379-439, April 1995) veröffentlicht.

In einem Interview vom 23. Oktober 1996 bestätigte David Schwartz, der Leiter des kalifornischen Geologischen Instituts, daß ein schweres Erdbeben in Südkalifornien innerhalb der nächsten 30 Jahre zu erwarten sei, und fügte hinzu, daß auch in Nordkalifornien in nächster Zukunft mit seismischer Aktivität zu rechnen sei. »Niemand weiß heutzutage, wie zutreffend unsere Prognosen sind, doch die genannten Regionen sind die wahrscheinlichsten Zentren zukünftiger Beben auf der Karte«, erklärte Schwartz.

Der offiziellen Schätzung der chinesischen Regierung zufolge belief sich die Opferzahl des größten Bebens aus dem Jahr 1976 in Tangshan auf 242 000, wohingegen die *New York Times* von 800 000 Toten spricht.

Ich berichtete meinem damaligen Verleger Dick Snyder im April 1993, daß der Bibelcode eine Serie größerer Erdbeben für Japan vorhersagt. Das Beben von Okushiri ereignete sich am 12. Juli 1993 und wurde sowohl mit dem Namen des Epizentrums als auch mit dem Monat im Code angegeben. Meine Unterredung mit der japanischen Ministerin Wakako Hironaka fand im September 1993 in ihrem Büro in Tokio statt. Bei dem großen Erdbeben von Kobe am 16. Januar 1995 wurden mehr als 5000 Menschen getötet.

Praktisch alle Wissenschaftler teilen heute die Ansicht, daß die Dinosaurier durch einen Asteroideneinschlag im Golf von Mexiko vor etwa 65 Millionen Jahren ausgelöscht wurden. Die jüngsten Funde lassen den Schluß zu, daß durch dieses Ereignis ein Feuersturm entfacht wurde, der sich quer über Nordamerika zog und jedes Lebewesen auf dem Kontinent tötete. Darüber hinaus verdunkelten die nach der Explosion aufsteigenden Staubmassen die Sonne, was schließlich zur Ausrottung der Dinosaurier führte. Die Theorie des Dinosauriersterbens aufgrund eines Asteroideneinschlags wurde 1980 von Walter Alvarez, einem Geologen der University of Berkeley, entwickelt. Die letzten Entdeckungen veröffentlichten Peter Schultz und Stephen D'Hondt in der Novemberausgabe des *Geology Magazine*.

Im Buch Genesis 1,21 findet sich der Hinweis auf die Schaffung des »großen Tanin«. Rahab, der Name des Drachen, von dem die Bibel behauptet, Gott habe ihn bekämpft, stammt aus Jesaja 51,9. Es ist eine Anrufung an Gott: »Wach auf, wie vor alters zu Anbeginn der Welt!

Warst du es nicht, der Rahab zerhauen und den Drachen durchbohrt hat?« Das hebräische Wort an dieser Stelle lautet wiederum »Tanin«.

Die älteste bekannte Schöpfungsgeschichte wurde Tausende von Jahren vor der Bibel in Sumer, jenem am Persischen Golf gelegenen Land, das heute den Namen Irak trägt, niedergeschrieben. Die sumerische Legende beginnt mit der Schilderung, daß »Gott« einen »Drachen« getötet habe. In nahezu jeder alten Zivilisation der Erde findet sich eine ähnliche Schöpfungsgeschichte.

Brian Marsden sprach seine Warnung, daß der Komet Swift-Tuttle die Erde am 14. August 2126 treffen werde, am 15. Oktober 1992 aus. Sie wurde in einem Artikel der *New York Times* vom 27. Oktober 1992 veröffentlicht. *Newsweek* berichtete am 23. November 1992 von dieser Ankündigung.

Vom Einschlag von Shoemaker-Levy auf dem Jupiter wurde im Jahr 1994 in sämtlichen Medien weltweit berichtet. Die hier angeführte Schilderung stammt aus der *New York Times* und dem *Time Magazine.*

Eleanor Helin, eine NASA-Wissenschaftlerin, die sich mit dem Aufspüren von Asteroiden und Kometen befaßt, wurde in der Ausgabe der *New York Times* vom 14. Mai 1996 zitiert. Die Pläne zur Verhinderung einer Kometenkollision mit der Erde stammen aus Artikeln von *Times* und *Newsweek.*

Das Telefoninterview mit Gareth Williams fand am 3. Dezember 1996 statt.

Die Legende von dem König, der einen großen Felsen in kleine Steine brach und diese gegen seinen Sohn schleuderte, findet sich in zwei alten Kommentaren, dem Midrasch Psalm 6,3 und Midrasch Yalkut Shimoni 2,635. Später bezog Genius von Wilna, ein Gelehrter des 18. Jahrhunderts, diese Geschichte auf das letzte Schicksal eines oder zweier vorhergesehener Messiasse, von denen einer der Legende entsprechend zuerst kommen werde, um uns vor den Schrecken des Endes aller Tage zu bewahren. Wie der Königssohn wird er nicht die Todesstrafe erleiden, sondern den Schmerz der kleineren Steine erdulden. Kol HaTor, Kapitel 1, Absatz 6.

Der Komet, der mit Jupiter kollidierte, zersplitterte in 20 Stücke, ehe er auf dem Planeten einschlug. Bemerkenswert ist, daß »Zedek«, der hebräische Name für den Planeten Jupiter – er bedeutet »Gerechtigkeit« –, seinen Ursprung im Namen jenes Messias findet, der als erster kommen und den Namen »Zadik«, d. h. »der Gerechte«, tragen würde.

Die Theorie, daß eine vorgeschichtliche Kollision eines Kometen mit der Erde die apokalyptischen Szenarien der Bibel beeinflußte, entnahm ich dem Artikel »Is This the End?« von Timothy Ferris im

New Yorker vom 27. 1. 1997, S. 55. Die Wahrscheinlichkeit einer solchen Kollision eines Kometen oder Asteroiden wird auf S. 49 behandelt.

KAPITEL 8

Die letzten Tage

Die *Jerusalem Post* berichtete in der Wochenausgabe vom 21. Juli von Netanjahus für den 25. Juli 1996 geplantem Treffen mit König Hussein in Amman. Das Datum der Reise wurde zudem in verschiedenen anderen israelischen Zeitungen dieser Woche veröffentlicht. Der Besuch wurde, wie das Pressebüro des Ministerpräsidenten bestätigte, aufgrund einer plötzlichen Erkrankung König Husseins verschoben. Von Netanjahus Treffen mit Hussein am 5. August berichtete die *Jerusalem Post* am 6. August.

»Beide Reisen wurden am Tag meiner Wahl festgelegt«, erklärte Netanjahu anläßlich einer Pressekonferenz in bezug auf seinen bereits abgeschlossenen Besuch in Kairo und das bevorstehende Treffen in Amman. Eine Woche vor Netanjahus Wahl fanden wir einen Hinweis auf beide Reisen an der Stelle der Bibel, an der sein Wahlsieg im vorhinein prophezeit wurde.

Eine detailliertere Erklärung zur Unschärferelation stammt von Stephen Hawking: »Je genauer man die Position eines Partikels zu messen versucht, desto ungenauer wird die Messung seiner Geschwindigkeit und umgekehrt.« Laut Hawking ist die Quantenphysik lediglich in der Lage, »eine Anzahl verschiedener Möglichkeiten aufzuzeigen, jedoch kein einziges endgültiges Ergebnis«. (*Eine kurze Geschichte der Zeit*)

Mein Treffen mit Dore Gold fand am 10. September 1996 kurz vor Mitternacht im Essex House Hotel in New York statt. Mein Fax an General Jatom stammte vom 11. September und wurde an eben diesem Tag versandt. Ich sprach mit unserem Mittelsmann General Ben-Israel am 10. September und ein weiteres Mal am 12. September. Er teilte mir mit, daß er sich mit Jatom getroffen und daß dieser ihm den Erhalt meiner Nachricht bestätigt habe. Nun werde der israelische Geheimdienst die potentielle Gefahr eines Atomangriffs überprüfen.

Mein letztes Fax an Jatom versandte ich am 16. September.

Die Ermordung des österreichischen Erzherzogs Ferdinand am 28. Juni 1914 wird von allen Historikern als unmittelbarer Anlaß für den

Ausbruch des Ersten Weltkriegs anerkannt. Die PBS-Dokumentation »The Great War« von 1996 bestätigte diese Tatsache erneut. Ein Historiker aus Oxford erklärte in der Sendung, daß dieser Mordanschlag nicht nur den Krieg ausgelöst, sondern auch unweigerlich zur Russischen Revolution geführt habe. In der PBS-Dokumentation wurde die Frage aufgeworfen, welche Auswirkung es gehabt hätte, wäre der Wagen des Erzherzogs nach rechts statt nach links abgebogen, und hätte den Weg des serbischen Nationalisten also nicht gekreuzt, der den verhängnisvollen Schuß abgegeben hatte: »Dadurch, daß der Fahrer des Erzherzogs an einer Kreuzung die falsche Abzweigung wählte, brachte er den Erben des österreichischen Throns direkt an seinen Mörder Gavrilo Princip heran.«

Der Mord löste eine Kettenreaktion aus. Ein PBS-Bericht lautete: »Am 28. Juli 1914 erklärte Österreich Serbien den Krieg. Krieg zwischen Österreich und Serbien bedeutete gleichzeitig den Kriegsausbruch zwischen Österreich und Rußland und in weiterer Folge den zwischen Rußland und Deutschland und schließlich zwischen Deutschland und Frankreich. Das wiederum führte zum Krieg zwischen Deutschland und Großbritannien. In einem einzigen Augenblick befand sich der gesamte Kontinent im Krieg.«

Der »Schmetterlingseffekt« wird von James Gleick in *Chaos* zitiert. Er führt auch eine weit ältere Version desselben Gedankens anhand eines Kinderreimes an:

»Weil ein Nagel fehlte, ging das Hufeisen verloren.
Weil das Hufeisen verlorenging, strauchelte das Pferd.
Weil das Pferd strauchelte, fiel der Reiter.
Weil der Reiter fiel, wurde der Kampf verloren.
Weil der Kampf verloren wurde, ging das Königreich unter!«

Der 9. Ab ist nicht nur der Tag, an dem der erste Tempel im Jahr 586 v. Chr. und der zweite im Jahr 70 n. Chr. zerstört wurden, sondern auch der Tag, an dem England im Jahr 1290 und Spanien im Jahr 1492 die Juden auswiesen, an dem die Gaskammern von Treblinka 1942 ihren Betrieb aufnahmen und der Holocaust somit seinen Anfang nahm.

S. Aryeh Kaplan *Handbook of Jewish Thought*, (Maznaim, 1979, Band II., S. 339-340).

Einige Historiker sind der Ansicht, die Nazis hätten diesen Tag bewußt gewählt: »Die Massenvertreibungen aus Warschau begannen am 22. Juli 1942, dem Tag vor dem 9. Ab. Am Tag darauf, dem 9. Ab, nahmen die Gaskammern von Treblinka ihren Betrieb auf. Die Durchführung dieser Maßnahmen an einem hohen jüdischen Gedenktag war kein Zufall. Die Nazis bedienten sich des jüdischen Kalenders, indem sie häufig die zerstörerischsten Handlungen an solchen Tagen ansetzten. Innerhalb von zwei Monaten wurden 300 000 Juden in den Tod geschickt.« Nora Levin, *The Holocaust* (Schocken Books, 1973, S. 318).

Dem Talmud zufolge verfluchte Gott diesen Tag, da an ihm in biblischen Zeiten die ersten von Moses vorausgeschickten Späher mit der schlechten Nachricht zurückkehrten, die Israeliten könnten das verheißene Land nicht erobern.

»Ariel« ist der alte Name von Jerusalem, der in der ersten Warnung vor der Apokalypse im Buch Jesaja 29,1-2 verwendet wird.

Das widersprüchliche Zitat aus dem Talmud über die gleichzeitige Existenz von freiem Willen und Vorbestimmtheit stammt aus der Mischna Avot 3,15 und wird Rabbi Akiva zugeschrieben.

Der hebräische Name »Jakob«, der sowohl »er wird abwenden« als auch »er wird verzögern« bedeutet, läßt sich auch als »er wird folgen« im Sinne eines Detektivs, der eine Spur oder einen Schatten verfolgt, auslegen. Somit kann der biblische Patriarch als jemand gedeutet werden, der noch immer über sein Volk wacht. Der Name Jakob wurde ihm nach einem mysteriösen Ringkampf mit einem unidentifizierten nächtlichen Besucher (Genesis 32,25-29) verliehen. Von diesem Vorfall leitete sich später der Name des Landes Israel ab. Die hebräische Bedeutung von »Israel« lautet »er wird Gott bekämpfen«. Die Bibel selbst findet eine andere Erklärung für Jakobs neuen Namen: »Du sollst nicht mehr Jakob heißen, sondern Israel; denn du hast mit Gott und mit Menschen gekämpft und hast gewonnen« (Genesis 32,29).

Von den drei Tage andauernden blutigen Auseinandersetzungen, die am 25. September 1996 ausbrachen, wurde weltweit berichtet. Die hier angeführte Schilderung stammt aus der *New York Times* und der *Jerusalem Post*. Der archäologische Tunnel unterhalb des Tempelberges in Jerusalem verbindet die heiligen Stätten dreier Religionen: die Klagemauer, den Felsendom und die Via Dolorosa, den Weg, den Jesus zu seiner Kreuzigung entlanggeschritten sein soll.

Das Wort »annektiert« begegnet zweimal mit »Holocaust in Israel« und wird von israelischen Behörden zur Beschreibung jener beiden Gebiete verwendet, die im Krieg von 1967 formal ein Teil Israels wurden: die Golanhöhen und Ostjerusalem. Die Golanhöhen gehörten früher zu Syrien, das noch immer Anspruch auf diesen Landstrich erhebt und erst in jüngster Zeit Elitetruppen an den heutigen Grenzen in Stellung brachte. Ostjerusalem war ein Teil Jordaniens und wird von den Palästinensern als Hauptstadt ihres Heimatlandes betrachtet.

Der Name »Arafat« findet sich lediglich zweimal ohne Auslassungssequenz im ursprünglichen Bibeltext, einmal davon trotz einer außergewöhnlich geringen Auftrittswahrscheinlichkeit gemeinsam mit dem biblischen Ausdruck »Ende aller Tage«. Die im verschlüsselten Text auf diesen Namen folgenden Worte lauten: »Erinnere dich! Vergiß nicht die Bestätigung der Endzeit.«

Das »Exil unter Ismael« wird in erster Linie im Zohar prophezeit. Hierbei handelt es sich um einen alten Kommentar, der ein Teil der sogenannten »verborgenen Midrash« darstellt, in der die in der Thora nicht offengelegten Geheimnisse enthüllt werden. Im Zohar finden sich verschiedene Hinweise auf einen zukünftigen Krieg in Israel im Zusammenhang mit dem »Ende der Tage« vor der Ankunft eines Messias. Der Text im Zohar Genesis 1,19 A verkündet, daß »die Kinder Ismaels alle Völker der Erde aufrufen werden, sich gegen Jerusalem zu erheben«. Allerdings enthält die Schrift auch den Hinweis, daß Israel möglicherweise von diesem Angriff errettet werden könnte.

Die Geschichte von Isaak und Ismael, den beiden Söhnen von Abraham, wird im Buch Genesis 21 erzählt. Ismaels Mutter war die ägyptische Dienerin Hagar. Als Isaak geboren wurde, sprach seine Mutter Sara zu ihrem Gemahl Abraham: »Treibe diese Magd aus mit ihrem Sohn; denn der Sohn dieser Magd soll nicht erben mit meinem Sohn Isaak« (Genesis 21,10). Als Ismael geboren wurde, scheinen die unverhüllten Worte der Bibel einen zukünftigen Kampf vorherzusagen. »Er wird ein wilder Mensch sein; seine Hand wider jedermann und jedermanns Hand wider ihn« (Genesis 16,12).

Die *New York Times* berichtete von dem mitternächtlichen Handschlag zwischen Netanjahu und Arafat am 15. Januar 1997. Zwei Tage zuvor, nachdem die ersten Hinweise auf ein Abkommen an die Öffentlichkeit gedrungen waren, hatte die *Times* das Ereignis folgendermaßen kommentiert: »Hohe amerikanische Politiker zweifeln angesichts des tiefgreifenden gegenseitigen Mißtrauens und der Antipathie zwischen der konservativen israelischen Regierung und Palästinenserführer Arafat daran, daß das Abkommen von Hebron weitere

Krisen und Konfrontationen ausschließt. Verzögerungen ebenso wie die nicht verhandelten Streitpunkte – Jerusalem, die neuen Grenzen und die jüdischen Siedlungen – werden voraussichtlich ebenso viele Emotionen und Krisen hervorrufen wie Hebron. Militante jüdische Siedler sind geneigt, das Abkommen von Hebron als Verrat zu betrachten. Den Friedensprozeß ablehnende islamische Gruppen könnten wiederum durch Terroranschläge versuchen, die Vereinbarungen zum Scheitern zu bringen.«

Die Schilderung der Ereignisse des März 1997 entstammt Artikeln der *New York Times* und der *Jerusalem Post*. Das Zitat aus König Husseins Brief an Netanjahu ist der *New York Times* vom 12. März 1997 entnommen. Über den Selbstmordanschlag vom 21. März berichtete die *Times* am darauffolgenden Tag.

Richard P. Feynman wird aus seinem Buch *Six Easy Pieces* (Helix, 1995, S. 135) zitiert. Feynman zufolge bezieht sich die Unschärferelation auf alles, so daß wir uns auf die Berechnung der Wahrscheinlichkeiten beschränken müssen (S. 136).

Er ist weiter der Ansicht, daß es uns niemals gelingen wird, »das Rätsel zu lösen«: »Niemand hat jemals einen Weg rund um die Unschärferelation gefunden (oder auch nur einen solchen bedacht). Daher müssen wir annehmen, daß sie einen grundsätzlichen Charakterzug der Natur beschreibt« (S. 136, 132).

Zufällig las ich Feynmans Buch während jenes Fluges nach Israel, auf dem ich erfuhr, daß Netanjahu an dem im Bibelcode vorhergesagten Tag nach Jordanien reisen würde. Als dieser Besuch plötzlich verschoben wurde, erkannte ich, daß der große Physiker recht hatte. Wir können nicht sicher sein, was passieren wird, wir können lediglich die Möglichkeiten aufzeigen.

Der Wissenschaftsautor Timothy Ferris erklärt im *New York Times Magazine* vom 29. September 1996, daß die Quantenphysik ein im höchsten Maß erfolgreicher Zweig der Wissenschaft sei. Sein Artikel wurde unter dem Titel »Weirdness Makes Sense« (S. 143 ff) veröffentlicht.

Nobelpreisträger Gabriel García Márquez schildert in seinem Roman *Hundert Jahre Einsamkeit* die Entdeckung eines Manuskriptes, das die Familiengeschichte »einhundert Jahre der Zeit voraus« erzählt. So wie Márquez dies beschreibt, scheint er die wahre Natur der Bibel und ihres Codes in einem begrenzteren Rahmen erkannt zu haben. »Der Schriftsteller erzählte die Ereignisse nicht in der üblichen Reihenfolge, sondern konzentriert ein Jahrhundert alltäglicher Episoden in einer Weise, daß sie nebeneinander in einem einzigen Augenblick zu existieren scheinen.« An dies mußte ich denken, als Rips mir erklärte, daß der gesamte Bibelcode in einem Zug und in einem einzigen Augenblick verfaßt worden sei.

Mein erstes Treffen mit Rabbi Adin Steinsaltz fand zwei Tage nach meiner ersten Begegnung mit Eli Rips am 30. Juni 1992 in seinem Büro in Jerusalem statt. Seitdem habe ich bei meinen wiederholten Besuchen in Israel mehrmals mit ihm über die wahre Natur der Zeit und wie sie sich durch die Umkehr der Zeitformen in der Thora enthüllen ließ, diskutiert. Bei einer dieser Gelegenheiten berichtete Steinsaltz, daß trotz der Einzigartigkeit der Verwendung der Zukunft als Vergangenheit und der Vergangenheit als Zukunft in der Bibel kein umfassender Kommentar über diese Zeitumkehrung existiere.

Steinsaltz war der erste, der mich auf Jesaja 41,23 hinwies, wo sich die Erklärung findet, daß man die Zukunft erblickt, wenn man rückwärts sieht. Erst Jahre später entdeckte ich, daß der Vers, rückwärts gelesen, »5756«, das Jahr des drohenden Holocaust, beinhaltete.

Rips berechnete die Wahrscheinlichkeiten einer Übereinstimmung sämtlicher im Code angegebener apokalyptischer Gefahren mit der Jahresangabe 2006 (»im Jahr 5766«) mit eins zu 1000. Er bezeichnete es als »bemerkenswert«, daß sich unter 120 Jahreszahlen diese eine mit sämtlichen überprüften Gefahren – »Ende der Tage«, »Weltkrieg«, »atomarer Holocaust«, »Holocaust in Israel« und »großes Erdbeben« – deckte. Ebenso »erstaunlich« erschien ihm die Tatsache, daß alle Ausdrücke derselben Jahre 2000 und 2006 mit denselben Gefahren übereinstimmten, wenn er auch eingestand, daß es keine Möglichkeit gab, dieses Phänomen mathematisch zu messen.

»Wir können mit Sicherheit davon ausgehen, daß es sich hierbei um keinen Zufall, sondern um eine bewußte Codierung von Informationen handelt«, erklärte er. »Allerdings wissen wir nicht, ob dies bedeutet, daß die Gefahr tatsächlich besteht.«

Von dem ersten Angriff von Scud-Raketen auf Israel, am 18. Januar 1991, wurde in der *New York Times* berichtet. Eine Bestätigung dieses Datums findet sich auch im Facts on File Yearbook 1991, S. 28. Acht Scud-Raketen wurden am 18. Januar gegen 2.00 Uhr nachts (Ortszeit) auf Israel abgefeuert. Zwei trafen Tel Aviv, drei landeten in der Nähe von Haifa, und drei weitere explodierten in freiem Gelände. Jerusalem wurde nicht getroffen. Die Vereinigten Staaten hatten das Unternehmen »Desert Storm« einen Tag zuvor, am 17. Januar 1991, in Angriff genommen. Der Golfkrieg hatte begonnen.

Die Phrase »der Code wird retten«, die über der Eintragung »atomarer Holocaust« und unterhalb von »das Ende der Tage« erscheint, läßt sich aus dem Hebräischen auch als »Code von Moses« übersetzen.

In Exodus 2,10 wird geschildert, wie Moses seinen Namen erhielt. Der Bibel zufolge war er in Ägypten zu einer Zeit geboren worden, als der Pharao den Befehl erlassen hatte, sämtliche männlichen hebräischen Kinder zu töten. Um ihn zu retten, baute seine Mutter ein kleines Boot und ließ es den Nil hinabgleiten. Als die Tochter des Pharaos im Fluß ein Bad nehmen wollte, fand sie das Baby und nahm es an Kindes Statt an. »Und sie nannte ihn Mose; denn sie sprach: Ich habe ihn aus dem Wasser gezogen.«

Hierbei handelt es sich um ein hebräisches Wortspiel. Dem maßgeblichen Alcalay-Wörterbuch zufolge (Massada, 1990, S. 1517) bedeutet »Moses« eigentlich »herausziehen, befreien, retten«.

SCHLUSSBEMERKUNG

Jonathan Schells Ausspruch: »In diesem Fall sind wir gezwungen, Historiker der Zukunft zu sein« stammt aus *Die Abschaffung*.

Anmerkungen zu den Abbildungen

Die in der Bibel codierten Namen und Ereignisse begegnen in demselben Hebräisch, das heute in Israel gesprochen wird und in dem auch der unverschlüsselte Bibeltext verfaßt ist.

Jahreszahlen werden dem alten hebräischen Kalender entsprechend angegeben, dessen Ursprung in biblischen Zeiten, 3760 Jahre vor der modernen Zeitrechnung, liegt. Die jeweiligen Jahreszahlen nach dem heutigen Kalender werden bei allen Bibelcode-Ausdrucken hinzugefügt.

Die Namen von Personen und Orten wurden Standardquellen wie der hebräischen Enzyklopädie entnommen. Die hebräische Schreibweise modernerer Ereignisse lehnt sich an jene israelischer Tageszeitungen an.

Die Übersetzungen sämtlicher Codierungen wurden von dem maßgeblichen Hebräisch-Englisch-Wörterbuch von R. Alcalay (Massada, 1990), sowie dem ungekürzten hebräischen Standardwörterbuch von A. Even-Shoshan (Kiryat Sefer, 1985) bestätigt. Die gesamten in diesem Buch codierten Bibeltexte wurden von israelischen Übersetzern, mit denen ich während meiner fünfjährigen Forschungstätigkeit zusammenarbeitete, überprüft.

Der Großteil der wichtigsten in dem vorliegenden Buch wiedergegebenen Bibelcode-Ausdrucke wurde von Dr. Rips kontrolliert und bestätigt. Die Korrektheit der Übersetzungen jener Textteile, die sich mit der Ermordung Rabins befassen, wurde zudem von Rabbi Adin Steinsaltz, dem führenden Übersetzer alter hebräischer Texte, bescheinigt.

Statistische Berechnungen der in diesem Buch angeführten Bibelcode-Passagen bestätigen, daß ein Zufall ausgeschlossen ist. Ihre Echtheit konnte mathematisch nachgewiesen werden.

Die statistischen Berechnungen erfolgen entsprechend einem von Rips und Witztum entwickelten und von unabhängigen Gutachtern bestätigten mathematischen Modell automatisch am Computer.

Der Computer berechnet die Übereinstimmungen zwischen den Worten, wobei er zwei Tests durchführt. Einerseits mißt er, wie nahe zusammengehörige Ausdrücke begegnen, andererseits überprüft er, ob ein Suchwort mit der kürzestmöglichen Auslassungssequenz in der Bibel angegeben ist. (Für eine detailliertere Erklärung verweise ich auf den Anhang).

Obwohl die hebräische Sprache von rechts nach links gelesen wird, finden sich Wörter in beiden Richtungen codiert, bzw. wie in einem Kreuzworträtsel von oben nach unten angeordnet.

Wendet man eine leicht veränderte Worttrennung auf den Originaltext der Bibel an, ergeben sich mitunter präzise Informationen über Ereignisse unserer modernen Welt. Derartige Textstellen werden in diesem Buch als »verborgener Text« bezeichnet. Anhand des gemeinsam mit der Eintragung »Watergate« verborgenen Textes läßt sich die hier angewendete Codierungsmethode erläutern.

Der unverschlüsselte Text des vierten Buches Mose, Numeri 3,24, bezieht sich auf ein Geschlecht der zwölf Stämme Israels und ihren Fürsten, »das Oberhaupt des Hauses des Vaters der Gershoniten«. Der hebräische Originaltext diese Verses wird hier angegeben:

נ ש י א ב י ת | א ב | ל ג ר ש נ י

Dasselbe Wort, das im Bibelhebräisch einen »Fürsten« oder »Herrscher« bezeichnet, steht im modernen Hebräisch für »Präsident«, wie es heute von den Israelis für »Präsident Clinton« oder »Präsident Weizman« verwendet wird.

Mit einer leicht veränderten Worttrennung ergeben dieselben Buchstaben in Numeri 3,24 einen vollständig neuen Satz: »Präsident, doch er wurde hinausgeworfen«. Wieder findet sich der hebräische Originaltext im folgenden.

נ ש י א ב י ת | א ב ל | ג ר ש

Somit ist »Watergate« das einzige Mal in der Bibel an jener Stelle codiert, an der der verborgene Text Nixons erzwungenen Rücktritt beschreibt. Die Worte der Bibel sind zutreffend. »Watergate«, »Präsident« und »hinausgeworfen« waren jene Ausdrücke, mit denen israelische Zeitungen über den Sturz Nixons berichteten.

In manchen Fällen verwendet der Bibelcode eine komprimierte Form des Hebräischen, wie man es von einem Code erwarten kann. Wie die Bibel selbst läßt auch der Bibelcode mitunter Buchstaben, die im modernen Hebräisch allgemein verwendet werden (in erster Linie »vuv« und »yud«), aus.

Sämtliche in diesem Buch angeführten Bibelcode-Ausdrucke werden im weiteren mit der jeweiligen Kapitel- und Versangabe der Bibel zitiert. Alle Code-Ausdrucke, die vom gewöhnlichen Hebräisch leicht abweichen oder für Leser, die des Hebräischen nicht mächtig sind, eine nähere Erläuterung erforderlich machen, sind gekennzeichnet.

KAPITEL 1

Der Bibelcode

* Der Code von »Jitzhak Rabin« beginnt in Deuteronomium 2,33 und endet in Deuteronomium 24,16. Dies ist die einzige Stelle in der gesamten Bibel, an der Rabins vollständiger Name codiert ist. »Mörder, der morden wird« begegnet in Deuteronomium 4,42, wobei das Wort »morden« den Namen Rabins kreuzt. Dies ist das einzige Mal, daß die genannten Worte gemeinsam in der Bibel zu finden sind (S. 13).

* »Jitzhak Rabin« findet sich, wie angeführt, in Deuteronomium 2,33 – Deuteronomium 24,16. »Name des Mörders, der morden wird« ist in Deuteronomium 4,42, »Amir«, der Name von Rabins Mörder, im Buch Numeri 35,11. Der unverschlüsselte Text desselben Verses enthält die Worte »Name des Mörders« (S. 15).

* »Ermordung Rabins« ist in Exodus 36,37 bis Levitikus 22,5 codiert. Das Jahr, in dem er getötet wurde, scheint in Exodus 39,3-4 auf und kreuzt sowohl »Ermordung Rabins« als auch den Ort des Attentats, »Tel Aviv«. Der Name der Stadt ist von Exodus 33,5 bis Levitikus 4,9 codiert (S. 16).

* »Feuer am 3. Schebat« – das hebräische Datum, das dem 18. Januar 1991, dem Tag des ersten Scud-Raketenangriffs im Golfkrieg, entspricht – ist im Buch Genesis 14,2-12 codiert. Der Name des irakischen Staatschefs »Hussein« findet sich in der Genesis 14,9-14. Sowohl das Wort »Krieg« als auch »Rakete« begegnen zweimal in der Tabelle, obwohl sie nur einmal hervorgehoben wurden. Die zweite Eintragung »Rakete« kreuzt das Wort »Feind«.

Die gesamte Codesequenz lautet: »Hussein wählte einen Tag«. Sie ist in der Genesis 14,6-17, im selben Kapitel der Bibel wie »Feuer am 3. Schebat« codiert. Allerdings sind die beiden Phrasen zu lang, als daß sie auf einen einzigen Ausdruck paßten. Die wörtliche Übersetzung des codierten Satzes würde »Hussein markierte einen Tag« lauten, im Sinne von »er strich einen Tag im Kalender an«.

Die moderne hebräische Schreibweise des Namens »Hussein« würde im allgemeinen ein »vuv« als weiteren Buchstaben aufweisen, dennoch ist die codierte Version eine anerkannte Alternativform, die mit dem biblischen Hebräisch vereinbar ist. Die Codierung seines Namens mit dem dazugehörigen Datum war eindeutig beabsichtigt. Wie vorhergesagt, erfolgte der Angriff am »3. Schebat« (S. 18).

* »Jitzhak Rabin« erscheint, wie angegeben, in Deuteronomium 2,33 – Deuteronomium 24,16 (S. 28).

* »Mörder, der morden wird« findet sich, wie bereits angegeben, in Deuteronomium 4,42 (S. 28).

* Die Eintragung »Amir« taucht in Numeri 33,14-15 auf. Es ist das dritte Mal, daß der Name des Mörders gemeinsam mit dem Mord codiert ist (S. 29).

* Der Code für »Clinton« beginnt in Genesis 24,8 und endet in Numeri 26,24. Die Schreibweise seines Namens im Bibelcode stimmt genau mit der in der israelischen Presse verwendeten überein. »Präsident« erscheint gemeinsam mit »Clinton« in Numeri 7,2. Wieder handelt es sich um das im modernen Israel gebräuchliche Wort für »Präsident« (S. 33).

* Der Ausdruck »Watergate« erstreckt sich vom Buch Genesis 28,21 bis Numeri 19,18. »Wer ist er? Präsident – doch er wurde hinausgeworfen« taucht, wie bereits detailliert erläutert, im Buch Numeri 3,23-24 auf (S. 34).

* »Wirtschaftlicher Zusammenbruch« ist von Exodus 20,9 bis Deuteronomium 11,6 codiert. Dieser Ausdruck findet sich nur ein einziges Mal in den gesamten fünf Büchern Mose. An derselben Stelle scheint auch 1929, das Jahr des Ausbruchs der Wirtschaftskrise, auf. Das entsprechende hebräische Jahr »5690« ist in Numeri 10,8 codiert (S. 34).

* »Mensch auf dem Mond« ist von Numeri 19,20 bis Numeri 27,1 codiert. »Raumschiff« kreuzt diese Eintragung in Numeri 22,25 (S. 35).

* Der Code für »Shoemaker-Levy«, der Name jenes Kometen, der auf dem Jupiter einschlug, beginnt im Buch Genesis 19,38 und endet in Genesis 38,19. »Jupiter« findet sich von Genesis 30,41 bis Genesis 31,1 (nach S. 36).

* »Shoemaker-Levy« ist ein weiteres Mal von Jesaja 25,11 bis Jesaja 27,4 codiert, »Jupiter« in Jesaja 26,16. Das Datum des Kometeneinschlags, der 8. Ab, findet sich in Jesaja 26,20.

Für »Jupiter« gibt es im Hebräischen zwei Schreibweisen. Beide sind mit dem Namen des Kometen, der auf dem Planeten einschlug, codiert. Die erste Schreibweise ist eine Transliteration von »Jupiter«, die in der Genesis codiert ist. Nur ein Teil des Namens wird auf dem Ausdruck wiedergegeben, da die Tabelle für eine vollständige Darstellung zu groß wäre. »Zedek« ist die zweite Schreibweise des hebräischen Namens des Planeten. Sie ist in Jesaja gemeinsam mit dem Datum des Kometeneinschlags codiert (S. 37).

* »Hitler« ist in der Genesis 8,19-21 codiert. Im Buch Genesis 8,17-18 wird er als »Nazi und Feind« identifiziert, im Buch Genesis 8,21 als »Verbrecher« bezeichnet. »Blutbad« findet sich in der Genesis 8,20 (S. 41).

* »Shakespeare« ist von Levitikus 23,243 bis Numeri 1,34 codiert. »Hamlet« findet sich in Levitikus 3,13-14,27. »Macbeth« beginnt ebenfalls im Bibelvers 3,13 und endet in Levitikus 7,29 (S. 50).

* »Brüder Wright« ist von Genesis 30,30 bis Genesis 43,14 codiert. »Flugzeug« scheint in Genesis 33,7-8 auf (S. 51).

* »Edison« ist von Numeri 14,19 bis 17,19 codiert. »Glühbirne« begegnen in Numeri 11,26-27, »Elektrizität« in Numeri 13,1-2 (S. 51).

* Der Code für »Einstein« scheint einmal von Exodus 21,29 bis Numeri 31,39 auf. Das Wort »Wissenschaft« und der sich überschneidende Ausdruck »ein neues und außergewöhnliches Verständnis« finden sich in Numeri 3,34, wo sie den Namen »Einstein« kreuzen. »Sie kündigten einen weisen Mann an« ist in Numeri 11,26 codiert (S. 52).

* »Newton« ist von Numeri 18,30 bis Numeri 21,5 codiert. »Gravitation« kreuzt seinen Namen in Numeri 19,20. Im Hebräischen wird dem Wort für »Gravitation« zumeist das Wort »Kraft« beigefügt, ohne das der Ausdruck auch als »Anziehung« oder »ziehen« übersetzt werden kann. Da es jedoch gemeinsam mit »Newton«, dem Entdecker der Gravitationskraft, steht, ist die Bedeutung klar und die Codierung vorsätzlich erfolgt (nach S. 52).

KAPITEL 2

Der atomare Holocaust

* »Sein ganzes Volk im Krieg« begegnet in Deuteronomium 2,32 direkt über »Mörder, der morden wird«. Wie bereits angemerkt, kreuzt diese Eintragung den Namen »Jitzhak Rabin« (S. 56).

* »Holocaust in Israel« ist einmal in der Bibel von Genesis 49,17 bis Deuteronomium 28,64 codiert, »5756« findet sich ein einziges Mal im unverschlüsselten Text der Bibel ohne Auslassungen in Exodus 17,2 (S. 57).

* »Atomarer Holocaust« ist von Numeri 29,9 bis Deuteronomium 8,19 codiert. Die Phrase taucht lediglich einmal auf, und auch in diesem Fall beträgt die Wahrscheinlichkeit eins zu zumindest 100. »Im Jahr 5756« ist in Deuteronomium 12,15 codiert (S. 57).

* »Der nächste Krieg« ist von Genesis 36,15 bis Numeri 12,8 codiert. »Es wird nach dem Tod des Ministerpräsidenten geschehen« erscheint in dem Vers rechts darüber in Genesis 25,1 (S. 60).

In derselben Tabelle, in der »der nächste Krieg« und »es wird nach dem Tod des Ministerpräsidenten geschehen« zu finden ist, sind auch die Namen »Jitzhak« und »Rabin« codiert. Allerdings ist der gesamte Code-Ausdruck zu groß, um an dieser Stelle wiedergegeben zu werden. Aus diesem Grund findet sich in der Abbildung lediglich der Vorname des Ministerpräsidenten.

* »Libysche Artillerie« ist von Exodus 21,22 bis Numeri 1,38 codiert. Die Jahresangabe »5756«, die in Exodus 17,2 mit »Holocaust in Israel« auftaucht, begegnet auch hier (S. 65).

* Der Name »Libyen« findet sich dreimal mit »atomarer Holocaust« in Exodus 34,6-7, wobei er die Worte einmal kreuzt und zweimal in derselben Zeile steht. Der hebräische Ausdruck für »totale Zerstörung« taucht zweimal im selben Bibelvers auf. Direkt vor der ersten Codierung von »Libyen« sind die Worte »es ist explodiert« verzeichnet, direkt nach der dritten Codierung von »Libyen« findet sich die Phrase »sie wurden enthüllt« (S. 67).

* »Atomartillerist« ist von Deuteronomium 4,40 bis Deuteronomium 6,24 codiert. Die Worte des Verses 4,40 des 5. Buches Mose, »um deine Tage zu verlängern«, lassen sich im Hebräischen auch als »Adresse,

Datum« übersetzen. Die Ortsangabe »das Pisga-Gebirge« kreuzt den zweiten Buchstaben von »Atomartillerist« in Deuteronomium 4,49 (S. 69).

KAPITEL 3

Sein Volk im Krieg

* »Autobus« ist von Numeri 9,2 bis Numeri 14,35 codiert, »Bombe« oder »Explosion« an derselben Stelle in Numeri 10,23-24. Der in Numeri 11,1-4 codierte Name »Jerusalem« kreuzt die Eintragung »Autobus«. Der vollständige Name ist zwar in der Bibel codiert, allerdings ist der entsprechende Ausdruck zu groß, um hier vollständig wiedergegeben zu werden (S. 74).

* »Autobus« findet sich ein weiteres Mal in Genesis 34,7–35,5. »Sie werden fahren und es wird Schrecken herrschen« zieht sich im letzten Vers, in Genesis 35,5, quer über »Autobus«. »Feuer, großer Lärm« ist im vorangehenden Vers, in Genesis 34,4, zu finden (S. 75).

* Die einzige Codierung von »Ministerpräsident Netanjahu« erstreckt sich von Exodus 19,12 bis Deuteronomium 4,47. Quer über seinen Namen ist in Numeri 7,83 das Wort »gewählt« vermerkt. Sein Spitzname »Bibi« ist im selben Vers codiert (S. 78).

* »Netanjahu« erscheint ohne Auslassungen im verborgenen Text des Buches Deuteronomium 1,21 in derselben Tabelle, in der »Jitzhak Rabin«, »Amir«, »Name des Mörders« und »sein gesamtes Volk im Krieg« gemeinsam verzeichnet sind (s. Kapitel 1). Rechts vor »Netanjahu« finden sich im verborgenen Text die Worte »zum großen Schrecken« (S. 81).

* »Der nächste Krieg« ist von Genesis 36,15 bis Numeri 12,8 codiert. »Es wird nach dem Tod des Ministerpräsidenten geschehen« begegnet im Vers direkt darüber, Genesis 25,11. Diese Worte überkreuzt im selben Vers »ein weiterer wird sterben« (S. 85).

* »Ministerpräsident Netanjahu« wurde bereits oben zitiert. Die Worte »gewiß wird er getötet« kreuzen seinen Namen in Exodus 19,2. Die Eintragung »seine Seele wird abgeschnitten werden« scheint in Exodus 31,14 auf. Das Wort »ermordet« ist zweimal in Numeri 31,17 codiert (S. 87).

KAPITEL 4

Das Buch mit den sieben Siegeln

* »Am Ende der Tage« fanden wir im unverschlüsselten Text der Genesis in Vers 49,1, wo es heißt: »Und Jakob berief seine Söhne und sprach: Versammelt euch, daß ich euch verkünde, was euch begegnen wird am Ende der Tage.« »Im Jahr 5756« wird in der Genesis von 48,17 bis 49,6 codiert (S. 91).

Auf »das Ende der Tage« stießen wir in den ursprünglichen fünf Büchern der Bibel viermal. In der Jerusalem-Bibel wird es als »die letzten Tage« und »die letzteren Tage« übersetzt. Kaplan jedoch erklärt, die wörtliche Bedeutung sei »das Ende der Tage« (*The Living Torah,* S. 245).

* Die zweite biblische Erwähnung des »Endes aller Tage«, die sich im unverschlüsselten Text des Buches Daniel findet, ist ebenfalls von Deuteronomium 4,34 bis 32,28 codiert. »Im Jahr 5756« findet sich direkt darüber in Deuteronomium 1,25 (S. 91).

Im ursprünglichen biblischen Zusammenhang wird es als Vorhersage der Apokalypse, einer zukünftigen Zeit des Schreckens, aufgefaßt. Die letzten Worte des Buches Daniel weisen jedoch auch auf »die Tage des Messias« hin.

* »Weltkrieg« findet sich einmal, von Deuteronomium 4,28 bis 17,4. »Am Ende der Tage« scheint im unverschlüsselten Text von Numeri 24,14 direkt darüber auf (S. 92).

* Wie bereits erwähnt erscheint »atomarer Holocaust« einmal in Numeri 29,9 bis Deuteronomium 8,19. Wieder findet sich »am Ende der Tage« direkt über dieser Eintragung, in der im selben Vers Numeri 24,14 auch »Weltkrieg« vermerkt ist (S. 92).

* »Amir«, Rabins Mörder, ist in derselben Auslassungssequenz codiert wie »Ende der Tage« von Numeri 16,3 bis Numeri 29,8. »Krieg« scheint im unverschlüsselten Text von Deuteronomium 4,34 auf, in dem auch »Ende der Tage« beginnt (S. 96).

* Die beiden biblischen Hinweise auf das »Ende der Tage« finden sich gemeinsam im unverschlüsselten Text von Deuteronomium 4,30 und in codierter Form in Numeri 28,9 bis Deuteronomium 19,10. Beide »Plagen« sowie der Appell »Rettet!« stehen an derselben Stelle in Numeri 14,37-38 (S. 96).

* »Sie wurde von einem Computer verfaßt« ist in Exodus 32,16-17 an der Stelle codiert, an der der unverschlüsselte Text folgendermaßen lautet: »Und Gott hatte (die Tafeln) selbst gemacht und selber die Schrift eingegraben« (S. 99).

* »Bibelcode« ist von Deuteronomium 12,11 bis 12,17 codiert. Das hebräische Wort für »Bibel« lautet *Tanakh,* womit das gesamte Alte Testament bezeichnet wird. »Vor Gott versiegelt« findet sich in Deuteronomium 12,12 (S. 103).

* »Computer« ist in Daniel 12,4-6 codiert. Der unverschlüsselte Text von Daniel 12,4 lautet: »Und du, Daniel, verbirg diese Worte, und versiegle dies Buch bis auf die letzte Zeit« (S. 103).

* »5756«, das hebräische Jahr für 1997, ist von Daniel 10,8 bis 11,22 codiert. Das derzeitige Jahr findet sich zudem mit den berühmten Worten von Daniel 12,4: »Verbirg diese Worte und versiegle das Buch bis auf die letzte Zeit.« An derselben Stelle, in Daniel 11,13 und Daniel 11,40, finden sich jeweils dieselben Worte, für die zwei mögliche Übersetzungen existieren: »für euch, das Codierte«, und »für euch, die verborgenen Geheimnisse« (S. 109).

KAPITEL 5

Die jüngste Vergangenheit

* »Weltkrieg« ist von Deuteronomium 4,28 bis Deuteronomium 17, 4 codiert. »Er wird sie niederschmettern, zerstören, vernichten« erscheint in Deuteronomium 9,19 quer über »Weltkrieg« (S. 111).

Das Wort »zweiter« ist direkt über »Weltkrieg« codiert, jedoch nicht in den Code-Ausdruck aufgenommen, da im Hebräischen der Ausdruck für »Krieg« weiblich ist und das Wort »zweiter« in männlicher Form aufscheint. Dennoch dürfte es sich um eine beabsichtigte Anordnung handeln, da der vollständige verborgene Text »zweiter und dritter« lautet und die Eintragung »die Welt verwüstet, Weltkrieg« kreuzt, die in einer einzigen Auslassungssequenz buchstabiert wird.

* »Roosevelt« findet sich einmal im Bibelcode, von Genesis 40,11 bis Deuteronomium 9,1. Er wird in Numeri 25,18 als »Präsident« identifiziert. Der verborgene Text desselben Verses lautet: »Er gab den Be-

fehl, am Tag der großen Niederlage loszuschlagen«. Der letzte Buchstabe des hebräischen Wortes für »große Niederlage« fehlt aufgrund der Breite der Wendung im Ausdruck (S. 112).

* Wie bereits angeführt, ist »atomarer Holocaust« in Numeri 29,9 bis Deuteronomium 8,19 codiert. 1945, im hebräischen Kalender »5705«, das Jahr des Atombombenabwurfs über Hiroshima, findet sich in Deuteronomium 8,19 und kreuzt den letzten Buchstaben von »atomarer Holocaust«. Der Code für »Japan« findet sich in Numeri 29,9 (S. 113).

* »Präsident Kennedy« ist einmal in der Bibel von Genesis 34,19 bis Genesis 50,4 codiert. Die darauffolgenden Worte in derselben Auslassungssequenz lauten »wird sterben«. Diese sind von Genesis 27,46 bis Genesis 31,51 zu finden. »Dallas« erscheint an derselben Stelle von Genesis 10,7 bis Genesis 39,4 (S. 114).

* »Oswald« ist von Numeri 34,6 bis Deuteronomium 7,11 codiert. »Name des Mörders, der morden wird« fanden wir in Deuteronomium 4,42, demselben Vers, in dem Rabins Ermordung und der Name seines Mörders, »Amir«, verzeichnet sind (S. 114).

* »Ruby« ist in Deuteronomium 2,8 gemeinsam mit »Oswald« und den Worten »er wird den Mörder töten« codiert, die in Numeri 35,19 begegnen (S. 115).

* »R. F. Kennedy« ist in Exodus 26,21-22 codiert. Im verborgenen Text dieser Verse findet sich zweimal, mit seinem Namen verschlungen, der Hinweis »zweiter Anführer wird ermordet«. »S. Sirhan«, der Name seines Mörders, ist von Exodus 19,18 bis Exodus 29,13 codiert und kreuzt »Kennedy« im Code (S. 115).

* »Toledano« ist von Genesis 31,39 bis Genesis 42,34 codiert. Das einzige Mal, daß sein Name aufscheint, lautet die vollständige Codesequenz: »Gefangenschaft von Toledano« (Genesis 24,6 bis Genesis 30,20). Der Name der Stadt »Lod« erscheint im Buch Genesis 39,14. Die Worte »vergießt kein Blut« finden sich im unverschlüsselten Text von Genesis 37,22. Im verborgenen Text von Genesis 30,20 stießen wir auf »er wird sterben« (S. 118).

* »Goldstein« ist von Genesis 31,10 bis Levitikus (3. Buch Mose) 25,16 codiert. »Ein Mann aus dem Hause Israel wird ein Blutbad anrichten« scheint quer über seinen Namen in Levitikus 17,3 auf. »Hebron«, der

Name der Stadt, in der es zu dem Massaker kam, findet sich in Numeri 3,19 (S. 119).

»Goldstein« wird üblicherweise mit einem zusätzlichen »vuv« buchstabiert, die hier angeführte alternative Schreibweise ist jedoch zulässig und stimmt mit dem biblischen Hebräisch überein.

* »Oklahoma« ist von Genesis 29,25 bis Genesis 35,5 codiert. »Tod« kreuzt den Namen der Stadt des Bombenanschlags in Genesis 30,20. »Es wird Terror herrschen« scheint im unverschlüsselten Text von Genesis 35,5 auf, dem letzten Vers, in dem »Oklahoma« codiert ist (S. 122).

* »Murrah-Gebäude« wird von Genesis 35,3 bis Genesis 46,6 codiert. Die Worte »Zerstörung, Blutbad« erscheinen in Genesis 35,3 und kreuzen das »M«. »Getötet und in Stücke gerissen« findet sich in Genesis 37,33, wiederum quer über dem Namen des Gebäudes (S. 123).

* »Sein Name ist Timothy« ist in Genesis 37,12-19 codiert. »McVeigh« findet sich in Genesis 37,8-9 (S. 124).

Der Name des mutmaßlichen Attentäters, der das Gebäude der Bundesbehörde in Oklahoma City in die Luft sprengte und dabei 168 Menschen tötete, findet sich im Code gemeinsam mit dem Tag und der Stunde des Anschlags. Das Attentat selbst ereignete sich »zwei Jahre nach dem Tod von Koresh«, dem Anführer einer irregeleiteten religiösen Sekte. Diese Worte sind ebenfalls zusammen mit »McVeigh« codiert, jedoch in dem im vorliegenden Buch wiedergegebenen Ausschnitt aus dem Computerausdruck nicht enthalten.

KAPITEL 6

Armageddon

* Sowohl »im Jahr 5760« als auch »im Jahr 5766« – nach der modernen Zeitrechnung 2000 und 2006 – sind mit »Weltkrieg« in Deuteronomium 11,14-15 codiert. Die beiden Jahresangaben finden sich in denselben Versen der Bibel und überlappen einander. »Im Jahr 5766« unterscheidet sich nur durch einen Buchstaben von der Schreibweise der Eintragung »im Jahr 5760«. Heute sind wir nicht in der Lage zu wissen, ob eines oder beide angegebenen Jahre bewußt an dieser Stelle zu finden ist. Beide stimmen trotz einer verschwindend kleinen Wahrscheinlichkeit mit »Weltkrieg« besser überein als jede andere Jahresangabe. Kein anderes Jahr scheint in der Originaltabelle von

»Weltkrieg« im Bibelcode auf. Mathematisch betrachtet ist die Übereinstimmung von »im Jahr 5766« etwas günstiger, jedoch scheint »5760« ein weiteres Mal, codiert in Numeri 28,5-6, in derselben Tabelle auf (S. 129).

* »Atomarer Holocaust« ist wie »Weltkrieg« mit den beiden Jahren 2000 und 2006 codiert. Beide Jahresangaben tauchen ein weiteres Mal in Deuteronomium 11,14-15 auf. Wieder besteht keine Möglichkeit zu erfahren, welches der beiden Jahre absichtlich an dieser Stelle codiert wurde. Mathematisch betrachtet, stimmen beide Eintragungen ausgezeichnet mit »atomarer Holocaust« und »Weltkrieg« überein, auch wenn »5766« wiederum etwas günstiger ist (S. 130).

* »Terrorismus« ist gemeinsam mit »Weltkrieg« in Deuteronomium 3,13 codiert. Die Worte »Krieg bis zum Ende« erscheinen direkt darüber in 1,44 (S. 133).

* »Kommunismus« ist einmal von Genesis 41,34 bis Numeri 26,12 in der Bibel codiert. Das dazugehörige Wort »Zusammenbruch« scheint in Numeri 22,27-28 auf. »Rußland« ist an derselben Stelle zwischen Numeri 26,12 und Numeri 34,2 vermerkt, »China« darunter in Deuteronomium 22,21, und die Worte »als nächstes« finden sich ebenfalls im selben Vers (S. 135).

* »Atomwaffe« begegnet einmal im Bibelcode, im Buch Jesaja 32,1 bis 65,18. »Jerusalem«, »Schriftrolle« und »er öffnete sie« scheinen gemeinsam im verschlüsselten Text des letzten Verses von Jesaja, 65,18, auf. Tatsächlich überlappen sie einander. Das »M« von »Atom« findet sich im »M« von »Jerusalem« und ebenfalls im »M« von »Megillah«, dem hebräischen Wort für »Schriftrolle« wieder. Auch die Worte »er öffnete sie« beginnen im Hebräischen mit demselben »M«. Da der unverschlüsselte Text des Buches Jesaja von einem »versiegelten Buch« spricht, das geöffnet und die Einzelheiten einer Apokalypse enthüllen werde – die eindeutig als Atomangriff auf Jerusalem beschrieben wird –, ist der Hinweis »Atomwaffe« sicherlich beabsichtigt. Im modernen Hebräisch würde dieses Wort üblicherweise mit einem weiteren Buchstaben geschrieben (S. 138).

* »Ariel«, der alte Name für Jerusalem, erscheint im verborgenen Text von Deuteronomium 4,28 zu Beginn der Codierung von »Weltkrieg« (S. 139).

* »Armageddon« ist von Genesis 44,4 bis Exodus 10,16 codiert. »Asad Holocaust« folgt in derselben Auslassungssequenz von Genesis 30,6 bis Genesis 41,57. Der Code-Ausdruck für »Armageddon« verwendet die hebräischen Worte »Har Megiddo«, was soviel wie »Berg Megiddo« bedeutet. Bibelgelehrte stimmen dahingehend überein, daß dieser hebräische Name der Ursprung für das Wort »Armageddon« ist, bei dem es sich um eine griechische Transliteration des Namens eines in Nordisrael gelegenen Ortes handelt. Das Wort »Armageddon« erscheint jedoch nicht im Alten Testament, sondern lediglich im Neuen Testament im unverschlüsselten Text (S. 140).

* »Syrien« ist in Hesekiel 38,10-15 codiert und beginnt bei dem Vers, der folgendermaßen lautet: »Und wirst kommen aus deinem Ort, vom äußersten Norden, du und viele Völker mit dir, alle zu Roß, ein großer Heerhaufen und eine gewaltige Macht«. »Gog, Land Magog« scheint im unverschlüsselten Text bei Hesekiel 38,2 auf (S. 141).

KAPITEL 7

Die Apokalypse

* Das Jahr 2113 begegnet uns in Deuteronomium 29,24 bis 33,14. »Leer, entvölkert, verwüstet« findet sich in Deuteronomium 33,14, »zu jedermanns großem Schrecken: Feuer, Erdbeben« im verborgenen Text des letzten Verses der ursprünglichen Bibel, Deuteronomium 34,12 (S. 146).

* »Großes Erdbeben« ist von Exodus 39,21 bis Deuteronomium 18,17 codiert. Diese Eintragung scheint ebenfalls mit den beiden Jahresangaben 2000 und 2006 auf. Wiederum überlappen sie einander in Levitikus 27,23. »Im Jahr 5760«, dem modernen Kalender entsprechend das Jahr 2000, findet sich ein zweites Mal in Exodus 39,21 (S. 146).

* »Los Angeles« ist lediglich in der abgekürzten Form »L. A. Kalif.« in Levitikus 23,10-12 und Genesis 27,9-30 codiert. Trotz einer sehr geringen Wahrscheinlichkeit scheint »L. A. Kalif.« gemeinsam mit »großes Erdbeben« (Exodus 9,24 bis Numeri 23,11) auf und ein weiteres Mal mit »Feuer, Erdbeben« (Genesis 27,17). Beide Codierungen sind mit derselben Jahresangabe 2010 zu finden. Dieses Jahr, im hebräischen Kalender »5770«, ist zusammen mit »großes Erdbeben« in Numeri 4,23 codiert. Darüber hinaus überlappt es sich mit »Feuer, Erdbeben« im Buch Genesis 27,17 (S. 148).

* »China« fanden wir in Numeri 33,12 mit »großes Erdbeben« und »im Jahr 5760« (wie oben angegeben). 1976, das Jahr des letzten »großen Erdbebens« in China, ist in Levitikus 27,24 verzeichnet (S. 150).

* »Kobe, Japan« ist von Numeri 5,14 bis Deuteronomium 1,7 codiert. Sowohl »Feuer, Erdbeben« als auch »das große Beben« erscheinen im verborgenen Text von Deuteronomium 10,21 (S. 152).

* »Jahr der Plagen« ist einmal codiert, von Exodus 16,10 bis Deuteronomium 2,34. »Israel und Japan« erscheinen im verborgenen Text von Exodus 16,10 und kreuzen das »Jahr der Plagen« (S. 153).

* »Japan« scheint in Levitikus 14,18 gemeinsam mit »großes Erdbeben« auf. Die Jahre 2000 und 2006 finden sich direkt darunter in Levitikus 27,23 (S. 153).

* »Wirtschaftlicher Zusammenbruch« begegnet in Exodus 20,9 bis Deuteronomium 11,6, das hebräische Jahr »5690« (1929) in Numeri 10,8 (S. 154).

* »Dinosaurier« ist einmal in der Bibel von Genesis 36,14 bis Deuteronomium 30,14 codiert. Die Eintragung »Drache« kreuzt »Dinosaurier« in Deuteronomium 4,25. Der Name des Drachens, den Gott der Bibel zufolge bekämpft haben soll, scheint im verborgenen Text von Deuteronomium 10,10 auf, wo es heißt: »Es wird Rahab schlagen«. »Asteroid« kreuzt »Dinosaurier« in Deuteronomium 24,19-21. Ein Buchstabe paßte nicht mehr in den hier gezeigten Ausschnitt des Bibelcode-Ausdrucks (S. 155).

* »Swift« ist von Levitikus 15,19 bis Levitikus 23,29 codiert. 2126, das Jahr der vorhergesagten Rückkehr des Kometen, ist in Levitikus 24,5 zu finden, »Er kam im siebenten Monat« in Levitikus 23,39. »Der siebente Monat« würde üblicherweise den siebenten Monat nach dem hebräischen Kalender bedeuten, in diesem Zusammenhang scheint es jedoch ein Hinweis auf das Eintreffen des Kometen im Juli zu sein, dem Monat, in dem der Komet sicher die Erde passiert (S. 158).

* »Komet« ist von Levitikus 18,20 bis Deuteronomium 27,1 codiert. Das Jahr 2006 findet sich in Levitikus 27,23. »Das für die Welt vorhergesehene Jahr« erscheint rechts darüber in Levitikus 25,46 (S. 161).

* Das Jahr 2012 erscheint ebenfalls mit »Komet« in Deuteronomium 1,4. »Erde vernichtet« findet sich direkt darüber in Exodus 34,10. Bei der Jahresangabe 2012 findet sich im verschlüsselten Text in Deuteronomium 1,4 auch der Hinweis »er wird zerfallen, ich werde ihn in Stücke schlagen« (S. 162).

KAPITEL 8

Die letzten Tage

* »Ministerpräsident Netanjahu« ist einmal von Exodus 19,12 bis Deuteronomium 4,47 codiert. »Im Juli nach Amman« scheint ohne Auslassungen im verborgenen Text von Levitikus 26,12-13 auf. Die Phrase findet sich nur ein einziges Mal in der Bibel (S. 165).

* »Verspätet« erscheint in Levitikus 14,39 direkt über »im Juli nach Amman« (S. 166).

* »Verspätet« ist dreimal gemeinsam mit »Ministerpräsident Netanjahu« rechts oberhalb von »im Juli nach Amman« und überlappend mit »seine Seele wird abgeschnitten« in derselben Tabelle in Exodus 31,14 zu finden. Ein weiteres Mal kreuzt es die Eintragung »ermordet« in Numeri 19,10 bis Deuteronomium 17,11 (S. 169).

* »Der nächste Krieg« ist einmal in der Bibel von Genesis 36,15 bis Numeri 12,8 codiert. »Ein weiterer wird sterben, Ab, Ministerpräsident« erscheint eine Zeile darüber im verborgenen Text der Genesis 25,11 (S. 169).

* »Der 9. des Ab ist der Tag des Dritten« erscheint im verborgenen Text von Numeri 19,12 gemeinsam mit »Weltkrieg« und »Ariel«, dem alten Namen für Jerusalem. »Dritter« stimmt im Geschlecht nicht mit »Krieg« überein, ein Wort, das im Hebräischen weiblich ist. Der »9. des Ab« war jedoch das Datum der ersten und der zweiten Zerstörung Jerusalems, und da der Bibelcode davor warnt, daß ein Dritter Weltkrieg mit der dritten Zerstörung Jerusalems an eben diesem Datum beginnen könnte, ist die Eintragung als eindeutig beabsichtigt zu betrachten. Sollte sich das Wort »dritter« auf die Zerstörung Jerusalems beziehen, ist das Hebräisch an dieser Stelle einwandfrei (S. 171).

* »9, Ab, 5756«, dem modernen Kalender entsprechend der 25. Juli 1996, ist von Genesis 45,27 bis Levitikus 13,55 codiert. »Bibi« und »verspätet« finden sich im verborgenen Text gemeinsam mit »fünf Zukunftsaussichten, fünf Wege« in Numeri 7,35 (S. 172).

* »Holocaust in Israel« ist einmal von Genesis 49,17 bis Deuteronomium 28,64 codiert. Das Jahr 2000, dem hebräischen Kalender zufolge »5760«, kreuzt diese Phrase in Exodus 12,4. »Verspätet« überlappt die Jahresangabe im verborgenen Text von Exodus 12,4-5 (S. 174).

* »Sie verschoben das Jahr der Plagen« ist in einer einzigen Auslassungssequenz von Genesis 1,3 bis Deuteronomium 2,34 codiert. »Israel und Japan« kreuzen diese Eintragung in Exodus 16,10 (S. 175).

* »Freund verspätet« erscheint im verborgenen Text in Numeri 14,14, in dem die unverschlüsselten Worte das »Ende der Tage« vorhersagen. Beide Eintragungen tauchen direkt über »Weltkrieg« auf (S. 175).

* »Tunnel« ist mit derselben Auslassungssequenz codiert wie »Holocaust in Israel« und läuft parallel zu dieser Eintragung von Exodus 17,2 bis Numeri 14,36 (S. 177).

* »Ramallah« scheint in Numeri 32,25 auf und kreuzt »atomarer Holocaust (Numeri 29,9 bis Deuteronomium 8,19). Der vollständige verborgene Text lautet »Ramallah erfüllte die Prophezeiung« (S. 178).

* »Annektiert« findet sich zweimal mit »Holocaust in Israel« in Levitikus 13,2 und Levitikus 27,15 (S. 178).

* »Arafat« erscheint in Deuteronomium 9,6 rechts oberhalb von »am Ende der Tage« (Deuteronomium 4,30) an jener Stelle, an der diese Worte im unverschlüsselten Text der Bibel gemeinsam mit dem zweiten biblischen Hinweis auf das »Ende der Tage« auftaucht (Numeri 28,9 bis Deuteronomium 19,10) (S. 179).

* »Sie verkündigten die Zukunft rückwärts« scheint in Jesaja 41,23 auf. Diese Phrase läßt sich auch als »sie verkündigten, was hernach kommen wird«, oder »Verkündigt die Buchstaben rückwärts« übersetzen. »5756«, dem modernen Kalender entsprechend 1996, erscheint in Spiegelschrift im selben Vers des Buches Jesaja (S. 184). »Sie änderten die Zeit« überlappt ebenfalls in Spiegelschrift die Jahresangabe in Jesaja 41,23 (S. 185).

* »Der Code wird retten« begegnet in Numeri 26,64 rechts oberhalb von »atomarer Holocaust« und rechts unterhalb von »am Ende der Tage« (Numeri 24,14). Im Hebräischen bedeuten dieselben Buchstaben von »der Code wird retten« auch »Code von Moses« (S. 189).

ANMERKUNGEN ZU DEN KAPITELN

* »Bibelcode« ist von Genesis 41,46 bis Numeri 7,38 codiert. Das hebräische Wort, das hier für »Bibel« verwendet wird, ist *Thora,* die Bezeichnung für die fünf Bücher des Alten Testaments, die, wie die Bibel sagt, Moses von Gott diktiert wurden. Das Wort, das »Code« bildet, ist ein Verb, so daß der ganze Satz auch als »er codierte die Thora und mehr« gelesen werden kann. Die Worte »und mehr« finden sich von Numeri 20,20 bis Deuteronomium 28,8 (S. 193).

* Ein weiteres Mal findet sich »Bibelcode« von Deuteronomium 12,11 bis 12,17. Das hebräische Wort, das an dieser Stelle für »Bibel« steht, ist *Tanakh,* das das ganze Alte Testament meint. »Versiegelt vor Gott« erscheint in Deuteronomium 12,12 (S. 194).

Anhang

Das Originalexperiment, das die Existenz des Bibelcodes bewies, wurde in dem amerikanischen Wissenschaftsmagazin *Statistical Science* veröffentlicht, einem Organ des Institute of Mathematical Statistics (Vol. 9, Nr. 3, August 1994, S. 429-438).

Der Herausgeber, Robert E. Kass von der Carnegie Mellon University, stellte in einer Vorbemerkung fest: »Unsere Gutachter waren verblüfft: Ihre Überzeugungen hatten sie bislang glauben lassen, das Buch Genesis könne keine sinnvollen Referenzen auf heute lebende Individuen enthalten, doch sie führten zusätzliche Analysen durch und belegten das Ergebnis.«

In den knapp drei Jahren nach der Veröffentlichung der Rips/Witztum-Arbeit sandte niemand einen Gegenbeweis an das Mathematikmagazin.

»KONSTANTE BUCHSTABENFOLGE IM BUCH GENESIS«

(aus: *Statistical Science*, 1994, Nr. 9, S. 429-438)
Doron Witztum, Elijahu Rips und Yoav Rosenberg[2]

Zusammenfassung: Die vorliegende Studie basiert auf der Beobachtung, daß, wenn man das 1. Buch Mose in Form einer zweidimensionalen Reihe schreibt, oftmals nahe beieinander konstante Buchstabenfolgen auftauchen, die Worte mit zueinander in Beziehung stehenden Bedeutungen ergeben. Stichprobenanalysen ergaben, daß dieser Effekt in einem Grad von 0,00002 auftritt.

Schlüsselbegriffe: Genesis, konstante Buchstabenfolge, zylindrische Wiedergabe, statistische Analyse.

[2] Elijahu Rips ist außerordentlicher Professor für Mathematik an der hebräischen Universität von Jerusalem, Givat Ram, Jerusalem 91904, Israel. Doron Witztum und Yoav Rosenberg führten die gegenständliche Forschung an der Hochschule für Technologie in Jerusalem durch, 21 Havaad Haleumi St., P.O.B. 16031, Jerusalem 91160, Israel.

1. Einführung

Das in dieser Studie behandelte Phänomen wurde vor mehreren Jahrzehnten erstmals von Rabbi Weissmandel (7) entdeckt. Er fand einige interessante Muster im hebräischen Pentateuch (den fünf Büchern Mose), die aus Wörtern oder Phrasen in Form von konstanten Buchstabenfolgen (KBFs) bestanden, sich also durch die Wahl einer Sequenz von Buchstaben ergaben, die innerhalb des Textes denselben Abstand voneinander aufwiesen.

Wie beeindruckend dies auch erschien, es gab kein geeignetes Prüfverfahren, mit dessen Hilfe sich hätte feststellen lassen können, ob es sich hierbei um einen Zufall aufgrund der enormen Kombinationsmöglichkeiten von Worten und Ausdrücken handelte, die sich durch Auswahl arithmetischer Reihen im Text ergaben. Ziel dieser Forschungsarbeit ist es nun, das Phänomen einer systematischen Untersuchung zu unterziehen und Klarheit darüber zu schaffen, ob es sich um ein echtes Phänomen handelt, oder ob es sich rein auf Basis von Zufallskombinationen erklären läßt.

Unsere Vorgehensweise läßt sich anhand des folgenden Beispiels illustrieren. Nehmen wir an, wir hätten einen Text in einer uns unbekannten Fremdsprache verfaßt. Nun stellt sich die Frage, ob der Text (in dieser Fremdsprache) eine Bedeutung beinhaltet. Da wir die Sprache nicht beherrschen, ist dies schwierig zu beantworten. Nehmen wir nun weiter an, wir wären mit einem sehr begrenzten Wörterbuch ausgestattet, das es uns lediglich gestattet, hier und dort ein Wort des Textes zu erkennen: z. B. »Hammer« an dieser Stelle, »Stuhl« an einer anderen, vielleicht auch noch das Wort »Regenschirm«. Können wir mit diesen Hilfsmitteln bereits feststellen, ob der Text einen Sinn ergibt?

Dies muß zum gegenwärtigen Zeitpunkt verneint werden. Gehen wir jedoch davon aus, daß es uns unser kleines Wörterbuch gestattet, innerhalb des Textes verschiedene, miteinander in Bezug stehende Worte zu erkennen, wie etwa »Hammer« und »Amboß«, können wir überprüfen, ob sie innerhalb des Textes in »engem Zusammenhang« auftreten. Sollte der Text bedeutungslos sein, erwarten wir nicht, auf eine solche Tendenz zu stoßen, da für ihr Vorkommen kein Grund bestünde. Im nächsten Schritt weiten wir unsere Prüfung aus. Wir versuchen, andere in Zusammenhang stehende Wortpaare zu entdecken, wie etwa »Stuhl« und »Tisch« oder »Regen« und »Regenschirm«. Anhand solcher Probenpaare überprüfen wir die Auftrittstendenz von miteinander in engem Zusammenhang stehenden Paaren innerhalb des Textes. Wiederum gilt: Wenn der Text keinen Sinn enthält, besteht kein Grund, eine derartige Tendenz zu erwarten. Andererseits weist ein häufiges Erscheinen solcher verbundener Paare darauf hin, daß der Text eine Bedeutung haben könnte.

Allerdings ist anzumerken, daß wir auch in einem in jeder Hinsicht bedeutungsvollen Text nicht unbedingt erwarten, daß jedes derartige Paar eine solche Tendenz aufweist. Weiter ist darauf zu verweisen, daß wir den fremdsprachigen Text bisher nicht decodierten. Wir erkennen seine Syntax nicht und können den Text nicht lesen.

Dies ist in groben Zügen der Ansatz für die in der vorliegenden Dokumentation beschriebene Forschungsarbeit. Um zu überprüfen, ob die KBFs eines vorgegebenen Textes »verborgene Informationen« enthält, ordnen wir den Text in zweidimensionaler Form an und definieren den Abstand zwischen den KBFs entsprechend dem üblichen zweidimensionalen metrischen System nach Euklid. Danach untersuchen wir, ob die KBFs Worte ergeben, die in »engem Zusammenhang« zu stehen scheinen.

Nehmen wir zum Beispiel einen Text wie die Genesis (G). Im ersten Schritt definieren wir eine konstante Buchstabenfolge (eben KBF) als Buchstabensequenz des Textes, deren Anordnung ohne Berücksichtigung der Leerstellen eine arithmetische Folge darstellt, d. h. die Buchstaben treten in folgenden Positionen auf:

$n, n+d, n+2d, \ldots, n + (k-1)d,$

wobei d als Auslassung, n als Ausgangspunkt und k als Länge der KBF definiert werden. Diese drei statistischen Meßzahlen bieten eine eindeutige Bestimmung der jeweiligen KBF.

צ	ו	מ	פ	ט	ק	ר	ו	י	ב	א	ת	י	ב	ו	ו	י	ח	א	ו	פ	ס	ו	י
ע	ל	ע	י	ו	נ	**ש**	ג	צ	ר	א	ב	ו	ב	ז	ע	מ	ר	ק	ב	ו	מ	נ	א
כ	ה	נ	ח	מ	ה	**י**	ה	י	ו	מ	י	ש	ר	פ	מ	ג	ב	כ	ר	מ	ג	ו	מ
ע	ב	ר	ש	א	ד	**ס**	א	ה	נ	ר	ג	ד	ע	ו	א	ב	י	ו	ד	א	מ	ד	ב
ו	ל	ו	ד	ג	ד	**פ**	**ס**	מ	מ	ש	ו	**ד**	פ	ס	י	ו	**נ**	ד	ר	י	ה	ר	ב
מ	י	ת	ע	ב	ש	ל	ב	א	ו	י	ב	א	ל	ש	ע	י	ו	ד	א	מ	ד	ב	כ

Abb. 1

Im nächsten Schritt ordnen wir den Text als zweidimensionale Reihe auf einer einzigen großen Seite mit Zeilen gleicher Länge (mit Ausnahme vielleicht der Schlußzeile) an. Für gewöhnlich begegnet eine KBF als Punktgruppe auf einer Geraden. Die Ausnahmen sind jene Fälle, in denen eine KBF eine Vertikale der Reihe »kreuzt« und am gegenüberliegenden Rand erneut zu finden ist. Um diesen Sonderfall in unsere

Gliederung einzubauen, stellen wir uns die beiden vertikalen Ränder der Reihe als aneinandergeklebt vor, wobei das Ende der ersten Zeile an den Beginn der zweiten anschließt, das Ende der zweiten entsprechend an den Beginn der dritten usw. Auf diese Weise erhalten wir einen Zylinder, auf dem sich der Text in einer einzigen langen Zeile spiralförmig abwärts dreht.

Es stellte sich heraus, daß die Genesis, wenn man sie auf diese Weise aufarbeitet, KBFs enthält, die häufig miteinander in engem Zusammenhang stehende Worte ergeben. In Abbildung 1 sehen wir das Beispiel von »Hammer« und »Amboß«, in Abbildung 2 das von »Zedekia« und »Mattanja«, dem ursprünglichen Namen von König Zedekia (2. Könige 24,17). In Abbildung 3 erkennen wir ein weiteres Beispiel, diesmal »Chanukka« und »Hasmonäer«. Die Hasmonäer waren eine Priesterfamilie, die die Revolte gegen die Syrer anführte, deren erfolgreicher Abschluß im Chanukka-Fest gefeiert wird.

KBFs von kurzen Worten wie »Hammer« und »Amboß« können in jedem beliebigen Text mit einer gewissen Wahrscheinlichkeit auftreten. In der Genesis jedoch zeigt sich dieses Phänomen auch in bezug auf »bemerkenswertere« KBFs, d. h. solche, bei denen die Auslassung $|d|$ über den gesamten Text oder große Passagen *minimal* ist. Für »Hammer« findet sich in der gesamten Genesis keine kleinere Auslassungssequenz als die von Abbildung 1. Für »Amboß« begegnet in einem Textanteil von 71 Prozent von *G* überhaupt keine. Die übrigen vier Worte verteilen sich minimal über den gesamten Text von *G*. Angesichts dieser Anordnung ist nicht klar festzustellen, ob dies dem Zufall zugerechnet werden kann oder nicht. Unsere Arbeit besteht nun in der Entwicklung einer Methode zur Überprüfung der Bedeutsamkeit dieses Phänomens in bezug auf anerkannte Grundsätze der Statistik. Nach Auswahl bestimmter Vergleichsworte und Meßmethoden zum Vergleich der Zusammengehörigkeit, führen wir einen Zufallstest durch und erhalten einen sehr geringen *p*-Wert, wodurch den Ergebnissen aus statistischer Sicht eine hohe Bedeutung zukommt.

ו א ת א ו פ ר ו א ת ח ו י
א מ ל כ ס ד מ ו מ ל כ ע מ
ו י מ ל א ת ב ש ר ע ר ל ת
א ב י ה נ י י נ ו ח ק מ ה
א ר צ ע ק ב א ש ר ש מ ע ת
ל ב נ ו ו ע ת ה א מ י ש כ
ק מ ד ו ע ב א ת מ א ל י ו
מ ד י ו ש מ ר נ י ב ד ר כ
ו ה ק ש ר י מ ל י ע ק ב ו
ל מ י א ל ה ל פ נ י כ ו א
ו ו י א מ ר ל ו א ל ה י מ
כ ו ד מ ה ש ל י כ ו א ת ו
מ ו ה מ ש ק ה ו ה א פ ה א
מ ו י ח ז ק ה ר ע ב ב א ר
י מ ו ל ח מ ו י ש י מ ו ל
ו ב נ י ו ב כ ר י ע ק ב ר

Abb. 2

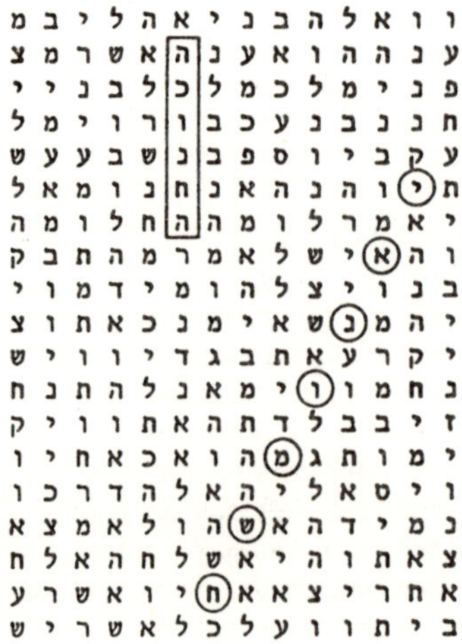
ו ו א ל ה ב נ י א ה ל י ב מ
ע נ ה ה ו א ע נ ה א ש ר מ צ
פ נ י מ ל כ מ ל כ ל ב נ י י
ח נ נ ב נ ע כ ב ו ר ו י מ ל
ע ק ב י ו ס פ ב נ ש ב ע ע ש
ת י ו ה נ ה א נ ח נ ו מ א ל
י א מ ר ל ו מ ה ה ח ל ו מ ה
ו ה א י ש ל א מ ר מ ה ת ב ק
ב נ ו י צ ל ה ו מ י ד מ ו י
י ה מ נ ש א י מ נ כ א ת ו צ
י ק ר ע א ת ב ג ד י ו ו י ש
נ ח מ ו ו י מ א נ ל ה ת נ ח
ז י ב ב ל ד ת ה א ת ו ו י ק
י מ ו ת ג מ ה ו א כ א ח י ו
ו י ס א ל י ה א ל ה ד ר כ ו
נ מ י ד ה א ש ה ו ל א מ צ א
צ א ת ו ה י א ש ל ח ה א ל ח
א ח ר י צ א א ח י ו א ש ר ע
ב י ת ו ע ל כ ל א ש ר י ש

Abb. 3

2. Grundzüge der Verfahrensweise

In diesem Kapitel beschreiben wir den Test in seinen Grundzügen.

Wir überprüfen das Phänomen anhand von Probenpaaren miteinander in Bezug stehender Worte (wie »Hammer«/»Amboß« oder »Zedekia«/«Mattanja«). Als Vorbereitung dafür müssen wir

(i) die Distanz zwischen jeweils zwei Worten, d. h. ihren »engen Zusammenhang« bestimmen,

(ii) statistische Meßzahlen definieren, die ausdrücken, wie nahe die Worte eines Probenpaares »insgesamt« zueinander stehen (eine Art Durchschnittswert über das gesamte Beispiel),

(iii) Probenpaare miteinander in Zusammenhang stehender Worte für den Testdurchlauf wählen,

(iv) bestimmen, ob die in (ii) definierten statistischen Meßzahlen für das gewählte Beispiel »ungewöhnlich klein« sind.

Aufgabe (i) beinhaltet mehrere Komponenten. Erstens müssen wir die »Entfernung« zwischen zwei vorgegebenen KBFs in einer vorgegebenen Reihe definieren. Dafür wenden wir eine geeignete Variante der üblichen euklidischen Entfernung an. Zweitens bestehen viele Arten, einen Text in Abhängigkeit von der Zeilenlänge als zweidimensionale Reihe anzuordnen. Wir müssen eine oder mehrere dieser Reihen auswählen und die Ergebnisse vereinen (selbstverständlich müssen sowohl Auswahl als auch Amalgamierung nach klar definierten, systematischen Regeln erfolgen). Drittens könnte ein vorgegebenes Wort mehrmals als KBF in einem Text auftauchen. Auch hier benötigen wir wiederum einen Auswahl- und Amalgamierungsprozeß.

Viertens müssen wir Faktoren wie Wortlänge und Wortzusammenstellung korrigieren. All dies wird in den Kapiteln A. 1 und A. 2 des Anhangs näher beschrieben.

Wir weisen darauf hin, daß unsere Entfernungsdefinition keinesfalls einzigartig ist. Auch wenn gewisse übergeordnete Grundsätze bestehen (wie die Minimierung der Auslassung *d*), können einige Einzelschritte in anderer Form durchgeführt werden. Eine Veränderung dieser Einzelheiten übt unserer Ansicht nach keinen Einfluß auf das eigentliche Ergebnis aus. Wir wählen jedenfalls die einzige bisher von uns verwendete Definition, d.h. die in Kapitel A. 2 des Anhangs beschriebene Funktion $c(w, w')$ wurde vor Wahl der Beispiele definiert und keiner Veränderung unterzogen. (Dasselbe gilt für das Auswahlverfahren für Aufgabe (ii)).

In Schritt (ii) wird die Gesamtentfernung von Wortpaaren in der ganzen Probe gemessen. Dafür verwendeten wir zwei unterschiedliche statistische Meßzahlen P_1 und P_2, die in Kapitel A. 5 des Anhangs definiert werden und intuitiv jeweils auf andere Art die Gesamtnähe messen. Jedenfalls deutet ein geringer P_i-Wert auf ein insgesamt enges gemeinsames Auftreten der Probenpaare hin. Keine andere statistische Meßzahl wurde jemals für die erste, zweite oder jede weitere Probe berechnet.

In Aufgabe (iii), in der ein geeignetes Beispiel von Wortpaaren identifiziert wird, bemühten wir uns um Einheitlichkeit und Objektivität im Hinblick auf die Auswahl von Paaren und Beziehungen zwischen ihren Elementen. Folglich wurde unser Beispiel auf einer Liste von Persönlichkeiten (*p*) und den entsprechenden Geburts- und Sterbedaten (Tages- und Monatsangaben jeweils nach dem hebräischen Kalender) (*p'*) aufgebaut. Die Persönlichkeiten entnahmen wir der *Encyclopedia of Great Men in Israel* (5).

Anfangs genügte als Kriterium für die Aufnahme einer Persönlichkeit in das Beispiel, daß die jeweilige Eintragung zumindest drei Textspalten umfaßte und ein Geburts- bzw. Sterbedatum angegeben war. Auf diese Weise ergaben sich 34 Persönlichkeiten (s. Erste Liste – Tabelle 1). Um jeden Verdacht, die Tests auf die Daten abgestimmt zu haben, zu vermeiden, entschlossen wir uns im weiteren, eine neue Probengruppe heranzuziehen, ohne sonstige Änderungen in der

Testreihe anzubringen. Hierbei wählten wir sämtliche Persönlichkeiten, deren Eintragungen zwischen 1,5 und 3 Textspalten in der vorgenannten Enzyklopädie umfaßten. Somit ergaben sich 32 Persönlichkeiten (s. Zweite Liste – Tabelle 2). Der Test im Hinblick auf die Bedeutung wurde lediglich beim zweiten Beispiel durchgeführt.

Anzumerken bleibt, daß es sich bei Paaren aus dem Namen einer Persönlichkeit und dem jeweiligen Datum (p, p') nicht um Wortpaare handelt. Bei den Persönlichkeiten sind zudem ihre Anreden angeführt. Darüber hinaus gibt es Variationen in der Schreibweise und unterschiedliche Arten zur Angabe von Daten. Auf diese Weise entspricht jedes Persönlichkeits/Datums-Paar (p, p') mehreren Wortpaaren (w, w'). Eine genaue Beschreibung der Methode zur Erstellung von Wortpaaren aus einer Liste von Persönlichkeiten wird im Anhang beschrieben (Kapitel A. 3).

Das Maß für die Nähe von Wortpaaren (w, w') ergibt die statistischen Meßzahlen P_1 und P_2. Wie im Anhang in Kapitel A. 5 erklärt, verwendeten wir auch eine Variante dieser Methode, durch die sich aus derselben Liste von Persönlichkeiten eine geringere Anzahl von Wortpaaren ergibt. Die statistischen Meßzahlen P_1 und P_2 werden für diese kleinere Probe als P_3 und P_4 angegeben.

Schließlich gelangen wir zu Aufgabe (iv), dem Bedeutungstest an sich, der so geradlinig und einfach ist, daß wir ihn an dieser Stelle vollständig erläutern.

Die zweite Liste beinhaltet 32 Persönlichkeiten. Für jede der 32! Anordnungen π dieser Persönlichkeiten definieren wir die statistische Meßzahl P_1^π, die wir durch Mischung der Persönlichkeiten in Abhängigkeit von π erhalten, so daß Persönlichkeit i mit den Daten von Persönlichkeit $\pi(i)$ übereinstimmt. Die 32! Zahlen P_1^π werden mit möglichen Verbindungen zu der üblichen Anordnung echter Zahlen geordnet. Sollte das untersuchte Phänomen dem Zufall unterliegen, könnte P_1 jeden der 32! Plätze in dieser oder einer beliebigen anderen Anordnung einnehmen. Dasselbe gilt für P_2, P_3 und P_4. So lautet unsere Ausgangshypothese.

Zur Berechnung der Bedeutungsebenen wählen wir 999 999 Zufallsanordnungen π der 32 Persönlichkeiten. Die genaue Vorgangsweise wird im Anhang in Kapitel A. 6 erklärt. Jede dieser Anordnungen π bestimmt eine statistische Meßzahl P_1^π. Mit P_1 erhalten wir somit 1000000 Zahlen. Die Rangordnung von P_1 innerhalb dieser 1000000 Zahlen wird als Zahl von P_1^π bezeichnet und darf P_1 nicht übersteigen. Ist P_1 an andere P_1^π gebunden, wird die Hälfte dieser anderen als »Überschreitung« von P_1 gewertet. Legen wir nun ρ_1 als Rangordnung von P_1 dividiert durch 1000000 unter der Nullhypothese fest, so ist ρ_1 die Wahrscheinlichkeit, daß P_1 einen solch niedrigen Rang hat, wie dies der Fall ist. Auf dieselbe Weise werden ρ_2, ρ_3, und ρ_4 definiert (wobei jeweils dieselben 999999 Anordnungen verwendet werden).

Nach der Berechnung der Wahrscheinlichkeiten von ρ_1 bis ρ_4 müssen wir eine Grundsatzentscheidung treffen, ob wir die Forschungshypothese annehmen oder zurückweisen. Hierbei sollten wir es vermeiden, lediglich positive Beweise zu wählen, wie z.B. von der Annahme ausgehen, daß, wenn $\rho_3 = 0{,}01$ ist, die weiteren ρ_i höher sind. In diesem Fall könnte man geneigt sein, lediglich ρ_3 zu berücksichtigen und die Nullhypothese somit in einem Grad von 0,01 ablehnen. Dies wäre ein Fehler. Bei einer ausreichenden Anzahl von statistischen Meßzahlen ist es sehr wahrscheinlich, daß durch Zufall einige sehr gering sein werden. Die korrekte Frage ist: Wenn wir von der Nullhypothese ausgehen, wie groß ist dann die Wahrscheinlichkeit, daß zumindest eines der vier ρ_i kleiner oder gleich 0,01 ist? Wenn wir das Ereignis »$\rho_i \leq 0{,}01$« als E_i bezeichnen, müssen wir nicht nur die Wahrscheinlichkeit für E_3, sondern auch die von »E_1 oder E_2 oder E_3 oder E_4« berechnen. Sollten sich die E_i gegenseitig ausschließen, läge die Wahrscheinlichkeit bei 0,04. Überschneidungen verringern lediglich die Gesamtwahrscheinlichkeit, so daß sie in jedem Fall kleiner oder gleich 0,04 ist. Somit können wir die Nullhypothese in einem Grad von 0,04 ablehnen, aber nicht in einem von 0,01.

Allgemeiner ausgedrückt, ist für jedes vorgegebene δ die Wahrscheinlichkeit, daß zumindest eine der vier Zahlen ρ_i kleiner oder gleich δ ist, höchstens 4δ. Dies ist als Bonferroni-Ungleichung bekannt. Somit ist der Gesamtbedeutungsgrad (oder *p*-Wert) unter Verwendung aller vier statistischen Meßzahlen gleich $\rho_0 := 4 \min \rho_1$.

Tabelle 1

Erste Liste von Persönlichkeiten

Persönlichkeit	Name	Datum
1. Der Ra'avad von Posquieres	רבי אברהם, הראב"ד	כ"ו כסלו, בכ"ו כסלו, כ"ו בכסלו
2. Rabbi Abraham, Sohn des Rambam	רבי אברהם	י"ח כסלו, בי"ת כסלו, י"ח בכסלו
3. Rabbi Abraham Ibn-Esra	רבי אברהם, אבן עזרא, בן עזרא, הראב"ע	א' אדר א', בא' אדר א', א' באדר א'
4. Rabbi Elijahu Babur	רבי אליהו, הבחור, בעל הבחור	בו' שבט, ו' בשבט
5. Rabbi Elijahu von Wilna	רבי אליהו, הגאון	ט"ו ניסן, בט"ו ניסן, ט"ו בניסן י"ה ניסן, בי"ה ניסן, י"ה בניסן י"ט תשרי, בי"ט תשרי, י"ט בתשרי
6. Rabbi Gershon Ashkenasi	רבי גרשון, הגרשני	י' אדר ב', בי' אדר ב', י' באדר ב'
7. Rabbi David Gans	רבי דוד, דוד גנז, דוד גאנז, צמח דוד	ה' אלול, בה' אלול, ה' באלול
8. Der Tas	רבי דוד, דוד הלוי, בעל הט"ז	כ"ו שבט, בכ"ו שבט, כ"ו בשבט
9. Rabbi Haim Ibn-attar	רבי חיים, בן עטר, אבן עטר, אור החיים	ט"ו תמוז, בט"ו תמוז, ט"ו בתמוז י"ה תמוז, בי"ה תמוז, י"ה בתמוז
10. Rabbi Jehudah, Sohn des Rosh	רבי יהודה	י"ז תמוז, בי"ז תמוז, י"ז בתמוז
11. Rabbi Jehudah He-Hasid	רבי יהודה	י"ג אדר, בי"ג אדר, י"ג באדר
12. Maharal von Prag	רבי יהודה, רבי ליוא, המהר"ל, מהר"ל מפרג	י"ח אלול, בי"ח אלול, י"ח באלול
13. Rabbi Jehonathan Eybeschuets	רבי יונתן, איבשיץ, בעל התמים	כ"א אלול, בכ"א אלול, כ"א באלול
14. Rabbi Heshil von Krakau	רבי יהושע, רבי העשיל	כ' תשרי, בכ' תשרי, כ' בתשרי
15. Der Sema	רבי יהושע, בעל הסמ"ע	י"ט ניסן, בי"ט ניסן, י"ט בניסן
16. Der Bach	רבי יואל, סירקש, בעל הב"ח	בכ' אדר, כ' באדר
17. Rabbi Jom-Tov Lipman Heller		ו' אלול, בו' אלול, ו' באלול
18. Rabbenu Jonah	רבי יונה, רבנו יונה	ח' חשון, בח' חשון, ח' בחשון
19. Rabbi Josef Caro	רבי יוסף, יוסף קרו, יוסף קארו, מהר"י קרו, מהר"י קארו, בית יוסף, המחבר	י"ג ניסן, בי"ג ניסן, י"ג בניסן
20. Rabbi Jeheskel Landa	בעל הצל"ח	י"ח חשון, בי"ח חשון, י"ח בחשון י"ז איר, בי"ז איר, י"ז באיר
21. Der Pnei-Jehoshua	פני יהושע	כ"ח כסלו, בכ"ח כסלו, כ"ח בכסלו י"ד שבט, בי"ד שבט, י"ד בשבט
22. Rabbenu Tam	רבי יעקב, רבנו תם	ד' תמוז, בד' תמוז, ד' בתמוז
23. Der Rif	רבי יצחק, אלפסי, רב אלפס	
24. Der Besht	רבי ישראל, בעל שם טוב, הבעש"ט	י"ח אלול, בי"ח אלול, י"ח באלול
25. Der Maharam von Rothenburg	רבי מאיר, המהר"ם	י"ט איר, בי"ט איר, י"ט באיר
26. Der Levuah	רבי מרדכי, מרדכי יפה, הלבוש, בעל הלבוש	ג' אדר ב', בג' אדר ב', ג' באדר ב'
27. Der Rema	רבי משה, איסרלש	י"ח איר, בי"ח איר, י"ח באיר
28. Der Ramhal	לוצטו, לוצאטו, הרמח"ל	כ"ו איר, בכ"ו איר, כ"ו באיר
29. Der Rambam	רבי משה, הרמב"ם	בכ' טבת, כ' בטבת י"ד ניסן, בי"ד ניסן, י"ד בניסן
30. Hacham-Zvi	רבי צבי, חכם צבי	בא' איר, א' באיר
31. Der Shach	רבי שבתי, שבתי כהן, שבתי הכהן, בעל הש"ך	א' אדר א', בא' אדר א', א' באדר א'
32. Rashi	רבי שלמה	כ"ט תמוז, בכ"ט תמוז, כ"ט בתמוז
33. Der Maharahal	רבי שלמה, לוריא, מהרש"ל, המהרש"ל	י"ב כסלו, בי"ב כסלו, י"ב בכסלו
34. Der Maharaha	אידלש, מהרש"א, המהרש"א	ה' כסלו, בה' כסלו, ה' בכסלו

Tabelle 2
Zweite Liste von Persönlichkeiten

Persönlichkeit	Name	Datum
1. Rabbi Abraham Av-Beit-Din von Narbonne	רבי אברהם, הראב״י, הרב אב״ד, הראב״ד, האשכול	כ׳ חשון, בכ׳ חשון, כ׳ בחשון
2. Rabbi Abraham Jithaki	רבי אברהם, יצחקי, זרע אברהם	י״ג סיון, בי״ג סיון, י״ג בסיון
3. Rabbi Abraham Ha-Malakh	רבי אברהם, המלאך	י״ב תשרי, בי״ב תשרי, י״ב בתשרי
4. Rabbi Abraham Saba	רבי אברהם, אברהם סבע, צרור המר	
5. Rabbi Aaron von Karlin	רבי אהרן	י״ט ניסן, בי״ט ניסן, י״ט בניסן
6. Rabbi Elieser Ashkenasi	מעשי השם, מעשי י/ה/ו/ה	כ״ב כסלו, בכ״ב כסלו, כ״ב בכסלו
7. Rabbi David Oppenheim	רבי דוד, אופנהים	ז׳ תשרי, בז׳ תשרי, ז׳ בתשרי
8. Rabbi David Ha-Nagid	רבי דוד, דוד הנגיד	
9. Rabbi David Nieto	רבי דוד, דוד ניטו	כ״ח טבת, בכ״ח טבת, כ״ח בטבת
10. Rabbi Haim Abulaña	רבי חיים	ו׳ ניסן, בו׳ ניסן, ו׳ בניסן
11. Rabbi Haim Benbenesi	רבי חיים, בנבנשת	י״ט אלול, בי״ט אלול, י״ט באלול
12. Rabbi Haim Capusi	רבי חיים, כפוסי, בעל נס, בעל הנס	י״ב שבט, בי״ב שבט, י״ב בשבט
13. Rabbi Haim Shabetai	רבי חיים, חיים שבתי, מהרח״ש, המהרח״ש	י״ג ניסן, בי״ג ניסן, י״ג בניסן
14. Rabbi Jair Haim Bacharach	חות יאיר	בא׳ טבת, א׳ בטבת
15. Rabbi Jehudah Hasid	רבי יהודה	ה׳ חשון, בה׳ חשון, ה׳ בחשון
16. Rabbi Jehudah Aysah	רבי יהודה, מהר״י עיאש	א׳ תשרי, בא׳ תשרי, א׳ בתשרי
17. Rabbi Jehosef Ha-Nagid	רבי יהוסף	בט׳ טבת, ט׳ בטבת
18. Rabbi Jehoshua von Krakau	רבי יהושע, מגני שלמה	בכ״ז אב, כ״ז באב
19. Der Mahrit	רבי יוסף, מטרני, יוסף טרני, טראני, מטראני, מהרימ״ט, המהרימ״ט, מהרי״ט, המהרי״ט	י״ד תמוז, בי״ד תמוז, י״ד בתמוז
20. Rabbi Josef Teomim	רבי יוסף, תאומים, פרי מגדים	בד׳ איר, ד׳ באיר
21. Rabbi Ykov Beirav	רבי יעקב, יעקב בירב, מהר״י בירב, הריב״ר	ל׳ ניסן, בל׳ ניסן, ל׳ בניסן
22. Rabbi Israel Jaakov Hagis	חאגיז, בעל הלק״ט	כ״ו שבט, בכ״ו שבט, כ״ו בשבט
23. Der Mahril	רבי יעקב, מולין, יעקב סג״ל, יעקב הלוי, מהר״י סג״ל, מהר״י הלוי, מהרי״ל, המהרי״ל	כ״ב אלול, בכ״ב אלול, כ״ב באלול
24. Der Yaabez	היעב״ץ, הריעב״ץ, עמדין, הר״י עמדן, הר״י עמדין	ל׳ ניסן, בל׳ ניסן, ל׳ בניסן
25. Rabbi Jizhak Ha-Levi Horowitz	רבי יצחק, הורוויץ, יצחק הלוי	בו׳ איר, ו׳ באיר
26. Rabbi Menahem Mendel Krochmal	רבי מנחם, קרוכמל, רבי מענדל, צמח צדק	בב׳ שבט
27. Rabbi Moshe Zacuto	רבי משה, זכותא, זכותו, משה זכות, משה זכותא, משה זכותו, מהר״ם זכות, מהרמ״ז, המהרמ״ז, המזל״ן, קול הרמ״ז	ט״ז תשרי, בט״ז תשרי, ט״ז בתשרי י״ו תשרי, בי״ו תשרי, י״ו בתשרי
28. Rabbi Moshe Margalith	רבי משה, מרגלית, פני משה	י״ב טבת, בי״ב טבת, י״ב בטבת
29. Rabbi Asriah Figo	רבי עזריה	א׳ אדר א׳, בא׳ אדר א׳, א׳ באדר א׳
30. Rabbi Immanuel Hai Ricchi	א״ח הע״ר, ישר לבב	בא׳ אדר, א׳ באדר
31. Rabbi Shalom Sharabi	רבי שלום, מזרחי, שרעבי, שר שלום, מהרש״ש, המהרש״ש	בי׳ שבט, י׳ בשבט
32. Rabbi Shelomo von Chelm	רבי שלמה	כ״א תמוז, בכ״א תמוז, כ״א בתמוז

3. Ergebnisse und Schlußfolgerungen

In Tabelle 3 geben wir die Rangordnung jeder der vier P_i in bezug auf die 1 000 000 entsprechenden P_i^π an. Die Eintragung 4 für P_4 bedeutet, daß bei genau 3 von 999 999 Zufallsanordnungen π die statistische Meßzahl P_4^π kleiner als P_4 war (keine war gleich). Daraus folgt, daß min $\rho_i = 0{,}000004$ und somit $\rho_0 = 4$ min $\rho_i = 0{,}000016$ ist. Dieselben Berechnungen, bei denen dieselben 999 999 Zufallsanordnungen verwendet wurden, wurden für Kontrolltexte herangezogen. Unseren ersten Kontrolltext *R* erhielten wir durch Zufallsverschiebung der Buchstaben von G (eine nähere Erläuterung findet sich in Kapitel A. 6 des Anhangs). Nach Ausgabe einer früheren Version dieser Dokumentation schlug ein Leser und bekannter Wissenschaftler die Verwendung von Tolstois *Krieg und Frieden* als Kontrolltext vor. Somit bedienten wir uns eines Textabschnitts *T*, in derselben Länge wie *G*, der aus den ersten Absätzen der hebräischen Übersetzung von Tolstois *Krieg und Frieden* (6) bestand. Ein Gutachter bat uns, ein Kontrollexperiment mit einem älteren hebräischen Text durchzuführen. Er schlug darüber hinaus vor, die Zufallsanordnung der Wörter auf zweierlei Arten durchzuführen. Einerseits über den gesamten Text und andererseits innerhalb jedes Verses. Zusätzlich stellten wir einen Text *V* her, indem wir die Verse von *G* willkürlich anordneten. (Eine detaillierte Be-

Tabelle 3
Rangordnung von P_i in einer Million $P_i\pi$

	P_1	P_2	P_3	P_4
G	453	5	570	4
R	619,140	681,451	364,859	573,861
T	748,183	363,481	580,307	277,103
I	899,830	932,868	929,840	946,261
W	883,770	516,098	900,642	630,269
U	321,071	275,741	488,949	491,116
V	211,777	519,115	410,746	591,503

schreibung findet sich in Kapitel A. 6 des Anhangs). Tabelle 3 gibt die Ergebnisse dieser Berechnungen wieder. Für *I* beträgt min ρ_i etwa 0,900, für *R* 0,365, für *T* 0,277, für *U* 0,276 für *V* 0,212 und für *W* 0,516. In fünf Fällen übersteigt somit $\rho_0 = 4$ min ρ_i den Wert 1, im restlichen Fall ist $\rho_0 = 0{,}847$. Insgesamt ist das Ergebnis somit völlig bedeutungslos, wie es von Kontrolltexten zu erwarten war.

Unsere Schlußfolgerung lautet, daß die Entfernung von miteinander in Zusammenhang stehenden KBFs in der Genesis nicht auf Zufall beruht.

ANHANG

Einzelheiten der Verfahrensweise

In diesem Anhang beschreiben wir die Verfahrensweise so ausführlich, daß der Leser in die Lage versetzt wird, die Computerberechnungen präzise zu wiederholen. Darüber hinaus bieten wir Erklärungen für die verschiedenen verwendeten Definitionen.

In Kapitel A. 1 wird ein »grobes« Entfernungsmaß zwischen den Worten definiert. Kapitel A. 2 erklärt das Normungsverfahren, das auf dieses grobe Maß angewendet wurde, um Faktoren wie die Länge eines Wortes und seine Zusammenstellung (die relative Häufigkeit der auftretenden Buchstaben) zu korrigieren. Kapitel A. 3 bietet eine Liste von Persönlichkeiten p mit den jeweiligen Daten p' und erklärt den Herstellungsprozeß der Probenwortpaare (w, w') aus der Liste. Kapitel A. 4 gibt den genauen Text der von uns verwendeten Genesis wieder. In Kapitel A. 5 definieren und erläutern wir die vier summarischen Meßzahlen P_1, P_2, P_3 und P_4. Kapitel A. 6 liefert schließlich Einzelheiten der Umrechnung auf Zufallszeichen.

Da Kapitel A. 1 und A. 3 relativ fachspezifisch sind, ist es für das bessere Verständnis der Vorgangsweise vorteilhaft, erst die anderen Abschnitte zu lesen.

A. 1 Die Entfernung zwischen Wörtern

Um die »Entfernung« zwischen Wörtern zu definieren, müssen wir erst die Entfernung zwischen jenen KBFs festlegen, die die Wörter verkörpern. Bevor wir dies tun können, haben wir die Entfernung zwischen den KBFs in einer vorgegebenen Reihe zu definieren. Doch vor diesem Schritt legen wir die Entfernung zwischen den einzelnen Buchstaben einer Reihe fest.

Wie in Kapitel 1 angegeben, betrachten wir eine Reihe als eine lange, um einen Zylinder abwärts gespulte Zeile. Die *Reihenlänge h* ist die Anzahl vertikaler Spalten. Um die Entfernung zwischen zwei Buchstaben x und x' zu bestimmen, schneidet man den Zylinder entlang einer vertikalen Linie in zwei Spalten. In der auf diese Weise hergestellten Ebene besitzt jedes x und x' zwei ganzzahlige Koordinaten. Die Distanz zwischen diesen Buchstaben wird wie üblich unter Verwendung der Koordinaten berechnet. Insgesamt gibt es in Abhängigkeit von der vertikalen Schnittlinie des Zylinders zwei mögliche Werte für diese Entfernung. Sollten diese beiden Werte unterschiedlich groß sein, verwenden wir den kleineren.

Im nächsten Schritt definieren wir die Entfernung zwischen festen KBFs e und e' in einer festen zylindrischen Reihe, wobei folgendes gilt:

f = Entfernung zwischen aufeinanderfolgenden Buchstaben e
f' = Entfernung zwischen aufeinanderfolgenden Buchstaben e'
l = Mindestentfernung zwischen einem Buchstaben e und einem Buchstaben e';
$\delta(e, e') = f2 + f'2 + l2$.

Wir bezeichnen $\delta(e, e')$ als *Entfernung* zwischen den KBFs e und e' in der vorgegebenen Reihe. Sie ist gering, wenn beide in eine relativ kleine Fläche passen. In Abbildung 3 haben wir $f = 1, f' = \sqrt{5}, 1 = \sqrt{34}$ und $\delta = 40$.

In Abhängigkeit von der Reihenlänge h gibt es viele Möglichkeiten, die Genesis als zylindrische Reihe zu schreiben. $\delta_h(e, e')$ ist die Distanz $\delta(e, e')$ innerhalb einer von h bestimmten Reihe, wobei $m_h(e, e') = 1 / \delta_h (e, e')$ ist. Je größer $m_h (e, e')$ ist, desto kompakter ist die Anordnung von e und e' in der Reihe mit der Reihenlänge h. Nun setzt man $e = (n, d, k)$ (wobei d der Auslassung entspricht) und $e' = (n', d', k')$. Eine besondere Bedeutung kommt den Reihenlängen $h = h_1, h_2, \ldots$ zu, wobei h_i die näheste ganze Zahl zu $|d| / i$ (1/2 wird aufgerundet) ist. Wenn $h = h_1 = |d|$ ist, erscheint e als Spalte nebeneinanderliegender Buchstaben (s. Abbildung 1). Wenn $h = h_2$ ist, erscheint e entweder als Spalte, die alternierende Reihen überspringt (s. Abbildung 2), oder als gerade Linie von Springerzügen (s. Abb. 3). Im allgemeinen sind die Zeilen, in denen e mit relativ geringem Abstand auftaucht, jene mit Reihenlänge h_i, bei denen i »nicht zu groß« ist.

Analog zu h_i wird auch h_i' definiert. Die obige Erläuterung zeigt, daß Reihen, deren Konfiguration (e, e') ungewöhnlich kompakt ist, wahrscheinlich Reihenlängen innerhalb der ersten $10h_i$ oder der ersten $10h_i'$ aufweisen. (Hier und im weiteren ist 10 eine willkürlich gewählte »mittlere« Zahl). Aufgrund der Formel

$$\sigma(e, e') := \sum_{i=1}^{10} \mu_{hi}(e, e') + \sum_{i=1}^{10} \mu_{hi'}(e, e')$$

schließen wir, daß $\sigma(e, e')$ ein vernünftiges Maß für die maximale »Kompaktheit« der Konfiguration (e, e') in einer Reihe ist. Dementsprechend ist es ein inverses Maß für die Mindestentfernung zwischen e und e'.

Im nächsten Schritt suchen wir unter Vorgabe eines Wortes ω nach dem »bemerkenswertesten« Vorkommen von ω als KBF in G. Dafür wählen wir jene KBFs $e = (n, d, k)$ mit $|d| \geq 2$, die jenes ω buchstabieren, für das $|d|$ im gesamten Text G minimal ist, oder zumindest über weite Teile davon. Die Minimalitätsdomäne von e wird ausdrücklich als das Maximalsegment T_e von G gewählt, das e einschließt, jedoch keine weitere KBF $\hat{e} = (\hat{n}, \hat{d}, \hat{k})$ für ω mit $|\hat{d}| < |d|$. Wenn e' eine KBF für ein anderes Wort ω' ist, wird $T_e \cap T_{e'}$ die *Domäne simultaner Minimalität* von e und e' genannt. Die Länge dieser Domäne relativ zur Gesamtheit von G ist das »Gewicht«, das wir dem Paar (e, e') zuweisen. Somit definieren wir $\omega(e, e') = \lambda(e, e') / \lambda(G)$, wobei $\lambda(e, e')$ der Länge von $T_e \cap T_{e'}$ und $\lambda(G)$ der Länge von G entspricht. Für jeweils zwei Worte ω und ω' setzen wir

$$\Omega(\omega, \omega') = \sum \omega(e, e') \, \sigma(e, e'),$$

wobei die Summe sämtlicher KBFs e und e' jeweils ω und ω' buchstabieren. Somit ist $\Omega(\omega, \omega')$ ein grobes Maß der maximalen Nähe bemerkenswerterer Vorkommen von ω und ω' als KBFs in der Genesis. Je näher sie einander liegen, desto größer ist $\Omega(\omega, \omega')$.

Bei der eigentlichen Berechnung $\Omega(\omega, \omega')$ kann der Umfang der KBF-Listen für ω und ω' unhandlich groß werden (dies gilt im speziellen für kurze Worte). Aufgrund der Definition der Minimalitätsdomäne steht fest, daß KBFs für ω' und ω' mit relativ großen Auslassungen wegen ihres geringen Gewichts wenig zum Wert $\Omega(\omega, \omega')$ beitragen. Um den Berechnungsvorgang abzukürzen, beschränken wir uns von vornherein auf den Auslassungsbereich $|d| \leq D(\omega)$ für ω, so daß die erwartete Anzahl von KBFs für ω 10 beträgt. Diese erwartete Zahl entspricht dem Produkt der relativen Häufigkeiten (innerhalb der Genesis) von Buchstaben, aus denen ω gebildet ist, multipliziert mit der Gesamtanzahl sämtlicher konstanter Buchstabenfolgen mit $2 \leq |d| \leq D$. (Letztere ergibt sich aus der Formel $(D-1)(2L-(k-1)(D+2))$, wobei L die Länge des Textes und k die Anzahl der Buchstaben in ω ist. Dieselbe Beschränkung wird auch auf ω' mit einem entsprechenden Bereich $D(\omega')$ angewendet. Diese modifizierte Funktion bezeichnen wir im weiteren mit $\Omega(\omega, \omega')$.

A. 2 Die korrigierte Distanz

Im vorigen Kapitel definierten wir ein Maß $\Omega(\omega, \omega')$ für die Nähe zwischen zwei Wörtern ω und ω' – ein inverses Maß für die Distanz zwischen ihnen. Insgesamt gilt unser Interesse weniger der Absolutdistanz zwischen zwei Wörtern als der Frage, ob diese Distanz größer oder kleiner als »erwartet« ist. In diesem Kapitel definieren wir eine »relative Distanz« $c(\omega, \omega')$, die klein ist, wenn ω »ungewöhnlich nahe« zu ω' ist, und 1 oder beinahe 1, wenn ω »ungewöhnlich weit« von ω' entfernt ist.

Der Grundgedanke ist, Mischungen der arithmetischen Reihen zu verwenden, die den Begriff einer KBF definieren. Dazu legen wir eine Dreiergruppe (x, y, z) von ganzen Zahlen im Bereich $\{-2, -1, 0, 1, 2\}$ fest. Insgesamt gibt es 125 solche Dreiergruppen. Anstatt nun nach gewöhnlichen KBFs (n, d, k) zu suchen, halten wir nach »(x, y, z)-gemischten KBFs« $(n, d, k)^{(x, y, z)}$ Ausschau, die wir in den Positionen

$$n, n+d, \ldots, n+(k-4)d, n+(k-3)d+x, n+(k-2)d+x+y, n+(k-1)d + x+y+z$$

anstelle der Positionen *n, n+d, n+2d, …, n+(k-1)d* erhalten. Anzumerken bleibt, daß in einem Wort der Länge *k k*-2 Intervalle gemischt sein können. Dennoch zogen wir es aus programmierungstechnischen Gründen vor, lediglich die letzten drei zu mischen.

Die *Distanz* zwischen zwei (*x, y, z*)-gemischten KBFs $(n, d, k)^{(x, y, z)}$ und $(n', d', k')^{(x, y, z)}$ wird als Distanz zwischen den gewöhnlichen (nicht gemischten) KBFs (*n, d, k*) und (*n', d', k'*) definiert.

Nun können wir die »(*x, y, z*)-Nähe« zweier Worte ω und ω' in analoger Weise zu der der »gewöhnlichen« Nähe $\Omega(\omega, \omega')$ berechnen. Dies ergibt 125 Zahlen $\Omega^{(x, y, z)}(\omega, \omega')$ von denen eine $\Omega(\omega,\omega') = \Omega^{(0, 0, 0)}(\omega, \omega')$ ist. Unser Interesse gilt jedoch lediglich einigen dieser 125 Zahlen, nämlich denjenigen, die Dreiergruppen (*x, y, z*) entsprechen, für die tatsächlich (*x, y, z*)-gemischte KBFs in der Genesis für ω, ebenso wie für einige ω' existieren (die übrigen $\Omega^{(x, y, z)}(\omega, \omega')$ werden gleich Null). Die Gesamtheit solcher Dreiergruppen wird als $M(\omega, \omega')$ und die der Zahlen ihrer Elemente als $m(\omega, \omega')$ bezeichnet.

Unter der Annahme, daß (0, 0, 0) sich innerhalb von $M(\omega, \omega')$ befindet, erscheinen ω und ω' als gewöhnliche KBFs (d. h. mit $x = y = z = 0$) im Text. Mit $\nu(\omega, \omega')$ wird die Anzahl von Dreiergruppen (*x, y, z*) in $M(\omega, \omega')$ bezeichnet, für die $\Omega^{(x, y, z)}(\omega, \omega') \geq \Omega(\omega, \omega')$ gilt. Wenn $m(\omega, \omega') \geq 10$ ist (wieder ist 10 ein willkürlich gewählter »mittlerer« Wert), gilt

$$c(\omega,\omega') = \nu(\omega,\omega') \;/\; m(\omega,\omega').$$

Wenn (0, 0, 0) nicht innerhalb von $M(\omega, \omega')$ oder $m(\omega, \omega') < 10$ liegt (in diesem Fall bezeichnen wir die Genauigkeit der Methode als unzureichend), definieren wir $c(\omega, \omega')$ nicht.

Die korrigierte Distanz $c(\omega, \omega')$ ist schlichtweg die Rangordnung der Entfernung $\Omega(\omega, \omega')$ innerhalb sämtlicher »gemischter Entfernungen« $\Omega^{(x, y, z)}(\omega, \omega')$. Wir normen sie, damit die Maximaldistanz 1 beträgt. Eine große korrigierte Distanz bedeutet, daß die KBFs, die ω darstellen, weit von jenen entfernt sind, die ω' darstellen. Dies wird anhand einer Skala angegeben, die festlegt, wie weit die *gemischten* KBFs für ω von denen für ω' entfernt sind.

A. 3 Ein Beispiel für Wortpaare

Für eine allgemeine Beschreibung zweier Beispiele verweisen wir auf Kapitel 2, Aufgabe (iii). Wie erwähnt wurde der Bedeutungstest lediglich für die zweite in Tabelle 2 genannte Liste durchgeführt. Anzumerken bleibt, daß jede Persönlichkeit über mehrere Namen und verschiedene Schreibweisen für die Daten verfügen kann. Die Wortpaarprobe (ω, ω') wurde so aufgebaut, daß jeder Name jeder Persönlichkeit mit jeder Schreibweise der Daten dieser Persönlichkeit gepaart wurde. Dadurch daß die Daten ausgewechselt werden, kann (und wird üblicherweise) die Gesamtanzahl von Wortpaaren in der Probe variieren.

Im Hinblick auf die hebräische Schreibweise haben wir die folgenden Regeln angewendet:

1. Für hebräische Worte wählten wir eine als *ktiv dikduki* bezeichnete *grammatikalische Orthographie*. Eine nähere Erläuterung von *ktiv* findet sich in Even-Shoshans Wörterbuch (1).
2. Namen und Bezeichnungen, die dem Pentateuch entnommen sind, werden in der Originalschreibweise wiedergegeben.
3. Jiddisch wird in hebräischen Buchstaben geschrieben. Auf diese Weise war es nicht notwendig, jiddische Namen zu transliterieren.
4. Bei der Transliteration von anderssprachigen Namen ins Hebräische, wird der Buchstabe »א« häufig als *mater lectionis* verwendet: z.B. kann »Luzzatto« als »לוצטו« oder »לוצאטו« geschrieben werden. In solchen Fällen verwendeten wir beide Formen.

Für Daten benutzten wir drei Formatvarianten des hebräischen Datums. Z.B. gaben wir den 19. Tischri als »י״ט תשרי«, »בי״ט תשרי« und »י״טנתשרי« an. Der 15. und 16. eines hebräischen Monats kann als »י״ה« oder »ט״ו«, sowie als »י״ו« oder »ט״ז« bezeichnet werden. Wir verwendeten beide Alternativen.

Die Namensliste der Persönlichkeiten wurde von Professor S.Z. Havlin vom Referat für Bibliographie und Bibliothekswesen der Bar Ilan University auf der Grundlage einer Computersuche in der »Responsa«-Datenbank der Universität zur Verfügung gestellt.

Unsere Methode der ziffernmäßigen Bewertung von KBFs, die auf (x, y, z)-Mischungen basieren, erfordert, daß Worte für die Durchführung einer Mischung zumindest fünf Buchstaben aufweisen. Allerdings entdeckten wir, daß bei Wörtern mit mehr als acht Buchstaben die Anzahl von (x, y, z)-gemischten KBFs, die für diese Worte existieren, zu klein war, als daß sie unser Kriterium für eine korrigierte Distanz erfüllt hätten. Daher wurden die Worte in unserer Liste auf eine Länge im Bereich von 5 bis 8 beschränkt. Die Probe besteht somit aus 298 Wortpaaren (s. Tabelle 2).

A. 4 Der Text

Wir zogen den allgemein anerkannten Standardtext der Genesis heran, der als *Textus Receptus* bekannt ist. Eine Ausgabe dieses Textes ist im Koren-Verlag, Jerusalem, erhältlich. Der Koren-Text stimmt vollkommen mit der von uns verwendeten Version überein.

A. 5 Die statistischen Meßzahlen P_1, P_2, P_3 und P_4 für die Gesamtnähe

N ist die Anzahl von Wortpaaren (ω, ω') der Probe, für die die korrigierte Distanz $c(\omega, \omega')$ definiert wurde (s. Kapitel A. 2 und A. 3), und k die Anzahl solcher Wortpaare (ω, ω'), für die $c(\omega, \omega') \leq 1/5$ ist.

Nun definieren wir

$$P_1 = \sum_{j=k}^{N} (j)(1/5)^1(4/5)^{N-1}$$

Wenn $c(\omega, \omega')$ unabhängige Zufallsvariablen sind, die gleichförmig über [0, 1] verteilt sind, dann wäre P_1 die Wahrscheinlichkeit, daß zumindest k von N von diesen kleiner oder gleich 0,2 wären. Allerdings treffen und verwenden wir keinerlei solche Annahmen über die Uniformität und Unabhängigkeit. Somit ist die statistische Meßzahl P_1, auch wenn sie als Maß der Wahrscheinlichkeit angegeben wird, lediglich ein gewöhnlicher Index zur Messung der Anzahl der Wortpaare in einer vorgegebenen Probe, deren Wörter – unter Berücksichtigung der Gesamtprobengröße – »ziemlich nahe« beieinander stehen (d. h. $c(\omega, \omega') \leq 1/5$). Sie ermöglicht es uns, die Gesamtnähe von Wortpaaren verschiedener Proben miteinander zu vergleichen, wie etwa in jenen Proben, die wir durch verschiedene Mischungen der 32 Persönlichkeiten erhielten.

Die statistische Meßzahl P_1 läßt sämtliche Distanzen $c(\omega, \omega') > 0{,}2$ unbeachtet und weist sämtlichen Distanzen, die kleiner sind als 0,2, dasselbe Gewicht zu. Für ein Maß, das für die tatsächliche Größe von Distanzen empfindlich ist, berechnen wir das Produkt $\Pi c(\omega, \omega')$ über alle Wortpaare (ω, ω') in der Probe. Danach definieren wir

$$P_2 = F^N (\Pi c(\omega, \omega')),$$

wobei N wie oben angegeben definiert wird und

$$F^N(X) = X(1 - \ln X + \frac{(-\ln X)^2}{2!} + \ldots + \frac{(-\ln X)^{N-1}}{(N-1)!})$$

Wenn $x_1, x_2, \ldots x_N$ unabhängige Zufallsvariablen sind, die gleichförmig über [0, 1] verteilt sind, dann wird die Verteilung ihres Produkts $X = x_1, x_2, \ldots x_N$ durch Probe $(X \leq X_0) = F^N(X_0)$ angegeben. Dies folgt aus (3,5) in [3], da die $-\ln x_i$ exponentiell verteilt sind und $-\ln X = \Sigma_i(-\ln x_i)$. Die Vorgangsweise für P_2 ist analog zu P_1: Wenn $c(\omega, \omega')$ unabhängige Zufallsvariablen sind, die gleichförmig über [0, 1] verteilt sind, dann wäre P_2 die Wahrscheinlichkeit, daß das Produkt $\Pi c(\omega, \omega')$ gleich oder kleiner ist. Doch wie zuvor angemerkt, treffen und verwenden wir keinerlei solche Annahmen über die

Uniformität und Unabhängigkeit. Wie P_1 ist auch die statistische Meßzahl P_2, auch wenn sie als Maß der Wahrscheinlichkeit angegeben wird, lediglich ein gewöhnlicher Index, der es uns ermöglicht, die Nähe von Wörtern in Wortpaaren, die sich durch verschiedene Mischungen der Persönlichkeiten ergaben, zu vergleichen.

Wir verwendeten zudem die zwei weiteren statistischen Meßzahlen P_3 und P_4, die ebenso wie P_1 und P_2 definiert werden, mit dem Unterschied, daß bei den einzelnen Persönlichkeiten sämtliche Namen, die mit dem Titel »Rabbi« beginnen, weggelassen wurden. Der Grund für die Berücksichtigung von P_3 und P_4 ist, daß Anreden, die mit »Rabbi« beginnen, häufig nur den Vornamen der jeweiligen Persönlichkeit verwenden. Gewisse Vornamen sind populär und werden häufig verwendet (wie »John« im Englischen und »Abraham« im Hebräischen). Somit tragen mehrere verschiedene Persönlichkeiten den Namen Rabbi Abraham. Wenn das von uns untersuchte Phänomen tatsächlich existiert, können solche Übereinstimmungen zu irreführend niedrigen Werten für $c(\omega, \omega')$ führen, sobald π einen »Rabbi Abraham« mit den Daten eines anderen »Rabbi Abraham« zusammenfügt. Dies hätte in den permutierten Proben zu irreführend niedrigen Werten P_1^π und P_2^π geführt und zu irreführend niedrigen Bedeutungsgraden für P_1 und P_2, und somit klarerweise zu einem ungerechtfertigten Versagen der Forschungshypothese. Dieser Effekt wirkt jedoch lediglich in einer Richtung. Er hätte nicht zu einer ungerechtfertigten Anerkennung der Forschungshypothese geführt, da bei der Nullhypothese die Anzahl von P_1^π, die P_1 übersteigt, in jedem Fall gleichförmig verteilt ist. Tatsächlich hat das Weglassen der mit »Rabbi« beginnenden Namen keine wesentliche Auswirkung auf die Ergebnisse (s. Tabelle 3), doch das konnten wir vor der Durchführung der Berechnungen nicht wissen.

Ein intuitives Gefühl für die korrigierten Distanzen (in den originalen, nicht gemischten Proben) kann man anhand von Abbildung 4 erhalten. Anzumerken bleibt, daß sowohl in der ersten als auch der zweiten Probe die Verteilung von *R* rein zufällig erscheint, wohingegen bei *G* eine starke Konzentration in der Nähe von 0 zu erkennen ist. Diese Konzentration wird durch die statistische Meßzahl P_i quantifiziert.

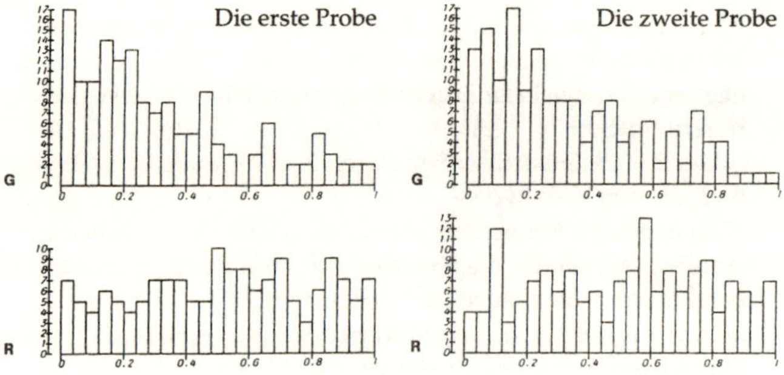

Abb. 4: Die Verteilung des Wertes von c(ω, ω') im Intervall [0, 1].

A. 6 Die Zufallsanordnungen

Die 999 999 Zufallsmischungen der 32 Persönlichkeiten wurden gemäß dem Algorithmus *P* von Knuth (4), Seite 125, gewählt. Der als Input für diesen Algorithmus erforderliche Pseudozufallsgenerator verwendete das Programm Turbo-Pascal 5.0 von Borland Inter Inc. Dieses Programm seinerseits erfordert ein Ausgangsmaterial auf der Basis von 32 binären Bits, d. h. eine ganze Zahl mit 32 Ziffern, die in die Basis 2 eingetragen wird. Um diese Ausgangszahl herzustellen, wurden drei prominente Wissenschaftler ersucht, eine derartige ganze Zahl zur Verfügung zu stellen, bevor die Berechnung durchgeführt wurde. Der erste der drei warf eine Münze 32mal hoch, die beiden anderen benutzten die Parität der Ziffern in weit auseinanderliegenden Blöcken in der Dezimalerweiterung von π. Die drei resultierenden ganzen Zahlen wurden als Modul 2^{32} beigefügt. Die resultierende Ausgangszahl war 01001 10000 10011 11100 00101 00111 11.

Der Kontrolltext *R* wurde durch Mischung der 78 064 Buchstaben von *G*, wie im vorigen Absatz erläutert, in einer einzigen Zufallsmischung hergestellt. In diesem Fall wurde die Ausgangszahl willkürlich als die Dezimalzahl 10 (d. h. die binäre ganze Zahl 1010) gewählt. Der Kontrolltext *W* wurde durch Mischung der Wörter von *G* in derselben Weise und mit derselben Ausgangszahl hergestellt. Allerdings wurden in diesem Fall die einzelnen Buchstaben innerhalb der

Worte nicht gemischt. Der Kontrolltext V wurde durch Mischung der Verse von G auf Basis derselben Ausgangszahl hergestellt, wobei die Buchstaben innerhalb der Verse ungemischt blieben.

Der Kontrolltext U wurde durch Mischung der Wörter innerhalb der Verse von G in derselben Weise mit derselben Ausgangszahl hergestellt, wobei die Buchstaben innerhalb jedes Wortes ebenso wie innerhalb der Verse ungemischt blieben. Genauer ausgedrückt erforderte der von uns verwendete Algorithmus P von Knuth (4) $n - 1$ Zufallszahlen zur Herstellung einer Zufallsmischung von n Zahlen. Der von uns eingesetzte Pseudozufallsgenerator von Borland stellt für jede Ausgangszahl eine lange Reihe von Zufallszahlen her. Unter Verwendung der binären Ausgangszahl 1010 legten wir eine solche lange Reihe fest. Die ersten sechs Zahlen dieser Reihe wurden zur Herstellung einer Zufallsmischung der sieben Wörter, aus denen der erste Vers der Genesis besteht, eingesetzt. Die *nächsten* zwölf Zahlen (d.h. von der 7. bis zur 19. Zufallszahl der von Borland aufgestellten Reihe) wurden zur Herstellung einer Zufallsmischung der 14 Wörter, aus denen der zweite Vers der Genesis besteht, herangezogen, usw.

DANKSAGUNG

Wir danken Yaakov Rosenberg, der die Software für die Testmischung zur Verfügung stellte. Unser Dank gilt überdies der Hochschule für Technologie in Jerusalem für die Benutzung ihrer Einrichtungen, durch die die vorliegende Studie erst möglich wurde. Besonderer Dank gebührt auch Dr. R. Jehezkel, D. Pisanti, A. Sherman und M. Rosen. Wir danken dem Michlalah-Frauencollege in Jerusalem für die Erlaubnis, ihren Computer zu verwenden. Ein persönlicher Dank gilt Dr. I. Isaak und H. Rosenfeld für ihre Hilfe.

Wir danken der jüdischen Gemeinschaft Venice in Los Angeles und Mr. Bernaard Goldstein in London für ihre Hilfe bei den Computereinrichtungen.

Der Text des Buches Genesis wurde uns dank der Freundlichkeit des verstorbenen Rabbi S. D. Sassoon auf Diskette zur Verfügung gestellt. Einen weiteren Text erhielten wir von Dr. M. Katz, dem wir unseren aufrichtigen Dank aussprechen.

Wir wollen Dr. S. Srebrenik und Professor D. Michelson für ihre hilfreichen Diskussionen und wertvollen Vorschläge danken. Darüber hinaus gilt unser Dank Professor S. Z. Havlin und Dr. I. Gottlieb für ihre wertvolle Beratung. Wir danken Y. Orbach für seine Hilfe in linguistischen Fragen und M. Goldberg und G. Freundlich für ihren Beistand.

QUELLENANGABE

(1) Even-Shoshan, A. (1989). *A New Dictionary of the Hebrew Language*. Kiriath Sefer, Jerusalem.

(2) FCAT (1986). *The Book of Isaiah*, Datei ISAIAH. MT. Facility for Computer Analysis of Texts (FCAT) and Tools für Septuagint Studies (CATSS), Universität von Pennsylvania, Philadelphia (April 1986).

(3) Feller, W. (1966). *An Introduction to Probability Theory and Its Applications*, 2. Wiley, New York.

(4) Knuth, D.E. (1969). *The Art of Computer Programming*, 2. Addison-Wesley, Reading, MA.

(5) Margalioth, M., Hg. (1961). *Encyclopedia of Great Men in Israel; a Bibliographical Dictionary of Jewish Sages and Scholars from the 9th to the End of the 18th Century 1-4*. Joshua Chachik, Tel Aviv.

(6) Tolstoi, L.N. (1953). *Krieg und Frieden*. Hebräische Übersetzung von L. Goldberg, Sifriat Poalim, Merhavia.

(7) Weissmandel, H.M.D. (1958). *Torath Hemed*. Yeshivath Mt. Kisco, Mt. Kisco.

DANKSAGUNG

Dieses Abenteuer begann rein zufällig vor fünf Jahren, als ich erfuhr, daß ein renommierter israelischer Mathematiker einen verborgenen Code in der Bibel entdeckt hatte, der zukünftige Ereignisse enthüllte. An einem Abend im Juni 1992 suchte ich Eli Rips mit der Überzeugung auf, spätestens nach einer Stunde zu wissen, daß an dieser Behauptung nichts dran war.

In den fünf Jahren, die seitdem vergangen sind, haben wir mindestens einmal wöchentlich miteinander gesprochen und uns viele Male getroffen. Die Beweise, daß der Bibelcode tatsächlich existiert, kamen von verschiedenen Seiten, doch ohne Eli Rips' Hilfe hätte dieses Buch nicht geschrieben werden können. Aber es entstand unabhängig von ihm und gibt nicht seine Ansichten wieder, sieht man von den zitierten Bemerkungen ab.

Viele israelische Gelehrte unterstützten mich bei der Recherche. Rabbi Adin Steinsaltz stellte mir seine wertvolle Zeit großzügig zur Verfügung. Jakir Aharonov, ein führender Physiker, half mir, einige der komplizierten wissenschaftlichen Konzepte zu verstehen, die involviert waren. Robert Aumann, der Rips' Werk gründlicher als jeder andere Mathematiker untersuchte, traf sich wiederholt mit mir und erklärte mir die Beweise geduldig.

Auch eine Anzahl israelischer Regierungsmitarbeiter leistete wertvolle Hilfestellung. Ich danke ihnen an dieser Stelle nicht namentlich, denn das könnte ihre Arbeit in der momentanen Lage schwieriger machen.

Einige Freunde nahmen sich die Zeit zu lesen, zu kritisieren und zu ermutigen. Einer von ihnen, John Larsden, tat noch mehr. John war der erste Freund, dem ich von dem Bibelcode berichtete, und er war auch der erste, der das Manuskript las. Seine Ratschläge waren in jeder Phase ausgesprochen nützlich, und dieses Buch verdankt ihm viel.

Jane Amsterdam stieß voller Enthusiasmus in einer späteren, kritischen Phase dazu. Sie und John halfen mir ohne zu zögern weiter und unternahmen alles, um mir Mut zu machen.

Mein Freund und Anwalt Michael Kennedy, war von Anfang an involviert und half mir in jeder Weise, wie er es immer getan hat, seit ich ihn kenne. Sein Partner Ken Burrows kümmerte sich um das Formelle und hielt das Projekt auf Kurs.

Schließlich möchte ich meinem Übersetzer danken, Gilad, einem brillanten jungen Israeli, dessen Großvater mit dazu beitrug, daß das Hebräische nach dem Zweiten Weltkrieg wieder zu einer lebendigen Sprache wurde, und meinen wissenschaftlichen Assistentinnen, Hillary und Elizabeth.

Vor allem danke ich Vendela, die jeden Tag mit mir arbeitete und mir half, dieses Buch zu schreiben. Ohne sie hätte ich es nicht vollendet.